刑事庭前程序研究

上海市学术著作出版基金

博士文库

刑事庭前程序研究

汤景桢　著

上海人民出版社

序

欣闻汤景桢的博士论文即将出版面世，作为她的博士研究生导师十分欣慰。在其博士论文选题之时，正值我国刑事诉讼法完成第二次修改，她对新增的庭前会议制度表示出较大的写作兴趣和热情。在经过几次交流后，她深感刑事庭前程序这一部分内容的研究尚不成熟，值得进一步深入探讨和研究，于是便将博士论文题目确定为刑事庭前程序研究。

本书从刑事庭前程序的基本范畴入手，在界定庭前程序含义的基础上，探析了刑事庭前程序的性质、价值和功能，比较分析了不同诉讼模式下刑事庭前程序的特点，论述了我国刑事庭前程序的现状和存在问题，并对我国刑事庭前程序的重构进行了宏观和微观两个方面的设计。作者在书中对刑事庭前程序作了全面的论述和分析，并提出了一些较为创新的有价值的见解，如刑事庭前程序在整个刑事诉讼中应当是一个独立的程序，既不是依附于庭审程序的准备程序，也不是可有可无的过渡程序；这个独立的程序包括对公诉的审查、证据开示、认罪答辩和庭前会议的召开等。为了更好地阐述对刑事庭前程序的设计，作者还以法条的形式拟制了刑事庭前程序规程，这也不失为本书的一大亮点。当然，本书中仍然存在一些不足之处，比如需增加实证研究数据，有些观点还有待精简提炼，望能进一步深入研究。

汤景桢是我指导的为数不多的女博士之一，在她攻读博士期间，家中孩子幼小，既要照顾年幼的孩子，又要完成复旦繁重的博士课程，实属不易。从博士论文选题、开题、撰写、修改、成文、答辩，每一步她都完成得非常顺利。论文经过层层评审最终得以出版，正是对她多年来努力的肯定。在对本书的出版表示祝贺之余，欣然为序，并期望她继续努力，锐意创新，再攀学术高峰。

中国刑事诉讼法学会副会长、

复旦大学博士生导师、教授　谢佑平

2016年2月12日

目　录

引 言

一、研究问题的提出

2013年是我国刑事诉讼法再次修改后实施的第一年。在这一年里，有两个刑事案件备受社会各界的瞩目，一个是“刘志军涉嫌受贿、滥用职权案”，另一个是“薄熙来涉嫌受贿、贪污以及滥用职权案”。这两个案件引起广泛关注，不仅仅是因为涉案人之前位高权重，也不仅仅是因为涉案金额巨大或者案情本身复杂，其中一个重要的原因是这两个在新刑诉法实施后的大案要案，都在正式开庭审理前召开了庭前会议，并且由于这两个案件使得新刑诉法中的庭前会议制度重新进入了公众的视线，再次引起学界和实务界对庭前会议的关注。2013年6月9日，北京市第二中级人民法院正式开庭审理“刘志军案”，当法律界还在期待该案能否在中国刑事诉讼法治化进程上书写具有历史意义的一笔时，没想到庭审在午饭开饭前就结束了。三个半小时的庭审迅速引发了各界的强烈质疑，随后，刘志军的辩护律师钱列阳和北京市第二中级人民法院都出面予以回应：庭审之所以这么快，是因为开庭前法院召集了公诉人、被告人刘志军及其辩护律师在秦城监狱召开了一天的庭前会议，把大量没有争议的证据已经展示给了被告人本人，并得到了他的认可，同时庭前会议上已经整理出了案件的争点。[1]同样，2013年8月14日，济南市中级人民法院对薄熙来案进行公开审理前，就该案件举行了庭前会议，对案件管辖、有无新的证据、是否申请回避、是否申请排除非法证据等与审判有关的问题，听取了控辩双方的意见，并进行了庭前证据展示，明确了庭审重点。在 8 月 22 日的庭审中，公诉人向法庭出示被告人的庭前供述、亲笔供词等后，被告人薄熙来辩称，在庭前会议中对这些材料是非法证据已经进行过陈述。随后，控辩双方在法庭上对相关的证据又进行了质证与辩论。这就凸显了一个问题，我国的庭前会议能否解决非法证据的排除问题。[2]总之，这两个案件的开庭审理使得我们在关注庭审过程的同时，目光也开始更多地投向开庭前的程序。在我国的刑事司法改革中，对审判程序的改革与完善多集中于庭审程序的本身，如：如何确保集中审理、如何保证庭审公正、如何保障证人出庭作证、如何引入抗辩式庭审方式、如何提高庭审质量等，往往忽视刑事庭前程序在审判程序乃至整个刑事诉讼程序中的作用和地位，“就像看戏人们只注意台上演员的举手投足、剧情演绎而不注意台前的排练和预演一样……”[3]然而，庭前程序设计的如何，直接关系到公诉权的滥用能否得到防止，庭审是否能集中顺利进行，诉讼效率会不会得到提高。

刑事诉讼程序反映了人们对刑事诉讼活动规律的认识，可以说，它是如何进行刑事诉讼的一种技术。设计符合刑事诉讼客观规律的诉讼程序是现代各国刑事诉讼制度所追求的基本目标。在我国刑事诉讼中，刑事庭前程序并没有一个统一的定义或者概念，大部分学者将“庭前”界定为检察官向法院提起公诉之后，法院正式开庭审判前的时间段。在多数国家的刑事程序中，这是一个由专职法官对检察官提起公诉的案件进行审查，以决定是否将被告人交付法庭正式审判，以及为保证庭审顺利展开而进行庭审预备活动的阶段。英国在 1995 年建立了“答辩与指导听证”(plea and directions hearing)程序，有助于控辩双方做好准备工作，使法庭做好必要的审判前安排并了解到足够多的情况；

1996 年《刑事诉讼与调查法》又设立了“预先听证”(preparatory hearings)程序，专门适用于比较复杂、审判时间可能持续较长的案件。在美国，这一阶段的程序主要包括传讯、辩诉交易、审判前的申请、异议程序、特殊辩护理由的通知、证据保全程序、证据展示程序以及庭前会议程序。在法国，重罪案件的庭前程序主要包括讯问被告人、证据展示、补充侦查等活动。长期实行传统职权主义刑事诉讼程序的日本，在第二次世界大战后吸收了英美法系对抗制因素，采用了起诉状一本主义的起诉方式，其庭前程序最显著的特征就是取消了对公诉的审查，检察机关提起公诉后直接进入准备程序，而准备程序又明确分为由当事人之间推进、法院督促的公审期日前的准备和由法官主导进行、当事人协助的公审期日后的准备。我国台湾地区为了实现集中审理的目的，2003 年实施的新“刑事诉讼法”第 279 条和第 273 条进一步完善了庭前程序的设计。尽管由于法律文化、历史传统及诉讼价值观等多方面因素的影响，不同法系国家在庭前程序的具体设置上有所不同，但目的都是为了审判公正的实现、诉讼效率的提高和被告人诉讼权利的保障。

在我国，刑事庭前程序并不是一个完整严格的法律概念。从时间界定意义上说，现行《刑诉法》规定的“第一审程序”中的庭前审查及准备程序属于刑事庭前程序范畴。但是，由于其完全附属于第一审程序，不具有任何独立性，加上功能单一、程序设计不合理，与真正意义上的刑事庭前程序相差甚远。对于在《刑事诉讼法》中只涉及两个条款的刑事庭前程序来说，长期以来，其价值在审判方式改革的研究中并未得到足够的重视。2012 年，我国《刑事诉讼法》再次修改，有关庭前程序的两个条款发生了引人注目的变化：第 181 条恢复了人民法院对全案移送案件的审查；第 182 条新增了庭前会议。并且在 2012 年底，最高人民法院和最高人民检察院各自出台的司法解释也对这两个条款作了详尽的解释。由此可见，立法和司法已经开始意识到庭前程序的重要性，且逐步试图进行相应的改革。但是，和其他法治国家的庭前程序相比，我国庭前程序并未实现对公诉权的制约、对案件的分流和过滤、对法官预断的阻断、对控辩双方力量的平衡、对案件焦点的整理和明晰、对非法证据的排除等。因此，借着《刑诉法》再次修改的契机，借鉴国外对刑事庭前程序的规定，反思我国现行制度，立足当前的司法实践，对我国刑事庭前程序重新进行设计和完善，必将对整个刑事诉讼程序的科学化和合理化有所裨益。

二、 国内外研究综述

（一）国外研究现状

许多国家的刑事诉讼立法对“从检察官向法院提起公诉至法院正式开庭审判前”这一诉讼阶段有着详尽的规定和细密的设计，对此形成比较丰厚的研究成果。一些外文著作和论文对刑事诉讼程序的研究涉及有关庭前程序的内容，主要有：Charles A.Pulaski “Criminal pretrial and Trial Procedure：cases and materials”(1982)；Russell L.Weaver “Principles of Criminal Procedure”(Fourth Edition) (2012)；Marvin. Zalman & Larry J.Siegel “Criminal Procedure Constitution and Society”(1991)；Daniel Richman “Pretrial Procedure in England and Wales”(1995)；Norman G.Poythress & Randy K.Otto & Kirk Heilbrun “Pretrial Evaluations for Criminal Courts：Contemporary Models of Service Delivery”(1991)等。另外，国内一些翻译资料、比较法资料更加清楚地介绍了域外一些国家对庭前程序的规定。如：柯葛壮在其《刑事诉讼法比较研究》(法律出版社 2012 年版)中就专门将“庭前程序”作为一个比较研究对象；卞建林、刘玫主编的《外国刑事诉讼法》(中国政法大学出版社 2008 年版)；中国政法大学刑事诉讼法研究中心组织编译的《英国刑事诉讼法》(选编)(中国政法大学出版社 2001

年版)；卞建林翻译的《美国联邦刑事诉讼规则和证据规则》(中国政法大学出版社 1996 年版)；李昌珂翻译的《德国刑事诉讼法典》(中国政法大学出版社 1995 年版)；宋英辉翻译的《日本刑事诉讼法典》(中国政法大学出版社 2000 年版)等。在这些资料中，只是对国外庭前程序的相关规定进行了介绍，并没有对这个问题进行系统的分析和论述。

从国外的研究成果和相关的翻译资料可以看出，各国在对庭前程序进行设计时虽然无法脱离一定的法律传统和诉讼文化背景，造成程序的具体运作细节有所差异。但是，通过这个程序达到了所期待的诉讼目的和最低限度的程序公正、最基本的诉讼结构完整。这些研究成果和刑事立法中所追求的防止法官预断、节约司法资源、促进诉讼效率、明晰诉讼焦点、保证审判公正等诉讼理念给我国刑事庭前程序的构建提供了有益的启发。

(二) 国内研究现状

在我国刑事诉讼中，“刑事庭前程序”并非规范意义上的法律术语，作为一个理论研究的专属名词，以其为研究对象的文章并不多。将“刑事庭前程序”作为关键词在中国知网进行搜索，标题中含有该关键词的期刊论文不满 10 篇，主要包括：《刑事庭前程序研究》(闵春雷，《中外法学》2007 年第 2 期)、《我国刑事庭前程序的再改革》(王永明，《广西社会科学》2005 年第 4 期)、《刑事庭前程序比较研究——兼论我国刑事庭前程序的重构》(洪芳，《江南社会学院学报》2009 年第 4 期)、《刑事庭前程序中的权力(利)配置研究》(王圣扬，《法治研究》2011 年第 2 期)、《刑事公诉案件庭前程序价值的反思》(韩红兴，《法律适用》2007 年第 7 期)、《起诉状主义下庭前程序若干问题研究》(韩红兴，《社会科学》2011 年第 5 期)、《刑事诉讼中的庭前程序改革与完善——兼论建立预审会议机制》(李健，《衡阳师范学院学报》2003 年第 2 期)。博士学位论文 1 篇：《刑事公诉案件庭前程序研究》(韩红兴，中国人民大学

2006年博士学位论文），该博士论文由作者修改后，已于2011年由法律出版社出版。硕士学位论文1篇：《刑事庭前程序研究》（朱广宇，安徽大学2006届硕士学位论文）。

尽管对“刑事庭前程序”进行专题研究的成果尚不多见，但与之相关的“刑事庭前审查程序”、“刑事庭前准备程序”、“庭前案卷移送制度”、“庭前认罪答辩程序”、“预审程序”等却让学者们不吝笔墨、成果颇丰。主要有：《法官庭前活动的比较研究》（左卫民、刘全胜，《政法论坛》1994年第6期）、《论刑事诉讼庭前审查程序的改革》（甄贞，《法学家》2001年第2期）、《刑事诉讼庭前审查程序之比较研究》（范培根，《法学论坛》2001年第3期）、《比较法视野下的刑事庭前审查程序之改造》（汪建成、杨雄，《中国刑事法杂志》2002年第6期）、《刑事案件庭前审查及准备程序研究》（宋英辉、陈永生，《政法论坛》2002年第4期）、《效率与效益：刑事庭前准备程序的法理分析》（唐磊，《四川大学学报》2003年第4期）、《我国刑事公诉制度的定位与改革——以公诉权与审判权的关系为切入点》（吴宏耀，《法商研究》2004年第5期）、《论刑事庭前审查程序的价值——兼论我国庭前审查程序的完善》（谢安平，《河北法学》2007年第9期）、《刑事庭前准备程序若干问题研究》（韩红兴，《人民司法》2009年第1期）、《法国庭前认罪答辩程序评析》（施鹏鹏，《现代法学》2008年第5期）、《刑事诉讼庭前证据开示制度的价值分析与构建路径》（李健，《河北法学》2012年第8期）、《刑事预审程序研究》（潘金贵，法律出版社2008年版）等。另外，还有一些硕士论文对与刑事庭前程序相关的内容进行了专题论述，主要有：《刑事庭前准备程序研究》（乔伟荣，西南政法大学2011年硕士学位论文）、《刑事审判前准备程序研究》（余经林，安徽大学2012年硕士学位论文）、《构建被告人庭前认罪答辩程序》（靳幸佳，西南政法大学2011年硕士学位论文）、《非法证据排除规则与中国刑事庭前审查程序的改革》（王源，北京大学

2007年硕士学位论文)等。

2012年《刑诉法》再次修改,对庭前案卷移送制度的恢复和庭前会议的增设,有关刑事庭前程序方面的内容又一次引起了学术界的探讨热潮。最新研究成果有:《论刑事庭前审查程序功能定位——兼评刑事诉讼法修正案(草案)第171、180条》(周欣,《中国人民公安大学学报》2011年第6期)、《案卷移送制度的演变与反思》(陈瑞华,《政法论坛》2012年第9期)、《程序性争议的庭前听证程序》(高洁,《国家检察官学院学报》2012年第5期)、《刑事诉讼法修改背景下一审程序的完善》(卞建林、褚宁,《法律适用》2012年第9期)等。其中,尤其是对庭前会议的研究硕果累累,主要包括:《刑事庭前会议制度之检讨》(施鹏鹏、陈真楠,《江苏社会科学》2014年第1期)、《庭前会议制度的实施难题与解决方案》(高一飞、陈晓静,《四川理工学院学报》2013年10月)、《庭前会议制度的规范建构与制度适用——兼评〈刑事诉讼法〉第182条第2款之规定》(陈卫东、杜磊,《浙江社会科学》2012年第11期)等。

除了理论层面的探讨,司法实务部门也开展了有关刑事庭前程序方面的实践研究,为刑事司法改革积累了宝贵经验。例如,山东省寿光市人民法院进行了中国式的刑事庭前会议制度探索,开了人民法院刑事庭前程序改革的先河,推出的主要举措是,人民检察院向人民法院起诉后,法院在正式庭审前,根据案件情况召开一个由控辩双方及其他诉讼参与人参加的会议。在会议上,需要一一出示拟在法庭审理中使用的案件证据,并由控辩双方分别表示是否对该证据持有异议。[4]潍坊法院积极探索以“庭前证据展示”、“庭前调解”、“设立预审法官”为主要内容的庭前准备改革,经最高人民法院推荐,联合国开发计划署专家组经过实地考察,决定把潍坊法院的“审前程序与预审法官改革”作为联合国赞助项目进行推广,这在司法界产生了积极反响。又如,广州市海珠区人民检察院推行了以控方为主导的刑事庭前证据展示制度，创建了控辩双方合法沟通交流的平台，受到司法界的广泛关注。[5]再如，《刑诉法》二次修改后，从互联网站可以搜索到许多关于检察机关、人民法院出台刑事案件庭前会议的试行意见或者实施细则等，积极推动了刑事庭前程序的改革。[6]

从总体上看，国内无论是学界还是司法实务界都开始逐步重视对刑事庭前程序的研究。陈卫东教授主编的《模范刑事诉讼法典》(第二版)(中国人民大学出版社 2011 年版)专门设计了“庭前程序”，并将其置于“第一审程序”中，与“审判程序”并列于“公诉案件普通程序”。徐静村教授主持的项目《中国刑事诉讼法(第二修正案)学者拟制稿及立法理由》将预审程序设计为连接公诉和审判的一个中间程序，为刑事庭前程序研究提供了崭新的思路和独特的视角。前期的这些研究成果从不同角度和不同程度对庭前程序进行了探讨，为我的进一步研究提供了宝贵的资源。但是，从系统性的角度来讲，就刑事庭前程序这一课题，已有研究尚存不足，仍有许多值得探讨的问题：

一是在我国刑事诉讼中是否需要设立刑事庭前程序，设立这样一个程序的目的是什么，通过这个程序迫切需要解决的问题是什么。这是刑事庭前程序研究的一个基础性问题，也是一个难点问题。许多学者对我国的庭前审查程序和庭前准备程序进行深刻的反思后，对此都认为需要进行改革和完善。但是，仅仅就庭前审查程序和庭前准备程序进行改革是否就能够达到所期望的目的呢？我认为，由于法治国家所确立的典型的刑事庭前程序事实上在我国并不存在，只有构建符合中国国情的刑事庭前程序才有可能解决目前庭前审查程序和庭前准备程序所暴露出来的功能缺陷。

二是如何确立刑事庭前程序的性质。刑事庭前程序在整个刑事诉讼中处于怎样一个地位，它和前面的公诉、后续的正式审判是怎样的一个关系。对此,学界主要有以下几种观点:有的学者将刑事庭前程序简单地等同于公诉审查程序或者庭前准备程序。“近年来不乏学者关于庭前审查及准备程序的探讨,但普遍将该程序作为承接公诉与审判程序的一个中间、过渡性的阶段,缺乏对这一程序性质的深入分析。”[7]闵春雷教授在论文《刑事庭前程序》中认为,庭前程序应归属于审判阶段中,是与一审、二审、死刑复核、审判监督程序相并立的一个独立的诉讼程序,而在决定开庭后为庭审所进行的准备活动不应纳入庭前程序中。潘金贵教授在《刑事预审程序研究》一书中建议重塑刑事诉讼构造,刑事诉讼应当分为侦查、起诉、预审、审判和执行五个阶段,预审应当作为一个独立的诉讼程序,从而连接起诉程序与审判程序。在系统分析刑事庭前程序的价值、功能和对域外立法进行考察后,根据我国国情来确立刑事庭前程序的性质,这对于科学合理地设计该程序,充分发挥一审程序的功能具有重要的意义。

三是我国的刑事庭前程序该如何设计,这将是刑事庭前程序研究中的最重点的问题。韩红兴副教授在其专著《刑事公诉庭前程序研究》中将刑事公诉庭前程序分为刑事公诉审查程序和刑事公诉庭前准备程序两个部分进行论述,并分别进行反思和重构。这样的双重程序设置不可避免地造成庭前程序过于繁琐和重复,妨碍诉讼效率实现。还有一些学者在论述刑事庭前程序构造时,只是简单地认为把诸如非法证据排除规则、认罪制度、证据开示制度、刑事和解等制度纳入刑事庭前程序中即可,但这些制度在庭前程序中该如何安排并没有明确,从根本上来说没有完成对刑事庭前程序的设计。

三、 选题意义

(一)有利于促进审判公正

刑事诉讼的首要价值目标是公正,审判公正要求实现审判的程序公正和裁判结果的公正。而审判程序公正要求审判程序运作符合人们所追求的平等、民主等价值，与诉讼结果有利害关系的人有机会参与到诉讼中并能够充分表达自己的意见，法官不偏不倚，保护当事人的诉讼权利。一方面，刑事庭前程序通过庭前证据开示、非法证据排除，有助于证据的充分交流，防止审判突袭的出现，避免非法证据流入庭审，有利于法官客观、全面地了解案件事实真相，从而作出正确裁判。另一方面，庭前程序可以排除绝大部分影响审判集中进行的因素，使庭审法官可以全面、集中地接触证据，使心证完整地形成于法庭审理过程中，从而防止司法不公。

（二）有利于提高审判效率

迅速审判是被世界各国刑事审判普遍承认的一项基本原则。完备充分的刑事庭前程序对于防止审判拖延、提高审判效率具有巨大的意义。首先，庭前程序对案件争点、控辩双方有无异议的证据提前进行整理，明晰焦点，使庭审围绕争点、焦点展开，大大提高了审判的效率。其次，在庭前程序中，通过讯问被告人并获取其是否认罪的答辩，从而适用不同的诉讼程序，避免所有案件都经过繁琐、复杂的普通程序，通过程序分流实现了审判效率的提高。最后，在庭前程序中解决申请调取证据、回避的问题，进行证据开示，排除非法证据，避免在正式审判时这些问题的提出，导致审判中断、延期，从而提高审判的效率。

（三）有利于保障被告人的诉讼权利

在刑事诉讼中，被告人是享有法定诉讼权利的诉讼主体，可以通过行使各项诉讼权利，与控方进行积极对抗，维护自己的合法利益。庭前程序中的证据开示、申请调取证据可以有效保障辩方的证据知悉权和证据获取权，使辩方能够在庭审时与控方平等对抗，进行有效辩护。而通过庭前程序的问罪答辩，被告人可获得专门的答辩机会，阐述自己对起诉书中指控事实的观点，实现被告人的程序选择权。另外，被告人通过庭前程序还可以知悉与自己人身、自由、财产等合法权益有关的一切诉讼信息，从而更有效地维护自身的诉讼权利。

（四）有利于促进我国刑事诉讼立法的完善

我国刑事诉讼中并没有真正意义上的刑事庭前程序，而目前的刑事庭前审查及准备程序由于功能单一、设置简单而不利于刑事诉讼目的的实现。进行刑事庭前程序的研究，必然涉及控辩审三方的权利如何配置、如何有效防止控方滥用公诉权，如何保障被告人在庭前程序中的辩护权，庭前程序中的法官与庭审法官是否需要分离，案件的争点怎样明确，确定争点所需要的证据如何获得，庭前会议如何召开等问题，这必将加深人们对刑事诉讼运行规律的认识，从而推动我国刑事诉讼立法的完善。

四、研究重点及创新

（一）研究重点

在我国，对刑事审判公正的追求往往更着重于庭审程序本身的改革和完善，而忽视对刑事庭前程序的研究。刑事庭前程序涉及的内容有许多方面，本书的研究重点是如何构建适合我国国情的刑事庭前程序，具体包括：构建我国刑事庭前程序的必要性，我国刑事庭前程序的设计原则和理念，我国刑事庭前程序和公诉、审判程序之间的关系，刑事庭前程序的具体设置以及相关制度的配套和完善等。

（二）创新尝试

1. 关于刑事庭前程序的界定

在诉讼阶段意义上，“庭前”指检察机关提起公诉后至法院正式开庭审理前的这一阶段。刑事庭前程序就是指在这一阶段，控辩审三方所形成的诉讼关系以及按照一定的顺序、方式和步骤进行的各种诉讼活动的总和。

2. 关于我国刑事庭前程序的性质定位

刑事庭前程序在我国刑事诉讼的程序系统中应当是一个具有独立价值和功能的诉讼程序，其不依附于庭审程序，也不是公诉与庭审程序之间的一个可有可无的过渡性阶段。刑事庭前程序应当具有独立的、与庭审法官相分离的权力主体，有着独立的运作模式和程序，既有防止公诉权滥用和为庭审做准备的工具性价值，又有排除法官预断、裁断纠纷、终结诉讼等自身独立存在的价值。我国的刑事庭前程序应当是第一审公诉案件普通程序的一部分，衔接公诉与庭审，是一个与庭审程序相并列的独立完整的诉讼程序。

3. 关于我国刑事庭前程序的具体设置

人民检察院提起公诉案件后，除建议人民法院适用简易程序的，都应当进入刑事庭前程序。法院应当实现庭前法官与庭审法官的角色分离，可以考虑在各级人民法院设立预审准备庭，内部分设刑事预审准备庭，配备专门的庭前法官，负责处理有关刑事庭前程序的事项。我国刑事庭前程序应当主要包括对公诉的审查、证据开示、认罪答辩以及庭前会议等内容，以实现庭前程序的多种功能。

五、 研究方法

（一）价值分析的方法

法学研究中一个必不可少的基本方法就是价值分析。德国著名学者卡尔·拉伦茨在《法学方法论》中曾指出，不管是在实践（即“法适用”）的领域，或是在理论（即“教义学”）的范围，法学涉及的主要是有关“价值导向”的思考方式，针对“价值取向”的思考也发展出一些方法，借助它们可以理解并且转述确定的价值判断。因此，在进行法学研究时，去谈论或描述某一法律程序或现象首先需要进行价值认知和评判。我试图通过界定刑事庭前程序的内涵，并在对其进行法理分析的基础上探知刑事庭前程序的应然价值。

（二）比较研究的方法

在刑事诉讼法学研究中，比较研究是一种常见方法。通过对不同事物或同一事物在不同阶段的情况进行比较，才能区分事物的优劣和长短，从而获得更加接近本质的认识。运用比较的研究方法，是一种全方位、多角度的观察比较。刑事庭前程序的相关立法和实践在一些发达国家都有着非常丰富的经验。通过对不同模式国家或地区的不同庭前程序的设计进行比较分析，可以探寻这些国家或地区在庭前程序方面的异同以及不同的庭前程序设置对整个刑事诉讼制度运行的影响，从而揭示这些差异背后所隐含的制约因素，为我国刑事庭前程序的构建提供借鉴。

（三）系统研究的方法

系统研究的方法强调事物或要素之间的关联性和整合性，突出要素和整体之间的互动和贯通，要求将相互联系的各项要素作为一个整体去研究，以达到预期目的与结果。以现代系统论的观点，刑事诉讼程序是一个结构严密的系统，任何程序的设置都要考虑与其他程序的相互协调，从而保证整个诉讼程序的系统性。作为刑事诉讼中的一个子程序，刑事庭前程序包括的内容比较多。虽然各项具体内容在功能指向上不尽一致，但作为庭前程序的组成部分，又都致力于刑事诉讼基本目的之实现。这就要求在进行刑事庭前程序研究时，不仅要将其放入整个刑事诉讼系统的宏观背景中考察，分析其与公诉、审判之间的关系，而且还要从微观的层面去探究庭前程序的基本内容、价值、功能和具体设置等。

（四）历史考察的方法

社会科学研究的一个基本方法就是通过对以往出现的社会现象或者发生的社会事件进行研究，以探寻该现象或者事件发生的原因。本书将运用历史考察的方法，选取世界上刑事庭前程序比较具有特色的国家，对庭前程序的历史沿革、现状和发展趋势进行考察，以期把握刑事庭前程序的发展与演变的历史脉络。历史考察的方法能帮助我们更好地发现刑事庭前程序的发展规律，揭示庭前程序未来的发展方向，从而更好地把握对我国刑事庭前程序的重构。

（五）实证研究的方法

“实证研究强调对刑事诉讼运行实践的观察与研究，这不仅可以帮助我们了解中国刑事诉讼制度实践的现状，更重要的是提供了我们从中发现问题、把握问题、解释问题，并在此基础上提出合理化和可操作化改革路径的可能。”[8]对刑事诉讼理论的研究是为了更好地服务刑事司法实践，而司法实践中积累的有益经验和反映出来的问题又为理论研究提供了更大的空间。本书将对证据开示、问罪答辩、庭前会议等在实践中的运行效果和改革探索情况进行分析，结合实践中反映出来的问题，为构建我国刑事庭前程序提供实证依据。

注　释

[1] 有关刘志军案的材料参见：《审判长谈刘志军案庭前会议：系新增设程序》，http://news.qq.com/a/20130708/009309.htm，2013-08-10；《刘志军辩护律师钱列阳专访》，http://news.sina.com.cn/c/2013-06-21/152127463068.shtml，2013-08-10；《律师曝监狱里刘志军案庭前会议细节》，http://www.sinovision.net/portal.php?mod=view&aid=259218&page=2，2013-08-10。

[2] 有关薄熙来案的材料参见：济南中院2013年8月22日于新浪官方微博中发布的微博：http://weibo.com/3708524475/A5YfK0yuO，2013-09-10。

[3] 龙宗智：《刑事庭审制度研究》，中国政法大学出版社2001年版，第146页。

[4]《关于山东省寿光市人民法院刑事庭前程序改革的调研报告》，《人民法院报》2003年2月24日。

[5] 王雄飞、刘远强：《刑事庭前证据展示制度之探索——来自广州市海珠区人民检察

院的调研报告》,《人民检察》2004 年 12 月,第 35—37 页。

[6] 如江苏省徐州市泉山区公检法司出台了《关于刑事案件庭前会议工作的试行意见》、江苏省扬州市广陵区法院制定了《庭前会议议事规则》、江苏省泗阳县人民法院以刑庭为试点部门试行刑事案件庭前会议制度等。

[7] 闵春雷:《刑事庭前程序研究》,《中外法学》2007 年第 2 期,第 168 页。

[8] 左卫民:《范式转型与中国刑事诉讼制度改革——基于实证研究的讨论》,《中国法学》2009 年第 2 期。

第一章
刑事庭前程序的基本理论

审判公正是法治追求的崇高境界，然而，审判公正的实现不仅仅需要公正的庭审程序，更离不开保障庭审公正实现的庭前程序之完备。作为承接公诉程序、开启庭审程序的刑事庭前程序在整个刑事诉讼系统中起着非常重要的关节点作用，“它制约着公诉程序的运行，决定着审判的模式，影响着整个刑事诉讼的构造。”[1]

第一节　刑事庭前程序概念的界定

一、 刑事庭前程序与相关概念辨析

“概念是解决问题所必需的工具，没有限定严格的专门概念，我们便不能清楚地和理性地思考法律问题。”[2]因此，对刑事庭前程序的研究也应该从概念的界定展开。然而，无论在国外还是国内，刑事庭前程序并没有一个明确而又统一的定义。究其原因在于，诉讼模式的差异和诉讼价值理念的不同，使得各国对刑事诉讼阶段的划分和程序的设计不尽相同，具体到刑事庭前程序就有着不同的理解和认识。

在我国，刑事庭前程序不是一个法律概念，一些权威的通编教材认为刑事庭前程序有广义和狭义之分，狭义上的刑事庭前程序指人民检察院向人民法院提起公诉后到人民法院开庭审判前，人民法院所进行的各种审判准备所应遵循的规则的总称，主体只指人民法院；而广义上的庭前程序包括审判前的立案、侦查、公诉准备等一系列活动程序规则，主体包括侦查机关、检察机关和辩护方。[3]有学者认为，“庭前程序，这里主要是指法院的审前程序，包括庭前公诉审查，庭审准备等”。[4]另有学者认为，“庭前程序，是指在提出指控之后开庭审判之前，对案件进行审查和为开庭审判进行准备的一系列程序”。[5]还有观点认为，庭前程序在国外通常被称作预审程序，为避免理解上的歧义并与庭审程序相对应，刑事庭前程序也称为刑事庭前审查程序，是指在检察机关提起公诉之后法院开庭审判之前，由专职法官对案件进行审查，以决定是否将被告人交付法庭审判以及进行必要的庭审预备活动的程序。[6]从上述定义可以看出，学界基本上是从诉讼阶段的意义上来界定我国的刑事庭前程序，这一阶段就是从检察机关向人民法院提起公诉后，人民法院正式开庭审理前的这段时间。但是，学者对庭前程序进行定义时又涉及其他不同的术语，如“审前程序”、“预审程序”、“刑事庭前审查程序”等，这些用语或多或少在内涵或外延上与庭前程序相近或相关，有可能混淆对刑事庭前程序概念的理解。因此，有必要先对这些术语进行适当的梳理和辨析，以便更好地界定刑事庭前程序，从而有利于明确研究的方向。

（一）刑事庭前程序和刑事审前程序

审前程序，即审判前程序，是国内学者学术研究中最容易与庭前程序相混淆的一个概念。现代刑事诉讼活动从纵向上看表现为依次排列、首尾衔接的一系列诉讼阶段，但不同国家对这些诉讼阶段的划分会有所不同。在一些基于审判中心主义的国家，如美国，将刑事诉讼程序分为三个阶段，即审前程序（Procedure Prior to Trial）、审理程序和审后程序，一般来说审前程序基本包括以下几个步骤：提出控告、逮捕、在警察局“登记”、逮捕后在治安法官前聆讯、预审、正式起诉、传讯和被告人答辩。[7]按照我国《刑事诉讼法》的规定，刑事诉讼分为立案、侦查、起诉、审判和执行五个阶段。学界通常把刑事诉讼中审判阶段以前的程序称为刑事审前程序，在诉讼阶段上包括立案、侦查和起诉，审前程序与审判程序以检察机关提起公诉为界。[8]因此，在我国，刑事审前程序应当指的是刑事案件交付法院审判前的所有诉讼程序，审前程序结束后就进入审判程序。而“审判”在我国的刑事诉讼程序中往往具有较为广泛的含义，包含了案件被起诉到法院后，法院对公诉案件的审查，开庭前的准备，法庭的审理和评议以及判决活动。因此，审前程序和庭前程序是两个截然不同的概念，在使用中不能混淆，两者的区别主要在于：从诉讼阶段上看，审前程序在审判程序之前，而庭前程序强调的是正式开庭审理前，是衔接公诉程序和庭审程序的桥梁；从时间跨度上看，审前程序比庭前程序的跨度要大，就我国刑事诉讼而言，审前程序包括立案、侦查和起诉，而庭前程序主要包括对公诉的审查和开庭前的准备；从关注的侧重点来看，审前程序主要研究侦查权、公诉权的行使与控制以及对辩护权的保障，[9]而庭前程序关注的重点是如何防止公诉权的滥用、分流案件、提高诉讼效率和为开庭审理做好充分准备以保证集中审理。至于前文有学者在定义庭前程序时采用狭义和广义之说实属不必要，其广义之庭前程序实则乃审前程序。

（二）刑事庭前程序和预审程序

与刑事庭前程序相关的另一个概念是预审程序。“预审制度是庭审前一项重要的诉讼制度，两大法系国家都存在预审制度，但具体含义和内容不同。”[10]英美法系国家，预审程序侧重于对检控方的起诉进行审查，是“纯粹司法审查意义上的预审”；而大陆法系国家，预审不仅包括对检控方起诉的审查，还包括一定程度上预审权力主体对侦查活动的参与和调控，是“侦查兼司法审查意义上的预审”。[11]虽然不同国家对预审的立法存在一定的差异，但是，绝大多数国家将其定位为介于起诉与审判之间的一个独立的诉讼程序，基本功能是对起诉进行司法审查，以确定案件是否符合起诉条件，是否将案件交付法院进行审判。庭前程序与预审程序两个概念的共同点在于都包含了对公诉机关起诉的审查，而且从诉讼阶段来说，一些国家预审程序的开始往往意味着庭前程序的启动。但是两者还是有区别的：首先，预审程序通常是审判前的一个独立程序，通过预审程序由审查法官作出是否移交审判的裁定，而庭前程序是从公诉机关提起公诉开始到法庭正式开庭审理这段时间，在一些国家跨越了不同的诉讼阶段，比如，美国对重罪案件进行预审后批准起诉的，案件就进入审判阶段，在正式开庭审理前进行的传讯和答辩以及审前动议、证据开示和庭前会议等虽然也属于庭前程序，但是和预审程序分属于不同的诉讼阶段。其次，预审程序设立的根本目的是为了制约公诉权，防止公诉权的滥用，以免被告人受无端追诉，而庭前程序除了这个目的外，还侧重于对案件的分流和保证庭审的高效。最后，从程序的内容上来说，庭前程序除了对公诉进行审查外，还包括为开庭所做的准备工作等，而预审程序强调对检控方起诉的案件进行审查。总之，无论是从性质还是内容上来看，庭前程序与预审程序是两个不能等同的概念。

（三）刑事庭前程序、刑事庭前审查程序和刑事庭前准备程序

与庭前程序容易混淆的另一组概念是刑事庭前审查程序和刑事庭前准备程序。“庭前审查，也叫对公诉案件的审查，是人民法院对人民检察院提起公诉的案件依法进行审查，并决定是否受理和开庭审判的一种诉讼活动”。[12]我国台湾地区学者林俊益认为：“法院受理案件

后，首先进行‘前提条件’，即‘起诉之程序是否违背规定’之审查，换言之，刑事诉讼法第一六一条第二项起诉审查，其适用时机系在检察官提起公诉之后、第一次审判日之前之准备程序，并非一项独立程序，是广义审判程序一环。”[13]通过庭前审查程序，决定将案件交付审判后，为了审判的顺利而进行的一系列准备活动通常被认为是庭前准备程序。我国台湾地区学者蔡墩铭认为：“为使审判期日之程序迅速推行及易于总结起见，须有审判之准备。审判之准备就诉讼程序之观点而言，可称为准备程序，乃审判期日外受诉法院所进行之程序。”[14]根据学者们的观点，公诉案件在正式开庭前进行的庭前审查程序和庭前准备程序，是处于前后接力、紧密相连的两个程序，庭前审查是进行正式庭审的“前提条件”，庭前准备是进入正式庭审后展开的准备活动。从诉讼阶段来说，两者都属于庭前程序，是庭前程序中前后相连的两个程序；从功能上来说，都是为了提高效率，为保证法院在审判期日顺利与迅速进行审判做好准备。当然，不同国家对庭前审查和庭前准备的设置有所不同。在英国、美国、法国、意大利等实行预审制的国家，为制约公诉权力，对刑事案件进行过滤，对检察官提起的公诉案件往往实行的是审判前的独立审查程序。经过预审后的案件方能正式进入审判程序，并随之进行一系列为保证庭审顺利进行的庭前准备活动。在实行预审制的国家，这种审判前的独立审查和庭前准备程序有着比较明确的界线。而在其他一些国家和地区却有着不同的情况，日本刑事诉讼没有设置对公诉的审查程序，公诉机关提起公诉后直接进入开庭前的准备，正如田口守一教授指出的：“提起公诉之后，就进入了审判的准备阶段。审判的准备是指，为了在开庭时法庭审理程序能够迅速顺利地进行，法院和诉讼关系人所进行的准备活动。”[15]但是日本庭审前的准备又独具特色，分为第一次公审日前的准备程序和第一次公审日后的准备程序。我国台湾地区刑事诉讼中规定的庭前审查程序和庭前准备程序之间没有明显的区分，两者通常交织进行，在第一次审判日前完成即可。由此可见，不同国家和地区对公诉机关提起公诉到正式开庭审理前的这段期间设置了不同的程序，如果使用庭前审查程序或者庭前准备程序的概念，都不能全面、准确涵盖庭前程序所包含的所有内容。因此，刑事庭前程序、刑事庭前审查和刑事庭前准备程序三者之间不能概念混淆，否则，就会造成指代不清和叙述不便。

（四）刑事庭前程序和审查起诉程序

审查起诉程序，在我国指的是公诉机关对于侦查终结需要提起公诉的案件依法进行审查，以决定是否对犯罪嫌疑人提起公诉的诉讼活动。这一概念与刑事庭前程序有着比较明显的区别：首先，两者所处的诉讼阶段不同。审查起诉程序是对侦查终结的案件进行审查，属于与侦查不可分割的追诉活动，是连接侦查与审判的纽带；而庭前程序处于审查起诉程序之后，公诉机关经过审查决定对被指控人提起公诉后才进入庭前程序。其次，审查起诉主要是由公诉机关进行的，而庭前程序中对公诉的审查通常由预审法官进行，而开庭前的准备则由庭审法官主持。最后，两者设立的目的不同。审查起诉程序是任何公诉案件的必经程序，其目的是对侦查活动是否合法进行监督，保证追诉的公正性和准确性；而庭前程序主要是防止公诉机关滥用追诉权，保证集中审理和提高诉讼效率。

二、刑事庭前程序的含义

通过上述刑事庭前程序和相关概念的对比辨析可以看出，刑事庭前程序是一个与审前程序、预审程序、庭前审查程序、庭前准备程序以及审查起诉程序完全不同的概念。就我国刑事庭前程序而言，可以从以下两方面进行理解：从诉讼阶段意义上说，“庭前”指的是公诉机关提起公诉之后，法院正式开庭审判前的时间段，其属于广义的审判阶段，不包括审判前程序；从程序内容上说，“根据我国《刑事诉讼法》的规定，庭前程序包括对公诉案件的庭前审查和开庭审判前的准备两个部分”，[16]前者解决提起公诉的案件能否进入正式庭审，后者重在为庭审的顺利进行做好准备，两者的核心都是为顺利进行庭审创造条件，这也是将庭前审查程序和庭前准备程序统一放在庭前程序里进行研究的理由基础。但是，我们需要看到的是，不同国家由于诉讼模式和历史文化等的差异，在对特定诉讼阶段的程序进行设计时会有所不同，导致程序所体现出来的这个诉讼阶段的诉讼活动也会有所差异。刑事庭前程序在我国主要包括庭前审查和庭前准备活动，但是在其他国家有着不同的内容。比如，德国的庭前程序中是由独立的中间程序来对公诉进行审查；在美国重罪案件的庭前程序中，经过预审程序后批准起诉的，案件进入传讯和答辩程序，如果被告人作无罪答辩，法庭还要进行审前动议、证据开示、庭前会议等诉讼活动。刑事庭前程序在世界各国呈现出来的差异性和多样性，使我们很难从程序内容的角度去界定它。而刑事庭前程序的一个明显的特征就是在时间上具有特定性，开始于公诉机关提起公诉，终止于法院正式庭前审之前。从各国刑事诉讼的立法来看，无论其对这一诉讼阶段所使用的名称或者具体内容的设置有何差异，不可否认的是，这样一个诉讼阶段在整个刑事诉讼程序中是特定的、必经的。因此，在对本书的研究对象——刑事庭前程序进行定义时，为确保研究的方便和论述的清晰，还是从诉讼阶段的角度对其进行界定比较好。所谓“程序”，从最原始的意义上讲就是“事情进行的先后次序。”[17]“从法律学的角度来看，主要体现为按照一定的顺序、方式和步骤来作出法律决定的过程。”[18]基于此，本书所讨论的刑事庭前程序指刑事公诉案件由公诉机关提起公诉之后到法院正式开庭审理之前，参与诉讼的机关和人员按照一定的顺序、方式和步骤所进行的诉讼活动及由此形成的诉讼关系的总和。

第二节 刑事庭前程序的历史沿革

任何程序和制度都有其产生、发展的背景以及演变过程。刑事庭前程序不是从刑事诉讼诞生之时就出现的,而是萌芽于刑事诉讼民主化进程,顺应不告不理、控审分离、公正审判等客观需要而产生的。

一、改革发展型:对英国的考察[19]

由于历史的原因,英国一共有三套刑事司法体系,即苏格兰、北爱尔兰以及英格兰和威尔士。英格兰和威尔士属于典型的英美法系,我们通常所说的英国刑事诉讼法主要就是指英格兰和威尔士实行的刑事法律制度。英国刑事诉讼法的渊源主要表现为议会立法和判例法,但是政府自 20 世纪初以来,不断地运用成文立法来编撰和整理普通法上的内容。尤其是 20 世纪 80 年代以来,英国刑事司法制度一直处于不断变革之中,一方面,英国各部司法改革报告在英国刑事司法改革中发挥了独特的作用;另一方面,英国刑事诉讼领域的单行立法推动了刑事程序的改革和发展。正如英国法律史学家阿兰·哈丁所说:“法律是社会需求的表达,它为社会而存在,同样,为了适应社会的发展,法律也必须进行不断的改进。”[20]为了展示英国刑事庭前程序发展的历史脉络,以下通过涉及刑事庭前程序的单行立法的变化为主线来展开论述。

在英格兰和威尔士,存在着“治安法院”和“刑事法院”两个不同系统的法院,对不同类型的刑事案件行使管辖权,分别采用“简易审判”和“起诉书审判”这两种刑事审判方式。[21]根据犯罪的严重程度,犯罪被划分为三个主要等级:“可诉罪”(Indictable Offences),是最为严重的犯罪,只能由刑事法院负责审理,仅能以起诉书审判的;“简易罪”(Summary Offences),这类犯罪一般不严重,由治安法院审理,仅能按简易程序审判的；“可选择审判方式之罪”(Offences Triable Either Way)，这类犯罪既可以在刑事法院以起诉书审判，又可以在治安法院简易审判。[22]对于按照起诉书(Indictment)起诉的可诉罪，为了确定被指控者是否应当面临起诉书审判时，在被指控者正式受审之前，应将案件提交治安法院，由治安法院的治安法官进行审查，以决定是否有必要将案件交付审判，这就是移交审判程序(Committal For Trial)。[23]在英国，对任何人犯可诉之罪的审查过去是由大陪审团行使的。“大陪审团最初出现在英国，此机构建立的目的是为了避免在逮捕和起诉过程中官员的独断专行。”[24]16 世纪，治安法官开始进行并记录初步的审查，后来，治安法官和大陪审团都能决定是否存在需要对被指控人员起诉的案件。英国陪审制度在经历了 19 世纪的黄金时期后，由于存在一些内在缺陷，英国 1933 年《审判组织法》开始废除大陪审团的预审职责，1948 年《刑事审判法》更是将其彻底废除。在大陪审团制度被废除后，英国唯一对可诉犯罪进行审查的主体就是治安法官。

在英国，移交审判程序需要在审判前对证据进行不同程度的审查，传统的移交审判程序主要采用的是言辞方式。这种言辞审查为控辩双方提供了发表意见和充分举证的机会，但也存在着一些弊端，比如，证人亲自出庭作证非常耗时，使得移交审判程序变得繁琐，司法效率难以保障。1967 年《刑事审判法》打破了言辞审查的单一模式，规定在控辩双方无需传唤证人到庭，而只需向法庭提交证人的书面陈述即可，这种书面审查模式显然比之前的言辞模式节省时间。自此，英国在移交审判程序中开启了言辞审查和书面审查的双重模式。

1980 年英国制定了新的《治安法院法》，取代了 1952 年《治安法院法》。该法在确立了言辞和书面两种类型的审查程序的基础上，第 102 条对书面审查中向治安法官提交的书面陈述的条件作了进一步规定：第一，书面陈述由作出陈述的人签署；第二，书面陈述必须附带一项由陈述人作的声明，声明的内容是就其所知和出于信任，他在作陈述时知道，当陈述以证据形式提出时，如果故意作他认为是错误的或其不认为是真实的陈述的话，将被提起诉讼；第三，在陈述被以证据形式提出之前，由准备提出的一方或其代表将陈述的复印件交至诉讼其他各方的手中；第四，在起诉审中，诉讼双方都不得在陈述作为证据提供之前反对根据本条而提出的陈述。

然而，在英国的刑事司法实践中，移交审判程序也产生了一些弊端，比如：治安法院对绝大多数提请审查的案件都作了移送决定，导致移交审判程序经常流于形式，缺乏实质性意义。到 20 世纪 80 年代后，英国对移交审判程序进行了一系列的改革。最先进行改革的是 1987 年《刑事审判法》，该法设立了“移送通知”程序（Notice of Transfer Procedure），规定对于有证据揭示的严重和复杂的欺诈案件，指控方可以不必经过治安法院的审查，直接将案件移送刑事法院审理，同时向按照传统移交审判程序对案件享有起诉审查权的治安法院履行告知义务。1991 年《刑事审判法》又将“移送告知”程序的适用范围扩大到了针对儿童的重伤害或性侵犯案件，目的在于防止儿童在治安法院的移交审查程序中被迫提供证据，并避免这类案件的拖延。1994 年通过的《刑事审判与公共秩序法》又设立了一种被称为“移送审判”（Transfer For Trial）的制度，试图取代实践中存在不少问题的移交审判程序，但该制度并未发生法律效率就被 1996 年《刑事诉讼与侦查法》所废除。

1996 年《刑事诉讼与侦查法》是一部在英国刑事司法发展中非常重要的法律，对刑事庭前程序相关内容作出了较大的改革。首先，该法将治安法院在移交审判程序中对证据的审查全部改为书面形式，而且只对控方的证据——基本上是控方证人的书面陈述进行审查。辩方除了对控方的指控承认“无辩可答”（no case to answer）或向法庭申请撤销案件外，不得提出自己的证据，也不能对控方证据进行交叉询问，从而大大简化了起诉预审程序。简化后的移交审判程序分为不审查证据的移送和审查证据的移送。其次，该法对刑事证据开示制度作了更为完整和具体的规定。1996 年《刑事诉讼与侦查法》实施以前，针对证据开示的规定散见于英国一系列的判例以及制定法之中，确立的基本规则是：检察官应当向辩方开示其掌握的所有证据，既包括作为指控依据使用的证据，也包括已经收集但没有作为指控被告人的证据而提出的材料；对于辩护方来说，除了一些极其特殊的情况外，其不负有将其打算在审判中适用的证据预先向检察官展示的义务。1991 年成立的皇家刑事司法委员会提出对证据开示进行改革，建议扩大辩方在庭前展示证据的范围，这对 1996 年《刑事诉讼与侦查法》的制定产生了直接而又重要的影响。该法确立了一系列新的程序规则，赋予了辩方向控方展示本方辩护内容和证据的义务，并规定不承担这种义务的法律后果。最后，"答辩和指令听审"(Plea and Directions Hearing)以及"预备听审"(Preparatory Hearing)在该法中得到确认，进一步丰富和完善了英国的刑事庭前程序。

为了进一步提高诉讼效率，英国 1998 年《犯罪与违反秩序法》对移交审判程序又进行了重大变革。该法第 51 条规定，那些只能以起诉书审判的犯罪和与它们关联的犯罪，将不再经过移交审判程序，必须从治安法院的预备听审中立即移送刑事法院，但被指控人可以申请刑事法院法官驳回起诉。法官如果认为针对被指控人的证据不足以使陪审团据以定罪，应当驳回指控。这项改革削弱了移交审判程序在英国刑事诉讼中的适用。尽管 2002 年 7 月，英国内政部长、上院大法官和总检察长给议会提交的《所有人的正义》司法改革报告中又提出了进一步扩大移交审判程序的适用，但是不可否认，英国有弱化移交审判程序的改革趋势。

英国 2003 年《刑事审判法》是对英国刑事程序和刑罚制度方面进

行全面修改的一部重要法律。该法第五部分和第六部分分别对“证据开示”和“犯罪案件的分配和移送”作出了新的改革。在证据开示方面，修改了 1996 年《刑事程序和侦查法》中关于控方将不使用的材料向辩方开示的规定，以及关于辩方陈述案件的规定。同时，还修改了辩方的开示要求，规定被告人应提供更为详细的辩方陈述书等。该法对与治安法院有关的程序也进行了修改，新程序使案件能被移送到与其严重性相适应的法院进行审判，并确保尽可能迅速地把案件移送至法院。[25]

二、典型英美型：对美国的考察[26]

美国各司法系统在刑事诉讼程序方面存在较大差异，案件轻重不同，处理程序也各异。在多数司法系统，一个典型重罪案件所经历的刑事诉讼程序更具有概览性。在美国，重罪案件的刑事庭前程序包含的内容十分广泛，90%以上的案件都是在正式审判前结案，因此，庭前程序的重要性在美国并不亚于审判本身。[27]尤其是美国刑事庭前程序中的预审制度、证据开示制度以及辩诉交易制度在全球范围都具有深远影响，考察这些制度的历史沿革对美国刑事庭前程序的研究有着重要的意义。

在美国，重罪案件被移送到一般管辖权法院审判前，指控要接受正式审查，其目的是检查证据以决定起诉是否正当。正式审查重罪指控有两个不同体系，一个是大陪审团审查起诉，还有一个是治安法官进行的预审听证。大陪审团制度产生于英国，早期殖民者将这一制度从英国带到了美国。最初美国大陪审团的基本职能是收集犯罪活动的证据，调查犯罪指控并决定是否将案件提交审判，但这种对指控进行审查的职能并不十分明显。随着美国刑事司法程序的不断演变，大陪审团对起诉进行审查的作用逐步被强化。《美国宪法》第五修正案规定：“任何人除非有大陪审团的起诉决定，不得被要求就杀人罪或者其他不名誉的指控承担刑事责任”，从而将大陪审团进行审查起诉的制度写入了宪法。虽然英国于1933年废除了大陪审团，但在美国，这一制度至今仍是一个重要宪法制度。当然，由于大陪审团制度存在着费用较大、效率较低等缺点，美国的大陪审团制度从19世纪中后期开始出现萎缩的态势。1859年，密歇根州第一个废除了大陪审团制度。到1930年，美国有二十几个州不实行大陪审团程序，但是在联邦系统和美国其他一些州，大陪审团仍然是审查起诉的重要权力主体。1975年重新修订过的《联邦刑事诉讼规则》第三章对大陪审团进行审查起诉的具体问题作出了详细规定。从美国的司法实践来看，大陪审团的调查职能已经大为削弱，而其审查起诉的职能发挥得也不是很理想。因为大陪审团以秘密方式审查案件不公开进行，而且只有检察官可以向大陪审团提出证据，被告人和辩护律师没有这样的机会。这就容易导致大陪审团只听检察官的一面之词，对证据的审查流于形式。“设立大陪审团的本意是，让一个独立机构对检察官所持有的证据作出客观评价，以防止检察官在没有充足证据的情况下强迫被告人接受审判。但在现行大陪审团制度下，大陪审团很难起到客观评价检察官证据的作用。在大多数情况下，大陪审团所起的只是橡皮图章的作用。”[28]针对大陪审团存在的问题，近几十年来，美国许多州也试图对此进行改革。美国律师协会就曾提出一系列重大改革建议，包括赋予大陪审团听审的对象享有作证的权力、严格限制传闻证据的适用、禁止使用宪法规定庭审时不被采纳的证据、允许中立的治安法官审查大陪审团的记录以审查程序的正确性等。[29]

尽管大陪审团历史渊源久远，但到19世纪中叶，美国盛行的观点是应用大陪审团太麻烦，缺乏效益。1859年，密歇根州在废除大陪审团制度后，第一个允许由治安法官在预审听证时对案件审查指控。治安法官的预审出现后，其正当性和合宪性曾一度受到质疑。1884 年，联邦最高法院在 *Hurtado v.California*（1884）一案中支持设立治安法官预审程序，认为如果证据由治安法官审查，被指控人所受到的公平对待不亚于证据由一群陪审员审查，治安法官预审与大陪审团预审在法律上具有同等的地位。[30] 在随后的几个最高法院判决的案件中，预审听证作为等同于大陪审团的审查工具的合宪性再次得到肯定。1970 年最高法院在科尔曼诉阿拉巴马州（*Coleman v.Alabama*，1970）一案中指出，在预审听证阶段重要的审判权利处于危险境地，因此预审听证在刑事被告人的诉讼中是一个重要阶段。[31] 1975 年修订的《联邦刑事诉讼规则》在第二章的第 5 条和第 5.1 条对治安法官的预审作了具体明确的规定。与大陪审团审查起诉相比，如今在美国由治安法官预审听证更为盛行。

证据开示是美国刑事庭前程序中另一个十分重要的制度。根据美国法律的规定，就刑事庭前程序而言，证据开示主要在审查起诉和起诉后提出审前动议阶段进行。正如最高法院在科尔曼诉阿拉巴马州（1970）一案中指出，"预审的价值不仅是审查指控是否存在合理根据，而且它还为辩方提供了诸如审判前证据开示这样的便利。"[32] 在美国，刑事证据开示第一次被官方认可并获得批准是在联邦政府诉巴尔（*United States v.Burr*，1807）一案中，审理该案的首席法官约翰·马歇尔（John Marshall）指出"出于对被告人的公正考虑，我们不能拒绝被告人的开示请求。"但是在随后的一个多世纪，由于大多数案件过于简单而无需太多准备，刑事证据的开示并没有在美国被广泛接受。直到 20 世纪 60 年代左右，联邦最高法院的两个案件促使面向辩护方证据开示制度的建立。一个是詹克斯诉联邦政府（*Jencks v.United States*，1957）案，该案要求检察官向辩护方披露控方证人的先前陈述；[33] 另一个是布雷迪诉马里兰州（*Brady v.Maryland*，1963）案，最高法院认定正当程序要求检察官必须披露对被告人有利的，无论是定罪还是量刑方面的所有证据。[34]但是，这种对辩护方证据的单方开示引起了检察官的不满，他们竭力推动证据开示向“双方互动”的方向改革，而不认为这仅仅是辩方的单方活动。不过，“控方证据开示制度通过立法、划时代的法院裁决、美国律师协会的建议，以及许多州前呼后拥的改革，最终得到了广泛建立，而刑事证据开示也以互惠开示的新面孔展现在世人面前。”[35]《联邦刑事诉讼规则》第 16 条“透露和审查”分别从“由政府方透露证据”和“被告人透露证据”两个方面确立了刑事证据的互惠开示制度。这种互惠强调的是检察官和被告人双方互换信息。美国律师协会也希望互惠开示是一项控辩双方能平等参与、互惠互动的活动，试图对证据开示创设一个每个州都能普遍适用的框架。但是，在美国的州层面，刑事证据开示具体模式的选择仍然依赖于每个司法管辖区的架构和倾向。[36]从没有证据开示到单方证据开示，再到如今的互惠开示制度，美国联邦和各州虽然对互惠开示的强制性不尽相同，但这体现了一个国家或者地区在不同时期的法律价值取向，并且在打击犯罪和保障人权之间不断寻求平衡点。

证据开示制度在美国庭前程序中不仅使控辩双方处于更平等的地位，而且也增加了控辩交易的可能性，因为证据的开示使得被告方能更好地判断与衡量参加审判的冒险性。辩诉交易制度是地道的美国本土产品，其产生源于快速增长的案件工作量压力和资源短缺问题。1970 年，美国联邦最高法院在布雷迪诉联邦政府（*Brady v.United States*，1970）案中正式确认了控辩交易的合宪性。次年，在桑托贝洛诉纽约州（*Santobello v.New York*，1971）案中，最高法院再一次强调了它的合法性，“如果每一项刑事指控都需要经历完整的司法审判，那么，无论是州政府还是联邦政府，均应当将其法官的数量和法庭设施增加很多倍。”并且，还指出“控辩交易是（美国）刑事司法制度的基本组成部分，如果运用得当,它应当受到鼓励。”[37]《联邦刑事诉讼规则》在第四章“传讯和准备审判”的第11条“答辩”中对控辩交易的一般原则和程序作了明确规定。如今,控辩交易被85%—90%的刑事案件所采用,在刑事诉讼中所占的比例远远超过了法庭审理定罪。但是,值得注意的是,控辩交易的恰当性在美国一直存在着激烈的争论。支持者认为控辩交易可以减轻法院压力,可以使检察官尽快处理案件,可以使被告人得到较轻的刑罚,可以为刑事司法机构节省大量的人力物力。批评者认为,控辩交易避开法律规定的正式程序,以一种非正式的方式确定被告人的刑事责任,这违背了刑事司法寻求公平和正义的使命,损害刑事司法制度的尊严。而且,检察官与被告人在控辩交易中的不平等地位会使无罪被告人或者本可以为自己作出有利辩护的被告人被迫认罪。尽管控辩交易被法院和大多数司法人员所接受,并被广泛地使用和制度化,但在实践中暴露出来的问题使有些司法管辖区废除所有案件或特殊类型罪行的控辩交易。[38]控辩交易被废除和限制后,检察官可能需要进行更为严格的案件审查,司法系统会进行调整以处理大量被提起的案件,进入审判程序的案件可能通过简略的程序被处理,但问题是这些调整是否会比控辩交易更好,恐怕一时很难作出明确判断。

三、职权保留型:对法国的考察[39]

法国刑事司法有三大基本职能:追诉、预审和审判。有权作出追诉的人决定提起追诉后,在决定是否将犯罪嫌疑人提交审判法庭审判之前,先要通过预审程序,由预审法官受理案件并对案件进行深入调查。因此,预审是法国刑事庭前程序的一项重要诉讼制度。作为大陆法系国家传统预审制度的发源地,法国的预审程序与英美法系国家的预审有着比较明显的差异。就功能而言,法国预审程序独具特色,不仅可以决定是否将起诉提交审判法庭,还可以在警察初步侦查的基础上进行必要的侦查行为,以及对强制侦查行为的事先批准。[40]以下将通过一系列法典的制定以及法律的修改来考察法国预审制度的发展轨迹。

法国的预审制度起源于纠问式诉讼程序。从中世纪黑暗统治时期,法国教会法庭对教士提起诉讼,采取秘密方式进行追诉开始,纠问式诉讼就在法国逐步产生。随着这种诉讼程序进入世俗法庭,到13世纪中期,纠问式诉讼随着王权的逐步强大而日益发展,并通过1539年和1670年敕令这两个敕令将纠问式诉讼发展到极端。刑事程序被划分为预审程序和审理程序,均秘密进行;预审法官负责进行预审程序,任务在于收集证据;预审审讯证人,采取隔离、秘密询问手段,制作笔录;如果通过讯问被告人后,法官得出的结论是被告人有罪的可能性较大,但证据并不充分,在此情形下法官可以命令刑讯被告。[41]资产阶级启蒙运动时期的启蒙思想家对这种纠问式诉讼程序进行了猛烈抨击,1780年法国废除了预审过程中的酷刑拷打。法国大革命胜利之初,一心向往英国诉讼制度的法国人接受了英国起诉陪审团的原则,而废除了原有的预审制度,但大革命后社会秩序的日益混乱证明对英国制度的移植无法适应当时法国社会镇压犯罪的需求,因此,1801年法国又重建预审制度,但是这次对预审制度的回归并没有完全脱离纠问式诉讼模式。

1808年,法国制定了一部对大陆法系的刑事诉讼立法有着较大影响的《重罪审理法典》,该法典规定了纠问主义色彩浓厚的预审程序,将追诉、预审和审判三项职权分别交由不同的机关与司法官行使,其中,预审法官行使案件的预审职权。之后,法国又对预审制度进行了一些改革。1897年,法律加强了预审程序的监督,并增加了被告人在预审中的诉讼权利,这使得法国的预审程序具有了一些公开性的特征。法国1959年《刑事诉讼法典》在第一卷"提起公诉和进行预审"中对预审管辖以及预审组织等有关预审程序作出了规定,将预审法官与公诉官权限相区分以确保预审法官的独立，将第二审预审程序从书面秘密审查修改为对审制，缓和了纠问主义色彩，还将预审法官的裁决置于上级法院监督之下以限制预审法官的权力，这些在一定程度上体现了民主化进步。在以后的法律修改中，预审制度一直是法国刑事司法学界特别关注的重点。

1993 年 1 月 4 日的法律曾一度通过取消预审法官对临时羁押批准的权力，改由委托法官代行该项权力，而对预审程序进行了较大幅度的改革。虽然没过几个月法律又恢复了原来的规定和制度，但是，对于预审程序方面的改革来说，仍然具有积极意义，因为从预审程序阶段开始就明显具有对席程序的特点。

2000 年 6 月 15 日法国通过《关于加强无罪推定及被害人权利保护的法律》，这是 1958 年《刑事诉讼法典》颁布以来力度最大的一次刑事诉讼立法改革。改革内容几乎涉及刑事诉讼各个环节，而关于预审的专门规定是其中一个重要部分。该法律创设了一种“旨在让所有人都感受到公正”的新型法官，即自由与羁押法官，将过去预审法官有权单独决定实施先行羁押措施改为决定羁押措施需由预审法官和自由与羁押法官共同同意，以限制预审法官相对过大的权力；加强了预审的公开性，规定“(所有预审程序中的)受审查者及律师均可要求公开预审程序，除非公开审理本质上可能损害预审所必需的特殊调查，或者损及人身尊严或第三人的利益”，此规定甚至扩及“自由与羁押法官”的审理程序；[42]扩大了受审查人和民事当事人的权利等。

为了使司法更好地适应犯罪发展的要求以及适应权利保护的需要，2004 年 3 月 9 日，法国对刑事诉讼法又进行了重大修改，主要包括：将和解程序扩大到所有可能判处 5 年以下的轻罪(但有例外如过失杀人)和所有违警罪；在预审方面，对于重罪或可能判处 10 年以上监禁的情况，如果预审法官拒绝申请被告人的审前羁押，检察官可以向自由与羁押法官申请将被告人审前羁押;借鉴了美国辩诉交易制度建立了法国式辩诉交易,适用于法定刑为5年以下的犯罪,主要目的是为了减轻法院负担,节省司法资源,可以使预审法官有更多的精力投入更复杂案件的调查,提高诉讼效率。[43]

法国预审程序长期以来的一个核心问题是预审权过大,被告缺乏有效的对抗手段。在创设自由与羁押法官之前,预审法官既负责指挥重罪案件的侦查,又自行审批是否适用临时羁押措施,其结果往往是高羁押率和预审法官对临时羁押权的滥用。虽然自由与羁押法官的设立从理论上可以减少权力滥用的风险及降低司法错案的概率,但是这样的权力体系依然缺少足够的外部制约机制。2005年在法国引起各界强烈关注的乌特罗案件的最终审理后的结果表明,无论是预审法官还是自由与羁押法官都未能有效阻止司法错案的发生,这成为新一轮预审程序改革的导火线。2007年3月5日的《强化刑事程序平衡法》确立了"以发现真实为主轴的预审程序改革",主要包括七个方面:确立预审合议庭制度;审理预审中心;改良协助受理制度;确立审前视听录音制度;建立更具对抗性的司法鉴定制度;确立更具保障性的证人作证制度;建立更符合"平等武装原则"的侦查终结程序。[44]从诞生时起就伴随着一系列争论的法国预审制度,经历了这么多年来的改革,充分体现出法国立法者在职权主义与对抗主义、国家权力与个人权利、案件真实与诉讼效率、惩罚犯罪与保障人权之间不断寻求平衡。

四、自成一体型:对日本的考察[45]

从比较刑事诉讼法的角度来看,没有哪一个国家像日本这样经历了诉讼模式的多次变迁。"大而言之,日本刑事诉讼模式的变迁有三次:第一次是古代从其固有的诉讼模式向中华法系的律令诉讼模式的变迁;第二次是近代由律令诉讼模式向大陆法系的职权主义诉讼模式的变迁;第三次是从职权主义诉讼模式向英美法系当事人主义诉讼模式的变迁。”[46]经过三次变迁,日本形成了颇具特色的刑事诉讼制度,以坚持实体真实与正当程序相统一为诉讼目的,采取了当事人主义和职权主义相结合的诉讼构造,这也充分体现在日本刑事庭前程序的历史发展中。

日本明治维新后,在法国人的帮助下于1880年制定了现代意义上的第一部资产阶级刑事诉讼法《治罪法》。该法在基本内容方面借鉴了1808年《法国刑事诉讼法典》,规定了在正式审判以前设立预审程序,并且重罪案件必须经过预审。1890年,日本废除《治罪法》,制定《刑事诉讼法》。虽然在预审制度方面没有很大的变化,但是,日本学者松尾浩也认为新制定的刑事诉讼法“有脱离法国法的征兆……一看就知道非常接近德国法的法典”。[47]1922年,日本制定第三部刑事诉讼法“大正刑事诉讼法”。该法在预审程序方面作出了新的规定:检察官有自由裁量权,可以根据案件的性质,自由选择预审程序或者省略预审程序直接进入公审程序并提出请求;还将辩护制度扩大适用于预审阶段,扩充了上告的理由。当时在日本国内有人主张废除预审,但是这样的主张并没有立即实现。到了20世纪30年代,日本军国主义推行法西斯专政,刑事诉讼开始推行纠问式,预审程序不可避免地沦为法西斯独裁统治的工具。

第二次世界大战后,根据美国占领军总部的指示,日本对战前的包括刑事诉讼制度在内的法律制度进行了根本性的改革。“从1946年制定《日本国宪法》开始的数年间,所谓的战后改革时期,美国法的渗透达到惊人的程度。特别是刑事诉讼法典,是在与美国法有非常密切接触的情况下筹划的。”[48]1948年日本立法当局根据1946年宪法制定了新的《刑事诉讼法》,也就是日本现行的刑事诉讼法。由于受美国法的影响,加上日本国内主流观点长期以来对预审制度所持的批判态度,以及对第二次世界大战中法西斯独裁统治严重侵犯人权的反思，日本1948年《刑事诉讼法》废除了法国式的预审制度，并对侦查、起诉和审判程序进行了多方面的改革。但是，日本废除了法国式的预审后，并未模仿美国建立起美国式的预审制度。也就是说，废除了法国式预审后，除了设立"司法令状主义"保持对强制侦查的司法审查外，日本刑事诉讼法并未就检察官提起的公诉设置一个类似法国的预审法官或者美国治安法官或陪审团对公诉进行审查的公诉审查程序，而是将起诉决定权和审判发动权完全交付给了检察官，案件提起公诉后就进入了公审阶段。日本之所以取消对公诉的审查，这与其刑事公诉制度有着非常密切的关系。在刑事案件起诉方面，日本采取的是完全的国家追诉主义、起诉垄断主义和起诉便宜主义。日本《刑事诉讼法》第247条规定："公诉，由检察官提起。"这表明，日本的刑事起诉权只能由检察官这唯一的国家机关垄断行使。检察官垄断起诉权，一方面是为了避免陷入私人起诉可能造成的报复和滥诉，另一方面是为了在最大程度上保证起诉标准的统一。而在日本，检察官是具有较高法律素养的法律家，为了保证案件起诉的成功率，其对提出的起诉非常慎重，通常只有在掌握了确实充分的证据基础上才会正式起诉。因此，在日本，对检察官能正当行使公诉权的信任使得日本没必要设置预审程序来对起诉进行专门审查。而且，日本并没有实行起诉法定主义，而是赋予检察官对起诉的自由裁量权，避免了检察官把所有符合法定公诉条件的被告人都交付法庭审判，减轻了法院审判压力。从这个意义上说，检察官的起诉便宜主义对刑事案件起到了"过滤"的作用，在一定程度上体现了预审的作用。[49]此外，日本检察官在提起公诉时实行的是起诉书一本主义，[50]切断了侦查与审判的直接联系，使法官尽可能不受在法律上不具有证据能力的证据的影响，防止了法官事先形成不利于被告人的预断，解决了其他国家刑事庭前程序中公诉审查的法官和审判法官不分离所引起的法官预断的问题。

日本在 1948 年取消预审制度后产生了一些消极的效应，其中一个比较明显的是检察官提起公诉不经过审查直接进入公审阶段后，由于新刑事诉讼法对开庭前的准备程序没有给予足够的重视，导致庭审中断和拖延，与当事人主义所要求的集中审理大相径庭。为了提高庭审效率，从 20 世纪 50 年代开始，日本最高法院启动了“促进诉讼，实现集中审判”的司法改革，试图通过完善庭前准备来实现集中审理。日本在 1950 年《刑事诉讼规则》中增设了“诉讼关系人的准备义务”，1961 年增设了庭前准备规则。2001 年 6 月，专门为司法制度改革成立的“司法改革审议会”在向日本内阁提交的《支撑 21 世纪日本的司法制度——司法制度改革审议会意见书》中指出：“为在第一次公开审判之前，开始充分地整理易引起争议的问题并制定好明确的审理计划，应创设在法院主持下的新准备程序。”[51] 为了实现迅速审判，日本 2003 年第 107 号法律《关于裁判迅速化的法律》提出了迅速审判的要求，规定第一审诉讼程序在两年以内尽可能短的期间内终结。2004 年第 62 号法律《关于修改刑事诉讼法等部分条文的法律》又增加了一些确保迅速审判的措施。[52] 这些改革使得日本形成了独具特色的没有预审程序，而包含两次庭前准备程序的刑事庭前程序。

第三节　刑事庭前程序的国际化

一、国际刑事司法规约中的刑事庭前程序

为了维护世界的和平与安全，国际社会一直试图通过国际刑事审判来有效惩治国际犯罪。“真正开国际刑事司法实践先河的是第二次世界大战结束时成立的‘欧洲国际军事法庭’和‘远东国际军事法庭’及其审判。两个国际军事法庭宪章和纽伦堡、东京国际刑事审判实践，对

武装冲突法和国际刑法的发展产生了重大影响，甚至可以说是国际刑法的真正起点。”[53]在纽伦堡审判和东京审判之后的四十年间，国际社会一直较为稳定。直到前南斯拉夫地区出现一系列蓄意杀人、大规模屠杀、种族清洗等严重扰乱国际社会正常秩序的行为，安理会通过《第827(1993)号决议》设立前南斯拉夫国际刑事法庭后，国际社会陆续建立了一系列刑事司法机构，如卢旺达国际刑事法庭、塞拉利昂特别法院、国际刑事法院、东帝汶混合法庭等。这些国际刑事司法机构在审理案件时都应遵循相应的司法规约、诉讼程序以及审判机制，笔者下面就对这些国际刑事司法规约中涉及的庭前程序内容进行具体研究。

（一）国际特设刑庭诉讼程序中的庭前程序

1993年5月，联合国安理会第827号决议通过《前南斯拉夫国际刑事法庭规约》，决定建立前南斯拉夫国际刑事法庭。前南刑庭是第一个真正意义的国际刑事法庭，在国际层面“直接”依照国际刑法审判罪犯，从程序的角度来看，标志着国际刑事诉讼程序的产生。[54]“《规约》是一部基本法，在此基础上再制定《程序与证据规则》等法律。按照《联合国宪章》第25条规定，《规约》作为安理会决议的产物，对联合国所有成员国具有约束力。”[55]该规约第15条规定：“国际法庭的法官应通过关于诉讼预审阶段、审判和上诉的进行、证据的采用、受害人和证人的保护和其他相关事项的《程序与证据规则》”。《规约》第19条对诉讼预审做了进一步的规定，“收到起诉书的审判分庭法官应当审查该起诉书。法官受理起诉后可应检察官的要求发出命令和传票，逮捕、拘留、交出或转移有关人士，以及发出任何进行审判所需的其他命令。”

1994年11月，联合国安理会通过第955号决议创建了继前南刑庭后的第二个国际特设刑事法庭——卢旺达国际刑事法庭，附属于该决议之后的《卢旺达国际刑事法庭规约》管理着卢旺达刑庭。[56]卢旺达刑庭的法官们根据该规约制定了专门的《诉讼程序与证据规则》，建立了司法体系职能的必备结构。《规则》共126条，对诉讼程序的各个阶段都作了详细规定，主要包括调查、起诉、预审、初审、上诉审和执行等阶段。根据该规则规定，检察官在调查完成后有权决定是否起诉犯罪嫌疑人，并将起诉书移送法院审查确认，即进入预审程序。卢旺达刑庭的预审程序中设立了预审法官，主要职能是阅读和审查案卷、协调当事方的联系、移交初审法庭以及采取必要措施保证公正迅速审判等。预审法官收到检察官提交的起诉书后，应审查起诉书中的每一个罪状及其他相关材料，并通知检察官审查起诉书的确定日期。预审法官认可起诉书的，签发逮捕令，加盖法庭印章，并附上告知被告权利的说明。在对起诉书公告后，就进入预审阶段的初步程序。在初步程序中，法官应询问被告对其被指控的每一条罪状是否认罪，如果不认罪，由书记官确定审判日期；如果被告认罪，则将认罪书移交初审分庭，由初审分庭查明该认罪是否系自愿、清晰和有根据的。卢旺达国际刑事法庭的《诉讼程序与证据规则》和前南斯拉夫刑庭的《程序与证据规则》一样，在预审程序中规定了证据开示，使得该预审程序充分体现了英美法系国家的模式。《诉讼程序与证据规则》第66条规定了检察官披露证据，第67条规定了控辩双方相互披露证据的责任，第70条规定了不得披露的事项。预审程序结束后，就进入初审阶段。初审法庭在正式开庭审理前有两个预备程序，即审判前会议和辩护前会议。和前南斯拉夫刑庭《程序与证据规则》将审判前会议和辩护前会议列入预审程序的最后一部分不同的是，卢旺达国际刑庭将这两个程序放入了初审阶段，主要目的是为正式开庭做准备。

（二）国际刑事法院诉讼程序中的庭前程序[57]

1994年，在安理会成功设立前南国际刑庭和卢旺达国际刑庭的鼓舞下，联合国大会决定继续国际刑事法院的建立。[58]1998年，《国际刑事法院规约》在罗马外交官大会通过，国际刑事法院正式开始筹备建立。2002年7月1日,《国际刑事法院规约》(《罗马规约》)正式生效,国际刑事法院也随之成立,该规约是国际刑事法院的基本执法依据。2002年9月,《罗马规约》第一次缔约国大会召开,大会通过了预备委员会之前起草的《犯罪要件》和《程序和证据规则》。综合《罗马规约》和《程序与证据规则》的相关规定,国际刑事法院诉讼程序中的庭前程序从检察官向预审分庭移交了被指控人或者在被指控人(自愿或被传唤)到庭后开始。前南刑庭和卢旺达刑庭中都没有设立专门的预审机构来处理预审阶段的问题,对起诉书的审查主要是由某分庭的一名法官或全体法官进行的。在国际刑事法院,负责对公诉进行审查的机构是预审分庭。预审分庭制度化的目的在于对检察官起主导作用的调查程序实施法院监控,保障调查程序独立、公正、有效地进行。

1. 在法院提起的初步程序

在犯罪嫌疑人被移交法院,自愿到庭或被传唤到庭后,法院程序进入预审程序阶段。"初步程序是预审程序的初始阶段,其功能在于由预审分庭保障犯罪嫌疑人被告知其所应享有的权利。在此阶段尚未进行辩护交易、证据开示、询问证人等程序。"[59]根据《罗马规约》第60条的规定,在向法院移交被指控人,或者在被指控人自愿或被传唤到庭后,预审分庭应当查明被指控人已经被告知其被控告实施的犯罪,及其根据本规约所享有的权利,包括申请在候审期间暂时释放的权利。根据逮捕证被逮捕的人可以申请在候审期间暂时释放。预审分庭可以根据是否存在应当逮捕的情况,作出继续羁押或有条件释放或无条件释放该被指控人。在必要时,预审分庭可以发出逮捕证,确保被释放的人到案。与国际特设刑庭诉讼程序中的初步程序相比较,国际刑事法院的初步程序更侧重于对被指控人的保护,确保被指控人在正式审判前不会受到不合理的长期羁押。

2. 审判前确认指控程序

在庭审前确认指控指的是预审分庭在对被指控人员所实施的犯罪行为调查结束后，[60]对控方所提交的证据进行评价，以决定控方的指控是否有充足证据、是否应启动庭审程序。审前确认指控程序实质上是预审分庭对控方提出的指控进行审查，主要由证据开示、听讯和预审分庭的决定等阶段组成。

(1) 证据开示

《罗马规约》第61条第3款确立了检察官在审判指控听讯前的证据开示义务，规定检察官应在听讯前的一段合理期间内，向被指控人员开示载有检察官准备将该人交付审判所依据指控的文件副本，以及检察官在听讯时准备采用的证据。国际刑事法院的《程序和证据规则》则建立了一个更加全面、具体的审前证据开示体系。该规则第76条规定，检察官向辩护方提供打算传唤出庭作证人的姓名，及这些证人已作陈述的副本，并应以原用语言和以被告人通晓并使用的语言提供。证据开示应当及早进行，以便辩方有足够的时间为辩护作充分准备。不过，在确认指控阶段，检察官不需要提出所有证明有罪的证据，以便指控确认程序的有效、迅速进行。该规则第79条规定，辩方有向控方开示证人姓名和其他任何证据的相应义务，但该义务只产生于辩方拟提出不在犯罪现场的抗辩或提出排除刑事责任的理由时。预审分庭在证据开示中发挥着极其重要的作用，包括发出必要的证据开示的命令，获得控辩双方所开示的所有证据以及组织情况会商(status conference)，确保在适当情况下进行证据开示等。

(2) 听讯

在被指控人移交或自动到刑事法院出庭后的一段合理时间内，预审分庭应当举行听讯，确认检察官准备提请审判的指控。根据《程序和证据规则》第122条的规定，预审分庭的庭长对听讯程序起主导作用。

《罗马规约》第61条规定，听讯应在检察官和被指控的人及其律师在场的情况下举行。有下列两种情况的，预审分庭可以根据检察官的请求或者自行决定，在被指控人不在场的情况下举行听讯：一是被指控人已经放弃出庭权利；二是被指控人已经逃逸或下落不明，而且已采取一切合理步骤使其出庭，将指控通知被指控人，并使其知道即将举行听讯确认指控。在缺席听讯中，如果预审分庭认为有助于实现公正，被指控人应由律师代理。听讯时，检察官应当就每一项指控提出充足证据，证明有实质理由相信被指控人实施了所指控的犯罪。检察官可以采用书面证据或证据摘要，而无需传唤预期在审判时作证的证人，以确保听讯的效率。听讯阶段，在检察官提出指控和所依赖的证据后，被指控人可以对指控提出异议，质疑检察官提出的证据，也可以自己提出证据。被指控人在听讯时的这一权利是与特设国际刑庭相对比的一大区别。

(3) 预审分庭的决定

预审分庭作出是否启动庭审的标准是：是否有"充足证据"(sufficient evidence)，证明有实质理由相信被指控人实施了各项被指控的犯罪。预审分庭作出决定应当得到预审分庭法官过半数的同意。预审分庭根据其确定的情况作出三种不同的决定：其一，确认预审分庭认为证据充足的各项指控，并将被指控人交付审判分庭，按照经过确认的指控进行审判。确认指控后，刑事法院院长会议就会组成审判分庭，负责进行以后的诉讼程序，并可以行使任何相关的和适用于这些诉讼程序的预审分庭职能。指控确认后到审判开始前，经预审分庭的同意，在通知被指控人后，检察官可以修改指控。如果检察官要求追加指控或者代之以较严重的指控，则必须再举行听讯确认这些指控。其二，预审分庭认为证据不足的，应当拒绝确认各项指控。预审分庭拒绝确认一项指控，并不排除检察官在有其他证据支持的情况下再次要求确认该项指控。对于预审分庭未予确认的任何指控，先前发出的任何逮捕证停止生效。

其三，预审分庭也可以根据具体情况，暂停听讯并要求检察官考虑，就某项指控提出进一步证据或作进一步调查，或修改一项指控，因为所提出的证据显然构成另一项法院管辖权内的犯罪。

总之，相比较而言，国际特设刑庭的诉讼程序和国际刑事法院的诉讼程序在庭前程序方面的做法还是有所不同的。比如，在审判前确认指控程序上，两个国际特设刑庭都只规定了一名法官来确认指控，也不要求确认指控时进行听讯。而国际刑事法院设置了专门的预审分庭机构，并且通过开庭听讯来确认指控。

二、 刑事庭前程序的发展趋势

刑事诉讼程序的发展变化是与社会的发展变化相联系的。从上述国际刑事司法规约中对庭前程序的相关规定可以看出，庭前程序在国际刑事审判中有着举足轻重的作用和地位。各个国家刑事庭前程序的历史沿革表明了刑事庭前程序的国际化是必然趋势。

（一）刑事庭前程序将受到普遍的重视和更多的关注

“伴随着人类文明的进步，刑事司法经历了从司法行政不分到司法独立、从‘不告不理’到国家追诉、从诉审合一到诉审分离、从有罪推定到无罪推定、从程序粗糙简单到精细复杂等变迁的历程。”[61]在刑事诉讼制度日益成熟的同时，刑事诉讼的发展趋于在惩罚犯罪的基础上，更强调对被告人权利的保护和对诉讼效率的追求。各国在对审判程序不断改革和完善后发现，许多与案件有关的问题并不是放到庭审中去解决才是最完美的程序设计，庭前程序反而给它们提供了更为适合的解决空间。例如，对于由陪审团参加的案件，由于陪审团负责决定案件事实问题，为了保证不具备专门法律技能的陪审团成员不受到不当影响，尤其是那些陪审团不应该了解的涉及证据可采性的法律问题，就应当在庭前程序中得以妥善解决。又比如，一个考虑周全、设计完美的庭审程序，在开庭后甚至还没进入实体审理阶段，就因为一些原因而不断休庭，那么庭审程序所追求的集中审理怎么可能得到实现呢！因此，只有给予庭前程序更多的关注和重视才能让整个刑事诉讼程序更健康、更顺利地运作，从而达到刑事诉讼的预期目的。正如有的英国学者指出，“庭前听证的普遍发展表明这样一个更广泛的现象，也就是说，英国刑事诉讼目前的重心正逐步由传统的审判程序向庭前程序转移”。[62]

（二）刑事庭前程序的成文法化

在世界上两大主要法系国家中，大陆法系国家的法律以成文法的方式存在，其法律渊源主要包括立法机构制定的各种规范性法律文件、行政机关颁布的各种行政法规等。英美法系的法律渊源虽然也包括制定法，但是判例法在整个法律体系中占有更主要的地位。随着两大法系的不断借鉴和融合，英美法系国家的刑事诉讼程序越来越多地受到制定法的规范和调整。其中，最典型的就是英国自 20 世纪 50 年代开始刑事程序革命，至 80 年代形成立法高潮，在这期间制定了诸多单行法律，比如 1933 年《审判组织法》、1948 年《刑事审判法》、1967 年《刑事审判法》、1980 年《治安法院法》、1991 年《刑事审判法》、1994 年《刑事审判与公共秩序法》、1996 年《刑事诉讼与侦查法》、2003 年《刑事审判法》等。这些单行法律以成文法的形式推动了刑事庭前程序的改革和发展。同样在美国，由于承袭普通法系的判例制度，长期以来没有系统成文的刑事诉讼法典。直到 1945 年，美国开始制定《联邦刑事诉讼规则》，后来虽多次进行修改，但整个体系一直维持到现在，“预审”以及“传讯和准备审判”是美国联邦刑事诉讼庭前程序的重要组成部分。和大陆法系国家的刑事诉讼法典相比较，虽然英美法系国家的这些法律或者规则并没有那么完整、系统和严谨，但是充分体现了包括刑事庭前程序在内的整个刑事诉讼程序的成文法趋势。

（三）刑事庭前程序体现诉讼模式的融合

现代法治国家普遍采用的两种主要刑事诉讼模式是当事人诉讼模式和职权主义诉讼模式。这两种模式在很多方面存在着差异，均有着各自的弊端和不足。单纯的当事人主义诉讼模式虽然较好地体现了程序的正当性和诉讼的民主性，但是这种完全由当事人推进诉讼活动也存在着不利于查明事实真相、实现实质正义的因素。此外，这种诉讼模式下反复进行法庭调查和辩论不仅降低了诉讼效率，而且司法资源耗费更大。单纯的职权主义诉讼模式由于由法官主导和控制着整个诉讼进程，更有利于发现客体真实，提高诉讼效率，但是不可避免的是当事人双方在诉讼中的积极性不能充分发挥，法官预断不能更好地排除。因此，近几十年来，不同诉讼模式下的国家开始修改原有的刑事诉讼法典或刑事司法制度，使得两种诉讼模式在一定程度上不断地接近和转变。吸收融合不同诉讼模式已经成为各国刑事程序改革的趋势，这在刑事庭前程序中体现得尤为明显，早期的代表是日本，最近以意大利为典型。在日本刑事庭前程序中，废除了预审程序后并没有设置对公诉机关提起的公诉进行审查，完全避免了法官预断的产生，体现了当事人主义诉讼模式的特点。但是，在第一次公审日前的准备程序中，只要不涉及可能使法官产生预断的事项，法官可以依职权要求控辩双方对有关诉讼的必要事项进行协商；在第一次公审日后的准备程序中，法官甚至还可以依职权进行证据调查、鉴定、勘验等行为，这些都体现了职权主义理念。意大利1988年的刑事诉讼法是在传统的职权主义诉讼模式中融入了当事人主义因素。比如，在庭前程序中，预审法官在发布审判令后，案件应当移送审判法院。为了限制审判法官在庭前过于积极主动，意大利刑诉法规定向法院移送的法官卷宗中应当减少案卷材料，以避免法官在没有正式开庭前过多地接触查阅案件。

注　释

[1] 韩红兴:《刑事公诉庭前程序研究》,法律出版社 2011 年版,第 1 页。

[2] [美]E.博登海默:《法理学——法律哲学与法律方法》,邓正来译,中国政法大学出版社 1999 年版,第 486 页。

[3] 参见陈卫东主编:《刑事诉讼法》,中国人民大学出版社 2004 年版,第 270 页;龙宗智、杨建广主编:《刑事诉讼法》,高等教育出版社 2007 年版,第 348 页。

[4] 龙宗智:《刑事庭审制度研究》,中国政法大学出版社 2001 年版,第 145 页。

[5] 汪建成、甄贞主编:《外国刑事诉讼第一审程序比较研究》,法律出版社 2007 年版,第 25—26 页。

[6] 闵春雷:《刑事庭前程序研究》,《中外法学》2007 年第 2 期。

[7] 卞建林译:《美国联邦刑事诉讼规则和证据规则》,中国政法大学出版社 1996 年版,第 5—6 页。

[8] 陈卫东主编:《刑事审前程序研究》,中国人民大学出版社 2004 年版,第 3—7 页。

[9] 宋英辉、吴宏耀:《刑事审判前程序研究》,中国政法大学出版社 2002 年版,第 1—6 页。

[10] 宋英辉、孙长永、刘新魁等:《外国刑事诉讼法》,法律出版社 2006 年版,第 66 页。

[11] 潘金贵:《刑事预审程序研究》,法律出版社 2008 年版,第 4 页。

[12] 卞建林主编:《刑事诉讼法学》,科学出版社 2008 年版,第 697 页。

[13] 林俊益:《论检察官函请并办之起诉审查》,台湾《月旦法学》2002 年第 9 期。

[14] 蔡墩铭:《刑事诉讼法概论》,台湾三民书局 2005 年版,第 198 页。

[15] [日]田口守一:《刑事诉讼法》,刘迪等译,法律出版社 2000 年版,第 190 页。

[16] 陈卫东主编:《刑事诉讼法》,中国人民大学出版社 2004 年版,第 270 页。

[17]《现代汉语词典》,商务印书馆 1996 年版,第 163 页。

[18] 季卫东:《法律程序的意义——对中国法制建设的另一种思考》,《中国社会科学》1993 年第 1 期。

[19] 本书对英国刑事庭前程序历史沿革的介绍,主要参考以下资料:宋英辉、孙长永、刘新魁等:《外国刑事诉讼法》,法律出版社 2006 年版;中国政法大学刑事法律研究中心组织编译:《英国刑事诉讼法》(选编),中国政法大学出版社 2001 年版;汪建成、甄贞主编:《外国刑事诉讼第一审程序比较研究》,法律出版社 2007 年版;麦高伟、杰弗里·威尔逊主编:《英国刑事司法程序》,姚永洁等译,法律出版社 2003 年版;孙长永等译:《英国 2003 年刑事审判法及其释义》,法律出版社 2005 年版;齐树洁主编:《英国司法制度》,厦门大学出版社 2007 年版;[英]约翰·斯普莱克:《英国刑

事诉讼程序》，徐美君、杨立涛译，中国人民大学出版社 2006 年版；陈瑞华：《在公正与效率之间——英国刑事诉讼制度的最新发展》，《中外法学》1998 年第 6 期。

[20] Alan Harding, *A Social History of English Law*, Gloucester: Peter Smith, 1973, pp.7—8，转引自王磊：《19 世纪英国刑事诉讼制度改革探析》，《南京大学法律评论》2013 年第 1 期。

[21] 在英格兰和威尔士，少年法院的审判并不是第三种审判方式，实际上是简易审判的一种形式。参见[英]约翰·斯普莱克：《英国刑事诉讼程序》，徐美君、杨立涛译，中国人民大学出版社 2006 年版，第 3 页。

[22] 与这三层罪行划分法相联系的是一种较为简单的划分，分为"可控诉罪行"和"简易罪行"两种。英国 1978 年《解释法》附则 1 对此作了如下定义："可控诉罪行"是指如由成年人实施则可以起诉书审判，无论是排他地只能以起诉书审判还是可任意方式审判的罪行；"简易罪行"是指如由成年人实施则只能使用简易方式审判的罪行。

[23] 对于 Committal For Trial，国内有些学者翻译成"预审程序"或者"起诉预审程序"等。根据中国政法大学刑事法律研究中心组织编译的《英国刑事诉讼法》(选编)，英国 1980 年《治安法院法》一直使用的是"起诉审"这一称谓，1994 年《刑事审判和公共秩序法》对此作了修改，其第 44 条规定治安法院的权力"移交审判，而非起诉审"，并"废除治安法院预审的职能"。笔者认为，无论称谓如何，Committal For Trial 在英国刑事诉讼中所起的作用就是由治安法院对公诉案件进行审查，决定是否将其交付审判，也就是对公诉进行审查的程序。由于英国 1996 年《刑事诉讼法和侦查法》第三部分使用了"预审"的术语，而该"预审"指的是对刑事法院的法官来说，当起诉书表明案件复杂，或者案件的审判时间可能很长，以至于为了保护实质利益，可能需要进行的听证。英国《朗文法律词典》根据 1996 年《刑事诉讼法和侦查法》界定了英国法中的"预审"，即"如果刑事法院的法官认为起诉书表明案件相当复杂或者案件的审判时间可能相当长，以至于案件的实体利益可能需要通过在陪审团宣誓之前举行听证来保护，并且其目的是为了确认可能对陪审团的裁决具有实质性的事项，或者有助于陪审团理解这些事项，或者加快陪审团程序的进程，他可以命令进行预审。该命令可以根据检察官或者被指控人的申请，或者法官自己的动议签发。"因此，1996 年《刑事诉讼法和侦查法》使用的"预审"概念并不是对公诉进行审查。为了不造成概念上的混淆，将 Committal For Trial 翻译为"移交审判程序"更为合适。

[24] [英]麦高伟、切斯特·米尔斯基：《陪审制度与辩诉交易——一步真实的历史》，陈碧等译，中国检察出版社 2006 年版，第 40 页。

[25]《英国2003年刑事审判法及其释义》,孙长永等译,法律出版社2005年版,第527—528页。

[26] 对美国刑事庭前程序历史沿革的介绍,主要参考了以下资料:宋英辉、孙长永、刘新魁等:《外国刑事诉讼法》,法律出版社2006年版;汪建成、甄贞主编:《外国刑事诉讼第一审程序比较研究》,法律出版社2007年版;[美]约书亚·德雷斯勒、艾伦·C.迈克尔斯:《美国刑事诉讼法精解》(第2卷·刑事审判),魏晓娜译,北京大学出版社2009年版;齐树洁主编:《美国司法制度》,厦门大学出版社2006年版;马跃:《美国刑事司法制度》,中国政法大学出版社2004年版;[美]罗纳尔多·V.戴尔卡门:《美国刑事诉讼——法律和实践》,张鸿巍等译,武汉大学出版社2006年版;[美]爱伦·豪切斯泰勒·斯戴丽、南希·弗兰克:《美国刑事法院诉讼程序》,陈卫东、徐美君译,中国人民出版社2002年版;《美国联邦刑事诉讼规则和证据规则》,卞建林译,中国政法大学出版社1996年版;王兆鹏:《美国刑事诉讼法》,北京大学出版社2005年版;潘金贵:《刑事预审程序研究》,法律出版社2008年版。

[27] 马跃:《美国刑事司法制度》,中国政法大学出版社2004年版,第274页。

[28] 马跃:《美国刑事司法制度》,中国政法大学出版社2004年版,第282—283页。

[29] [美]爱伦·豪切斯泰勒·斯戴丽、南希·弗兰克:《美国刑事法院诉讼程序》,陈卫东、徐美君译,中国人民大学出版社2002年版,第395页。

[30] J.H.Israel & W.R.Lafave, *Criminal Procedure*. Law Press. China. 1999, p.407.转引自潘金贵:《刑事预审程序研究》,法律出版社2008年版,第29页。

[31] *Coleman v.Alabama*, 399 U.S. 1, 90 S.Ct. 1999(1970).

[32] *Coleman v.Alabama*, 399 U.S. 1, 90 S.Ct. 1999(1970).

[33] *Jencks v.United States*, 353 U.S. 657(1957).

[34] *Brady v.Maryland*, 373 U.S.83, 83 S.Ct. 1194(1963).

[35] 齐树洁主编:《美国司法制度》,厦门大学出版社2006年版,第637页。

[36] 比如,在加利福尼亚州就是典型的强制互惠开示证据的体系,而阿拉斯加州采取的是非强制性互惠开示制度。

[37] 刘根菊:《确立中国式辩诉交易程序之研讨》,《政法论坛》2000年第4期。

[38] 阿拉斯加州检察长在1975年禁止全州对所有罪行进行辩诉交易,1977年密歇根州禁止对火器案件进行辩诉交易,得克萨斯州的艾尔帕索在1975年底禁止辩诉交易等。参见[美]爱伦·豪切斯泰勒·斯戴丽、南希·弗兰克:《美国刑事法院诉讼程序》,陈卫东、徐美君译,中国人民大学出版社2002年版,第436—437页。

[39] 对法国刑事庭前程序历史沿革的介绍,主要参考了以下资料:[法]贝尔纳·布洛

克:《法国刑事诉讼法》,罗结珍译,中国政法大学出版社 2009 年版;《法国刑事诉讼法典》,余叔通、谢朝华译,中国政法大学出版社 1997 年版;[法]皮埃尔·尚邦:《法国诉讼制度的理论与实践——刑事预审法庭和检察官》,陈春龙、王海燕译,中国检察出版社 1991 年版;金邦贵主编:《法国司法制度》,法律出版社 2008 年版;《法国刑事诉讼法典》,罗结珍译,中国法制出版社 2006 年版;[法]卡斯东·斯特法尼、乔治·勒瓦索、贝尔纳·布洛克:《法国刑事诉讼法精义》,罗结珍译,中国政法大学出版社 1999 年版;《法国刑事诉讼法典》,方蔼如译,法律出版社 1987 年版。

[40] 法国预审程序中的侦查以及对强制侦查行为的事先批准这两项功能不属于本书刑事庭前程序的研究范畴。因此,本书在提及法国预审程序时,主要还是着眼于预审程序中对公诉进行审查的功能。

[41] A.Esmein, *A History of Continental Criminal Procedure*, Little Brown Company, 1913, p.154, p.223.转引自:张曙:《法国预审制度变迁及其评析——兼谈现代刑事审前程序的若干特征》,载陈光中、江伟主编:《诉讼法论丛》第 10 卷,法律出版社 2005 年版,第 264 页。

[42] 施鹏鹏:《法国〈2000 年 6 月 15 日关于加强无罪推定及被害人权利保护的法律〉之评析》,载张军、陈卫东主编:《域外刑事诉讼专题概览》,人民法院出版社 2012 年版,第 116 页。

[43] 陈卫东、刘计划、程雷:《法国刑事诉讼法改革的新进展——中国人民大学诉讼制度与司法改革研究中心赴欧洲考察报告之一》,《人民检察》2004 年第 10 期。

[44] 施鹏鹏:《法国审前程序的改革及评价——以 2007 年 3 月 5 日的〈强化刑事程序平衡法〉为中心》,《中国刑事司法杂志》2008 年第 4 期。

[45] 对日本刑事庭前程序历史沿革的介绍,主要参考了以下资料:宋英辉、孙长永、刘新魁等:《外国刑事诉讼法》,法律出版社 2006 年版;冈田朝太郎口授、江庚午整理:《刑事诉讼法》,吴宏耀点校,中国政法大学出版社 2012 年版;《日本刑事诉讼法》,宋英辉译,中国政法大学出版社 2000 年版;[日]松尾浩也:《日本刑事诉讼法》上卷,丁相顺译,金光旭校,中国人民大学出版社 2005 年版;[日]松尾浩也:《日本刑事诉讼法》下卷,张凌译,金光旭校,中国人民大学出版社 2005 年版。

[46] 汪振林:《日本刑事诉讼模式变迁研究》,四川大学出版社 2011 年版,第 1 页。

[47] [日]松尾浩也:《日本刑事诉讼法》上卷,丁相顺译,金光旭校,中国人民大学出版社 2005 年版,第 353—356 页。

[48] [日]松尾浩也:《日本刑事诉讼法》下卷,张凌译,金光旭校,中国人民大学出版社 2005 年版,第 360 页。

[49] 日本实行的国家追诉主义和起诉垄断主义容易形成刑事诉讼官僚主义，而起诉便宜主义又容易使检察官过分恣意独断。对此，日本刑事诉讼法设置了准起诉制度、检察审查会制度等来对检察官的追诉裁量权予以控制。准起诉制度仅限于对滥用职权犯罪案件，该制度和检察审查会制度一样都是审查检察官作出的不起诉决定是否适当，其根本目的不是避免被指控人遭受无端审判，而是对检察官起诉自由裁量的监督和控制。因此，这些制度不具有起诉审查的功能，与预审制度有着本质的区别。

[50] 起诉书一本主义的含义是：在提起公诉时，只能依法向有管辖权的法院提出具有法定格式的起诉书，表明控诉主张，而不得同时移送可能使审判人员对案件产生预断的其他文书和证据，也不得引用这些文书和证据的内容。它是当事人主义诉讼在公诉方式方面的重要特点。程味秋主编：《外国刑事诉讼法概论》，中国政法大学出版社 1996 年版，第 190 页。

[51]《支撑 21 世纪日本的司法制度——司法制度改革审议会意见书》，最高人民检察院法律政策研究室组织编译，中国检察出版社 2004 年版，第 37 页。

[52] 这些措施主要包括：增设争点及证据的整理程序；将连日开庭原则法律化；强化法院的诉讼指挥权；增设即决裁判程序等。参见宋英辉、刘兰秋：《日本 1999 至 2005 年刑事诉讼改革介评》，《比较法研究》2007 年第 4 期。

[53] 盛红生：《论国际刑事司法机构的发展与国际法治》，《法学评论》2012 年第 1 期。

[54] 王秀梅主编：《国际刑法学研究述评》，北京师范大学出版社 2009 年版，第 315 页。

[55] 王秀梅等：《国际刑事审判案例与学理分析》，中国法制出版社 2007 年版，第 67 页。

[56] 有关卢旺达国际刑事法庭诉讼程序的资料，主要参考洪永红：《卢旺达国际刑事法庭研究》，湘潭大学 2007 年博士学位论文。

[57] 国际刑事法院诉讼程序中的庭前程序这一部分内容主要参考了：李世光、刘大群、凌岩：《国际刑事法院罗马规约评释》上下册，北京大学出版社 2006 年版；王秀梅主编：《国际刑法学研究述评》，北京师范大学出版社 2009 年版；史立梅：《国际刑事司法中的程序与正义——国际刑事法院诉讼程序专题研究》，2013 年版。

[58] 国际社会最初建立常设国际刑事法院方面的努力可以追溯到一战结束后的 1919 年，但是由于各种原因，创建国际刑事法院的尝试一直未能成功。

[59] M.Marchesiello, Proceedings Before the Pre-Trial Chambers, in A. Cassese, P.Gaeta & J.R.W.D.Jones(eds.), *The Rome Statute of the International Criminal Court: A Commentary*, Oxford University Press, 2002, 1231—1246, p.1239.转引自李世光、刘大群、凌岩：《国际刑事法院罗马规约评释》下册，北京大学出版社 2006 年版，第 498 页。

[60] 根据《罗马规约》第 61 条第 9 款的规定，审前确认指控程序中的人员被称为“被指控人员”(person charged)，在指控得到预审分庭确认后，“被指控人员”才正式成为“被告人”(accused)。

[61] 左为民、谢佑平：《刑事诉讼发展的世界性趋势与中国刑事诉讼制度的改革》，《中国法学》1996 年第 4 期。

[62] Mireille Delmas-Marty and J. R. Spencer: *European Criminal Procedures*, Cambridge University Press, 2002, p.177.

第二章
刑事庭前程序的法理探析

第一节　刑事庭前程序的独立性与价值

一、 刑事庭前程序的独立性

刑事诉讼按照法定的顺序、步骤和程序来解决犯罪嫌疑人、被告人的刑事责任问题，这是个连续的过程。这个过程虽然都是为了最终确定和落实被告人对国家有无刑事责任以及刑事责任大小服务的，但是，仍然可以划分为一些相对独立而又有相互联系的组成部分，刑事庭前程序就是其中之一。在刑事诉讼程序中，庭前程序上接公诉程序，下连庭审程序，在诉审之间起着关节点的作用。然而，在我国刑事诉讼中，刑事庭前程序并没有得到应有的重视，这与我国长期以来强调庭审程序的改革与完善有关。我国现行刑事诉讼法将庭前程序设置为公诉案件的第一审程序中的一部分，完全从属于第一审程序，且功能简单。那么，刑事庭前程序到底仅仅是庭审程序前的一道加工准备工序，抑或是一个承接公诉与庭审的中间过渡性阶段，还是一个具有独立实现诉讼目的和价值功能的刑事诉讼程序？“现代法律的程序一般被界定为按一定顺序、方式和步骤来作出决定的过程。一方面它包含法律决定成立的前提，并保留着主观评价的客观评价过程；另一方面则通过意见疏通以加强理性思考，扩大法律主体的选择范围，并排除外来干扰，保证着法律决定成立的正确性。”[1]判断一个程序相对于其他程序而言是否具有独立的地位，关键在于该程序本身是否具备解决纠纷所需要的一切程序资源，是否具备发挥程序功能所需要的一切要素，是否具有能够独立完成诉讼目的的功能，是否符合刑事诉讼的基本构造要求。从各国对刑事庭前程序的立法实践来看，庭前程序不是依附于庭审程序的准备程序，也不是在诉讼程序中可有可无的过渡程序，而是一个自身具有独立价值和功能的诉讼程序。对此，可以从以下两方面进行具体分析：

一是刑事庭前程序拥有诉讼的基本结构，各诉讼主体的合理组合和权利配置体现了其独立的诉讼地位。

刑事诉讼的程序结构是刑事诉讼目的和价值的实现方式，现代刑事诉讼活动的基本特征是诉讼结构的合理构建和多种诉讼权能的分工、制衡。刑事诉讼程序一方面要限制刑事诉讼主体的肆意妄为，即对审判权本身进行直接限制外，还要实现审判权与起诉权的分立制衡、辩护权对审判权的间接制衡以及起诉权与辩护权的直接制衡，由此形成控辩审三方的权力(利)互动状态；另一方面是要把有利于查明案件真相并对真相进行准确评判的有效方法或经验用程序规则的形式固定下来，即在平等听取控辩双方意见的基础上，由法官居中予以裁判。刑事诉讼程序的上述两方面的价值比较明显地体现了程序结构的基本轮廓：一是控辩均衡对抗；二是法官居中裁判。[2]以控辩审三大诉讼职能良性互动为基础的现代刑事诉讼结构理论不仅需要体现在庭审程序，为了避免原被告双方在庭审外进行诉讼准备的不均衡，这样的诉讼结构还应当等距离延伸到庭前程序。也就是说，刑事庭前程序需要追求控审分离、控辩平等和审判中立的刑事诉讼结构的理想状态，反之，刑事诉讼的基本结构也给庭前程序的独立存在提供了理论基础。

首先,控诉权和审判权是整个刑事诉讼程序中两个非常重要的构成元素,近现代法治国家都确立了控诉职能和审判职能的分离与制衡来防止刑事司法权的过度集中,以保证诉讼程序和结果的公正。从结构意义上说,控审分离要求控诉职能和审判职能由不同的国家机构承担;从程序意义上说,控审分离指的是程序启动上的"不告不理"以及程序运作中的"诉审同一"。[3]从世界各国对刑事庭前程序的立法规定来看,控审分离在庭前程序中得到普遍的认同和遵循。为了防止审判权的专断,"不告不理"成为公诉权对审判权的制约机制。刑事庭前程序以公诉机关提起公诉为序幕,这种以追求被告人刑事责任为目的的追诉权使得庭前程序的启动具有消极性和被动性。然而,根据现代权力制衡原则,为了防止公诉权的滥用,必须以权力制约权力,对公诉权进行制约。无论是美国的预审程序还是德国的中间程序,对检察官提起的公诉都引入了司法审查制度,由法官来主持对检察官起诉裁量权的审查。这种审判权对控诉权的制衡为庭前程序的公正提供了程序性的保障机制。另外,在庭前程序中,当审查法官认为指控缺乏事实和法律依据的,应当作出不准予交付审判的裁断。裁定确定后,除非发现新的证据,不得对同一案件进行追诉。

其次,控诉和辩护是刑事诉讼中两项重要权能,然而,作为控诉方的代表国家的公诉机关与作为辩护方的代表个人的被告人之间在力量上明显不等。因此,现代刑事诉讼构造一方面要求刑事诉讼法应当对控辩双方进行平等武装,赋予双方对等的攻防手段,以确保控辩双方能展开有效对抗。许多法治国家在刑事庭前程序中建立了系统的证据展示制度,充分体现了控辩平等原则。这是因为刑事诉讼中控辩双方在诉讼资源分配和取证能力上的不平等,需要建立一定的机制来使双方共享证据信息,避免双方在法庭审理中进行证据偷袭,导致诉讼的拖延和审判的不公。在美国，根据美国联邦最高法院的判例，控方有义务主动或应辩方要求向辩方开示可能影响定罪或判刑的一切有利或不利于被告人的证据以及有关的弹劾证据。虽然美国《联邦刑事诉讼规则》规定辩方也有一定的证据开示义务，但控方承担证据开示的责任大于辩方，因为控方比辩方具有更充分的资源和能力，而且其搜集到的证据往往构成案件真实的主要基础。另一方面，现代刑事诉讼构造还要求法官对于控辩双方也应当加以平等保护，给予双方参与诉讼的同等机会，从而推动诉讼的进展，保障刑事诉讼的民主和公正。在英美法系的控辩模式下，控辩双方都具有当事人地位，当双方在庭前出现争议时，都可以以动议的形式向法官提出申请，由法官居中裁判，从而维护平等对抗。在大陆法系国家，公诉方虽然没有像英美法系这样被当事人化，但是法律科以控方一定的法定义务，比如控方不仅要追查不利于被告人的证据，而且也要调查对被告人有利的证据，并且还要保障辩护方的阅卷权等，这些都体现了对控辩双方平等地位的保护。

最后，从结构上分析，刑事诉讼是一个典型的三方组合，控辩双方平等对抗，法官作为第三方中立听证、居中裁判。在刑事诉讼中，控方以国家权力为后盾，积极收集控诉证据，对犯罪嫌疑人、被告人采取各种强制性措施，以达到控制犯罪、维护秩序的目的；而辩方以公民权为依据，在人身、财产和个人自由面临威胁的时候，会尽自己的努力争取和寻找有利于自己的证据材料，这必将使控辩双方产生尖锐的冲突和对立。要解决这样的纠纷，就必须由与该纠纷利益无关的第三方主持进行，因为按照公正的理念，只有与纠纷利益无涉的第三方才能获得双方当事人的认同和信赖，才有利于引导和促成纠纷的解决。刑事庭前程序尽管不对被告人作出是否定罪的最终裁断，但也是一个充满冲突需要解决的阶段。为了保证刑事庭前程序的公正性，许多国家在庭前程序中设立了与庭审法官不一样的法官作为中立者，以确保庭前程序结构的完整性和公正性。1994 年通过的《世界刑法学协会第十五届代表大会关于刑事诉讼法中的人权问题的决议》第四条就提出了负责判决的法官不能是对公诉进行预审的法官。[4]在英国，由治安法官对那些以公诉书起诉的可诉罪案件进行预审，以确定控方是否有充足的指控证据，该案件是否有移送刑事法院的必要。在法国，传统的两级预审制度独具特色，预审法官单独构成的预审法庭完成第一级预审，预审法官以中立的第三方对所控行为作出不予起诉或者向刑事法庭移送案件的裁定。

二是刑事庭前程序除了可以确保裁判者的中立和控辩双方对程序的共同参与外，还具备纠纷解决所需的程序要求。程序正义在诉讼制度上的首要表现是确保与程序的结果有利害关系或者可能因该结果而蒙受不利影响的人，都有权参加该程序并得到提出有利于自己的主张和证据以及反驳对方提出之主张和证据的机会。这就是正当程序原则最基本的内容或要求，也是满足程序正义的最重要条件。[5]正如前述，刑事庭前程序中控辩审三方不仅都是程序的参与者，而且还符合刑事诉讼的构架要求，因此，刑事庭前程序符合程序正义的基本要求。但是，仅仅有主体的参与还是不够的，作为一种程序形态，庭前程序还需要有主体间的交流与对话，以及具备其他诉讼程序无法替代的特有功能，才能真正实现独立的地位。

(1) 庭前程序主体间的交流与对话。“程序不能简单地还原为决定过程，因为程序还包含着决定成立的前提，存在着左右当事人在程序完成之后的行为态度的契机，并且保留着客观评价决定过程的可能性。另一方面，程序没有预设的真理标准。程序通过促进意见疏通、加强理性思考、扩大选择范围、排除外部干扰来保证决定的成立和正确性。”[6]因此，在诉讼程序中，不仅要保障主体在参与程序中相互间的交往过程，更要保障主体间以自由交流和对话的方式进行交往，以获取所需要的内容和结果。虽然不同诉讼模式下各诉讼主体在庭前程序中所处的角色和地位有所差异,但都通过不同的制度和方式来体现主体间的交流和对话。英美法系国家的庭前程序主要是通过答辩和指导听证、证据开示、庭前会议等程序达到信息交流和主体对话的目的。在英国,治安法官将可诉案件移送到刑事法院后,公诉人和被告人及其辩护人必须在审判法官指定的日期参加答辩和指导听证。对于案情过于复杂或者审判时间可能很长的,在答辩和指导听证中还可以举行一个开庭前的预先听证会,以帮助控辩双方当事人简化和确定他们之间的争议、整理保存证据,以实现主体间的信息交流和对话。在美国,庭前程序中的传讯和答辩、辩诉协商、审前动议、证据开示,以及在庭前会议中对整理争点、整理证据和证据调查的次序、范围、方法进行协商一致等内容无不体现出主体间的沟通和交流。在大陆法系国家,庭前程序中法官虽处于主导者地位,通常可以主动调取证据、为证据进行保全,通知被告人及其辩护人查阅案卷等,但是其他当事人仍然可以积极参加到法官的证据调查、勘验和证据保全等活动中去。在德国的刑事审判实践中,检察官和辩护人在庭前程序中要明确诉讼争点,法官要整理诉讼争点。在法国,重罪法庭的审判长在被告人接送到看守所和证据转送到书记官室后,应该在最短的时间内讯问被告人,确认被告人的身份,给被告人指定辩护人。辩护人还可以通过与被告人通信、查阅案卷等方式获悉证据。日本刑事庭前程序中虽然没有对公诉的审查,但是在第一次公审日期前后的两次准备程序都强调控辩双方之间的充分协商。因此,无论是强调对抗制的英美法系国家还是注重法官职权的大陆法系国家,庭前程序均体现了诉讼主体的共同参与以及相互间的交流与对话。

(2) 庭前程序特有的裁断纠纷、终结诉讼的功能。一个诉讼程序是否能够解决刑事诉讼中的特定事项,是否具备纠纷解决的程序空间是衡量其是否具有独立性的重要标准。“庭前程序承载着丰富的诉讼功能，它不仅仅是为庭审程序打基础、做准备，也不以启动庭审程序为唯一、最终目的，在一些情况下案件经由庭前程序即可作出裁断进而终结诉讼。”[7]诉讼来源于纠纷，伴随着纠纷的解决诉讼即告终结，诉讼目的也得以实现。刑事案件的具体情况千差万别，为了不给诉讼资源造成不必要的浪费，不同的案件在刑事诉讼的不同阶段可以采取不同的处理方式。就刑事庭前程序而言，一方面，庭前程序具有防止公诉权滥用的功能，当审查法官认为检察官的指控缺乏事实和法律依据时，可以作出不将被告人交付审判的裁断，从而不开启审判程序，刑事诉讼即为终结。比如英国治安法官经过审查，如果认为起诉方提供的证据不充分的，就应该决定不起诉，并且应该将被告人立即予以释放。法国的重罪案件在开庭审判之前经过预审机关预审后，如果认为被指控的事实不构成重罪，也不构成轻罪或者违警罪，或者对被告人的指控没有充分理由，或者经过补充侦查仍然认为没有足够理由的，就应当宣布终止诉讼。另一方面，庭前程序通过非法证据排除、证据展示以及争点整理等功能，让控辩双方积极参与、对话协商，从而明晰争点、求同存异，使一部分被告人认罪的案件得以及时处理，最大程度地避免了庭审程序的启动。在美国，被告人甚至还可以直接与控方进行控辩交易，而后，法庭根据控辩双方的协议直接定罪处刑，不再启动正式的审判程序，而且控辩协议中商定的有关处置将在判决和量刑中得到体现。也就是说，在被告人自愿认罪的前提下，庭前程序不再需要依托其他程序就为纠纷的解决提供了程序空间，与庭审程序具有了相同性质的纠纷解决功能。因此，庭前程序不应该是一个处于近似边缘化的前置诉讼构架，也不应该是一个仅仅为开庭审理作准备的附属程序，而是一个具有自足独立性的诉讼程序。

二、刑事庭前程序的价值

刑事庭前程序是由一系列程序性规则和制度构成的，这些规则和制度受到法律价值的制约和引领。在法哲学中，“价值”一词通常有两种意义：一种是指法律制度赖以存在的道德根据及其在具体运作中所要实现的理想结果，另一种指的是人们据以确定和判断法律程序和法律制度是否正当、合理的标准和尺度。[8]法律价值是程序设立的精神实质，研究刑事庭前程序必须对该程序的价值目标进行研究，以揭示其所蕴藏的法律价值和所追求的价值目标。

（一）促进审判公正

“正义是社会制度的首要价值，正如真理是思想体系的首要价值一样。一个理论，无论它多么精致和简洁，只要它不真实，就必须加以拒绝或修正；同样，某些法律和制度，不管它们如何有效率和有条理，只要它们不公正，就必须加以改造或废除。”[9]在现代法制社会中，国家为社会纠纷提供了司法作为最终解决方式，司法的公正性是司法制度生命永恒的基础。作为司法公正的核心内容，审判公正不仅应当实现，而且，更应当以人们能看得见的方式实现。审判公正包括实体公正和程序公正两个方面：实体公正指的是判决结果是对案件真实情况的准确再现以及对法律准确无误的适用；而程序公正指的是在整个诉讼过程中公正对待冲突主体，并保证冲突主体能足够和充分地表述自己的愿望、主张和请求及其行为的空间。[10]两者是辩证统一的，实体公正有赖于程序公正，程序公正是实现实体公正的前提和保障。刑事庭前程序作为刑事诉讼系统中独立的一部分，上接公诉程序，下启庭审程序，对保障审判公正具有重大的意义，具体表现为：

首先，刑事庭前程序通过排除法官预断来促进审判公正。刑事审判是法官认定事实和适用法律并作出最终判决的过程，是庭审法官心证的形成过程，需要通过控辩双方对证据进行质证和对争点的激烈对抗而确立下来。如果庭审法官在开庭前单独接触控辩任何一方或者其所提供的证据材料，都有可能对案件产生预断。“法官对刑事案件产生了预断，即是对案件结果的先前的预期，这会让法官围绕自己特定的预期将注意力集中于自己感兴趣的证据信息上，而不是对证据进行全面的收集和衡量，在法律适用上亦是如此。这样一来，难免会大大弱化法庭审判的功能，甚至会架空整个庭审，让庭审的过程变成一种人们常说的‘走过场’。”[11]因此，任何在开庭审理前能导致法官对案件形成先入为主的预断或者对案件存在的某种偏见都应当排除在法庭审理之外。许多国家在设置刑事庭前程序时都充分考虑到了法官预断的排除，以保障庭审的实质化和审判公正。例如，日本的刑事诉讼从职权主义模式向对抗式诉讼模式转变的过程中，立法设计非常注重对法官预断的排除。在起诉方式上，日本实行起诉状一本主义，公诉机关在起诉时，只能移送公诉书，不得向法院移送其他任何可能导致法官预断的证据或文书。这种起诉方式确保法官没有预先接触证据的机会，法官内心确认的形成完全依靠法庭审理中控辩双方的对抗。但是起诉状一本主义的实行，带来的一个弊端是所有的问题都需要进入庭审中解决，容易导致庭审的中断和拖延，诉讼效率无法保证。对此，日本在庭前程序中设立了较有特色的庭前准备程序，在第一次公审日前的准备程序中，禁止庭审法官对案件产生预断。法院通常让书记官向控辩双方了解他们为诉讼进行准备的情况，即使在必要时，庭审法官要求控辩双方到场就开庭日或其他有关诉讼事项进行协商的，也不能涉及可能对案件产生预断的事项。此外，第一次公审日前检察官请求询问证人和被告人，辩护人请求保全证据的，不能由受诉法院进行，必须由其他法院按专设程序处理；在起诉后到第一次公审日前的逮捕措施也应当由参与办案的法院以外的法官决定。[12]第一次公审日以后的准备活动就不再受到排除法官预断原则的限制。除了日本实行起诉状一本主义和开庭前准备程序分为不同的阶段以确保法官预断排除外，英美国家在庭前程序中尝试采用预审制度，实行预审法官和庭审法官相分离，有效防止法官预断的产生。

其次，刑事庭前程序通过审查证据能力来实现审判公正。在刑事诉讼中，某种事物或人的陈述被准许作为定案的证据使用，不仅是因为该事物或陈述具有证明力，而且还因为其具备法律所需要的证据能力。证据的证明力和证据能力是两个不同的概念，前者指的是证据对案件事实是否能起到证明的作用以及这种证明作用的程度有多少，是证据本身所固有的自然属性；而后者指的是事实材料要成为证据所必须具备的条件，是法律对事实材料成为诉讼中的证据在资格上的限制，是证据的一种法律属性。英美法系国家通常称其为“证据的可采性”。[13]某证据材料只有同时具备证明力和证据能力才可以作为定案根据。正如我国台湾地区学者蔡墩铭所认为的，“对于犯罪事实之证明，只有具备证据能力的证据，才有可能被加以适用；无证据能力的证据不能用来证明犯罪事实。基于此，即使有价值的证据，如果在形式上缺少了证据能力，也不能作为犯罪事实认定的资料予以使用。”[14]世界上许多国家在刑事庭前程序的立法中，都规定了对控辩双方拟在法庭中出示或使用的证据材料的证据能力的审查。在英美法系国家中，控辩双方往往是在审判前就某一证据的证据能力向预审法官提出质疑或者动议，申请法官就该证据的可采性问题进行审查，必要时，预审法官可以进行专门的听审，在听取控辩双方的理由后。最终作出该证据是否具备证据能力的判断。庭前对证据能力的审查结果不仅可以将无证据能力的证据材料排除在法庭审理之外，避免对庭审法官产生事先预断，而且还可能对案件最终是否有罪产生巨大影响。与英美法系国家相比，大陆法系国家在对证据能力的审查上更注重发挥法官的职权作用，赋予其较大的自由裁量权，强调通过自由心证来判断证据的价值，同时，辅助严格证明程序作为确定证据能力的因素之一。庭前对证据能力进行审查后，将非法证据或其他明显没有证据能力的事实材料排除在庭审之外，防止不具备证据能力的事实材料进入庭审影响庭审法官的自由心证，从而保证审判的公正；对控辩双方都承认的事实材料予以确认固定，庭审时不再进行调查质证，有利于诉讼效率的提高；对控辩双方存在争议的事实材料可以留到庭审中通过质证予以调查，以利于案件真实的发现，确保审判的公正。

第三，刑事庭前程序通过证据开示来保证审判公正。“获得真相的最好的方法是让各方寻找能够找到证实真相的各种事实，然后双方展示他们所有的材料。”[15]为了更好的发现案件真实，控辩双方需要在庭审中进行平等对抗，而对抗的基础是彼此对证据有着合理的了解。作为国家机关的控方有着收集证据的优势，辩方无论是在人力还是财力方面，其收集证据的能力无法与控方比拟。因此，英美法系国家大多在庭前程序中建立了证据开示制度，要求控方应当按规定在庭前向被告方展示其所搜集到的证据，不管这些证据对被告人是否有利，被告方也负有附随展示证据的义务，以保障控辩双方对证据信息的共享，消除审判中的突然袭击，确保最终裁判结果满足诉讼双方的真实愿望，维护审判公正。在大陆法系国家虽然没有确立证据开示制度，但是辩护方可以通过阅卷来了解控方收集到的证据材料，同样保障了辩方的证据知悉权，有利于审判公正的实现。

（二）提高诉讼效率

随着犯罪率的日益上升，除了追求司法公正的目标外，提高诉讼效率成为世界各国刑事司法共同追求的另一个重要价值目标。法谚云：“迟到的正义非正义”。一个公正的裁判如果来得太迟，其价值自然会大打折扣。作为社会活动的一种特殊形式，刑事诉讼需要国家投入高昂诉讼成本来追究被告人的刑事责任，从而达到预防犯罪和惩罚犯罪的目的。然而,现代各国犯罪现象不仅没有减少或者消灭,反而呈现日益增长的趋势,犯罪数量的上升和案件数量的激增必然导致诉讼资源的紧缺。如何解决有限的诉讼资源和日益增多的刑事案件之间的矛盾迫在眉睫,这就要求在保证诉讼公正有效的前提下注重提高诉讼效率,减少办案成本,注重追求诉讼过程的经济性。为此,合理设计诉讼程序,优化司法资源配置,提高审判效率,加快诉讼进程成为各国刑事诉讼一直努力的方向。有学者提出提升刑事诉讼效率的两条路径,一是通过维持与扩大诉讼结构的方法提升诉讼效率;二是通过简化诉讼结构提升诉讼效率,即完善简易程序制度。[16]相对于作为刑事诉讼核心阶段的法庭审判而言,刑事庭前程序是对诉讼基本结构向前的扩展和延伸,其不仅通过对案件的争点和证据进行整理,从而有助于提高法庭审判的效率外,还能通过刑事和解、认罪答辩等来促使案件分流,加快整个诉讼程序的进程。具体而言,庭前程序对诉讼效率的提高主要表现在以下两个方面:

一方面,庭前程序通过争点整理来明晰争议,为控辩审三方提供诉讼交涉和信息交流的平台,有助于提高刑事审判的效率,保障法庭集中审理。集中审理是现代刑事审判程序的一项基本原则,是指“法院开庭审理案件,应在不更换审判人员的条件下连续进行,不得中断审理的诉讼原则”。[17]集中审理原则与直接言词原则、公开原则、平等原则、迅速审判原则等现代刑事审判特别是控辩式庭审诸原则密切相关,能让法官、陪审员通过全面、集中接触证据,对案件形成全面、准确的认识,从而作出正确裁判,有利于实现被告人的辩护权和迅速审判权,保证法庭审理顺利、迅速、公正地进行。[18]集中审理原则已为现代法治国家广为推行,许多国家不仅通过强化各种庭审程序促成集中审判之实施,而且重视开庭前控辩双方为实现证据调查和法庭辩论的集中化所做的充分准备。“为了保证诉讼的高效率,需要在正当的诉讼的结构(只指庭审)之外允许原、被告双方进行充分准备,或者说允许原、被告双方在庭审结构之外作适当延伸,并在期限上加以限制,作为诉讼程序结构的补充结构。这种结构不仅避免了'先下手为强'的现象发生,更防止了因准备仓促而可能引起的诉讼拖延。"[19]比如,在庭前程序中设立证据展示制度,避免因为"突然袭击"造成延期审理的频繁发生,保证控辩双方在知己知彼、充分准备的情况下进行法庭调查与辩论,减少庭审的中断,确保审判迅速进行。一些国家还对开庭前的准备程序作了详尽的规定,如美国刑事诉讼中规定的庭前会议,英国刑事庭前程序中的预备听审,法国刑事诉讼中设立的重罪法庭开庭预备程序等都是对庭审集中进行并取得高质量的重要保证。

另一方面,庭前程序通过程序分流来提高诉讼效率。所谓程序分流,有广义与狭义之分:狭义的程序分流体现了刑事程序中对非刑罚化思想的运用,指的是对特定的构成犯罪的案件,在侦查或者起诉环节中就作出终止诉讼的处理,并科以非刑罚性的处罚,不再提交到法庭进行审判;而广义的程序分流,主要针对的是被告人认罪的案件或者轻罪案件,除了包含狭义的程序分流之意外,还包括在审判阶段适用比普通程序更为简易的程序来对案件进行审理。[20]随着刑罚观念的转变和诉讼效率价值的凸显,许多国家在处理刑事案件时确立了多元化的案件分流机制,也就是说刑事程序分流贯穿了刑事诉讼的整个过程。就刑事庭前程序而言,不仅通过对检察机关提起公诉的案件进行审查,以决定起诉是否正当,将不当的诉讼过滤在庭审之外,以此来分流案件,而且还可以根据案件的性质和被告人的认罪情况,促使刑事和解、控辩交易的完成,将大量的案件分流到简易审判程序,使控辩双方能及时从高成本的诉讼状态中解脱出来,缩减诉讼成本,提高诉讼效率。

(三)保障个人权利

刑事诉讼不仅在于打击犯罪,而且还具有保障人权的目的。人权是基于人类的共同要求产生的，是整个人类文明演化的产物。随着法治思想的发展，司法被认为是社会正义的最后一道防线，刑事诉讼法不再被片面地视为打击犯罪的工具，世界各国的刑事诉讼程序朝着更为人道和正当的方向发展。近代以来，刑事诉讼法所取得的最引人瞩目的成就集中体现为，被告人的程序主体地位日益巩固和提高，以及波澜壮阔的现代刑事诉讼程序正当化革命使得刑事诉讼法最终演变成为名副其实的限权法。[21]刑事诉讼程序一方面通过追究犯罪，对罪犯为所欲为的行为进行限制，保障被害人的权利；另一方面通过限制司法人员的行为和权力，保障被告人的权利。保障人权已经成为现代国家权力运作的终极目标之一，成为刑事诉讼整个运行过程应当遵循的思想。庭前程序属于刑事诉讼程序的一部分，必然有着与整个诉讼程序一致的目的。因此，保障人权也是庭前程序所追求的价值目标之一，主要通过以下两个途径得以实现：

第一，庭前程序通过对公诉的审查，防止公诉权的滥用，实现人权保障价值。对公诉机关指控的审查是一种典型的司法审查制度设置。“根据司法审查原则的精神，只要是对公民个人权利构成强制性侵犯的国家强制处分行为，不管是实体性强制处分行为，还是程序性强制处分行为，都应当成为司法审查的对象，从而接受法院的司法审查。”[22]刑事诉讼作为国家与个人之间权益冲突的解决机制，集中体现了国家权力与个人权利的冲突与平衡。作为国家利益代表的刑事控诉机关有着强大的对犯罪进行控诉的权力，这种权力具有一定的强制性和天然的扩张性，它的行使极易对犯罪嫌疑人、被告人的个人权利构成威胁。因此，想要防止国家控诉权的滥用，保障被控诉者免受国家公权力的肆意侵犯，就必须由中立的裁判机关对控诉机关的控诉行为进行审查，以免让被告人受诉讼的拖累和被限制或者剥夺人身自由的痛苦。许多国家在刑事庭前程序中设立了对公诉的审查，比如，英国的移交审判程序，美国治安法官的预审听证和大陪审团的审查起诉，法国设立的预审程序，意大利的初步庭审程序等。由于诉讼模式和诉讼构造的差异，不同国家对公诉进行审查的机构和设置有所不同，但都体现了国家权力对处于天然弱势地位的被追诉方的特殊保护。

第二，庭前程序充分尊重被追诉人的诉讼主体地位，保障其诉讼利益最大化的实现。现代各国刑事诉讼法普遍确立了被追诉人的诉讼主体地位，其不再是消极等待国家公权力进行处理的客体，而是享有法定诉讼权利的诉讼主体，并且不断通过刑事司法改革加强和巩固被追诉人的诉讼主体地位。正如有学者指出的，“在某种程度上，刑事诉讼法的发展史实际就是被告人人权保障不断得到加强的历史，也是被告人诉讼主体地位不断提高的历史”。[23]庭前程序一方面通过证据开示、证据保全等制度保证被追诉人的证据知悉权和证据获取权，确保被追诉人能够在庭审时与控诉人平等对抗，进行有效辩护，实现控辩平等，保障被追诉方的合法权益；另一方面赋予被追诉人的程序选择权，在自愿、真实的前提下，通过对各项相关因素进行权衡后作出是否认罪的答辩，满足认罪被告人尽快结束刑事诉讼，尽早摆脱诉讼纠纷的想法，确保其诉讼权利的实现。

总之，促进审判公正、提高诉讼效率和保障个人权利这三个价值互相交融、彼此影响，不仅是刑事庭前程序所体现出来的价值，更是整个刑事诉讼程序所追求的价值目标。

第二节　刑事庭前程序的功能

刑事诉讼是一种解决社会冲突的机制，作为规范刑事诉讼运行的刑事诉讼程序应当具备相应的功用和效能。刑事庭前程序是连接公诉和正式庭审的中间桥梁，是案件走向正式审理的最后一道程序，关系到对公诉的审查、对证据的保全和展示、对非法证据的排除、对案件的过滤和分流以及对争点的整理等问题,因此,其功能必然具有多元性。具体而言,庭前程序在刑事诉讼中具有以下功能:

一、 起诉审查功能

刑事庭前程序的首要功能是对公诉权进行司法控制,即通过对控方的起诉进行审查以决定是否将案件交付审判。"公诉权,即刑事追诉权,是检察机关运用公权力对违反刑事法律构成犯罪的人诉请国家审判机关依法追究其刑事责任的权力。"[24]世界各国几乎都将公诉权赋予检察机关行使,是检察权的一种标志性权力。公诉权通常包括提起公诉、决定不起诉、变更起诉、出席法庭、提起上诉、申请再审以及监督刑罚执行等权力,而其中最核心的内容是提起公诉的权力。因为检察机关提起公诉的行为不仅意味着被指控人即将接受刑事审判、面临获罪的极大风险,而且还意味着一旦起诉符合条件,受理公诉的法院就必须对案件依法进行审判。然而,任何权力都有被滥用的可能,作为国家权力机关的检察机关在代表国家行使追诉权时,这种追诉权具有天然的扩张性,很有可能对刑事被指控人的人性尊严或者对受害人的正当诉求造成侵犯。"一切有权力的人都容易滥用权力",防止检察官滥用公诉权的根本解决之道在于引入权力制衡机制,即"以权力制约权力"。公诉权在英美法系国家属于行政权,在大陆法系虽然被定位为司法权,但是其仍具有部分行政权的属性。"英美与大陆法国家在检察机构的设置以及权力配置上尽管有一定的区别,但它们所行使的权力都属于刑事追诉权,都对惩治犯罪、维护社会治安负有重大的责任,其权力的行政权属性的确是存在的。"[25]因此,对具有行政权属性的公诉权进行司法控制有利于防止公诉权的滥用,避免被告人受到无端追诉,是保护被告人人权的重要保障机制。对此,许多国家在庭前程序中设计了公诉审查程序，由法院对检察机关是否适当行使追诉权进行审查，将不符合起诉审查标准的案件排除在正式庭审的范围之外，体现了司法权对行政权的制约和监督。比如，英国庭前程序中设立了移交审判程序，规定对于需要根据起诉书审判的可诉罪，公诉方需要先将案件起诉到治安法院，由治安法院对被告人的起诉是否适当作出裁定。治安法官认为有足够证据将被指控人交付刑事法院的，就应当作出同意起诉的裁定，否则，就作出不同意起诉的裁定并释放被羁押的被指控人。在美国，除了轻罪案件通常由检察官直接向地方法院提起公诉外，对于侦查终结的重罪案件，检察官审查后决定提起公诉的，必须经过对证据进行审查以决定起诉是否正当。美国庭前程序中的审查起诉包括治安法官的预审和大陪审团的审查起诉两种形式，联邦和有些州甚至要求这两种审查方式并用。《德国刑事诉讼法典》专门设立了中间程序以裁判是否开始审判程序，该法第 199 条规定："是否开始审判程序或者暂时停止程序，由对案件审判有管辖权的法院裁判。起诉书应当包括要求开始审判程序的申请，将案卷连同申请一并提交法院"。法国刑事诉讼法传统上一直对重罪案件提起的公诉实行两级预审，由预审法官进行一级预审，上诉法院的起诉审查庭主持二级预审。意大利 1988 年《刑事诉讼法典》设立了初步庭审阶段，通过庭审的方式审查公诉人所收集的证据是否符合起诉条件。我国台湾地区在 2002 年对"刑事诉讼法"的修订中增加了起诉审查制，对检察官作出的起诉决定进行再审查。虽然这些审查起诉的程序和制度的名称、形式、具体内容等有所差异，但都体现了防止公诉权滥用，避免不正当审判的目的。

二、 证据知悉功能

现代刑事诉讼的基本理念之一就是保障控辩平等，因为刑事诉讼如同一场攻防竞技，只有控辩双方拥有均等的攻防手段，才能使双方展开平等有效的对抗，从而推动诉讼的顺利进展。然而，控辩双方在力量上的现实差距，使得辩方在诉讼资源的利用以及证据的获取上都无法与作为国家机关的控方相比。为了保证控辩双方在法庭论战前依据的是同样的证据材料，防止任何一方利用证据进行突袭，影响诉讼公正的实现，许多法治国家在刑事庭前程序中都确立了证据知悉的制度。正如美国大法官特雷纳曾言："真实最可能发现在诉讼一方以合理的方式了解另一方时，而不是存在于突袭中；知悉真相的程序越透明开放，突袭就变得越没必要。"[26]两大法系由于刑事诉讼体制的差异，庭前程序的证据知悉功能所表现出来的形式也有所不同。职权主义国家实行的是非对抗制诉讼，属于国家司法机关的检察机关负有查明案件事实真相的所有责任。在这种诉讼体制下，控方承担了证据收集的主要义务，法官为了查明案件事实也负有一定的调查取证义务。"与英美法不同的是，辩方律师不享有积极的调查取证权，除会见被告人并与其交谈外，辩护律师对案内证据的了解主要依靠查阅案卷和参与预审程序。"[27]"加之由于诉讼主要由国家机关依职权推进，律师手中难以掌握重要的证据，因此，庭前向检察官展示并不成为一个重要的诉讼问题。"[28]故非对抗制诉讼下庭前程序的证据知悉功能强调的是保障辩方对控方收集的证据以及法官调取证据的知悉权。英美法系国家实行的是对抗式刑事诉讼制度，在审判前禁止控辩双方向法庭移送证据材料，防止法官或陪审团事先形成预断，以保证审判的公正进行。然而，控辩双方如果在审判前互相不了解彼此掌握的证据材料，这就容易在法庭上实施突然袭击，令对方措手不及，不仅容易造成审判的无序和拖延，而且对审判公正也是极大的威胁。对此，英美国家在刑事庭前程序中都建立了证据开示制度，一是要求控方向辩方开示证据的同时，辩方也承担一定的向控方开示的义务，控辩双方对证据的展示具有"互惠性"；二是在保障证据展示方面设立了司法审查机制，即控辩双方在证据展示的相关问题上一旦发生争议，就可以向法官提出申请，由法官依法决定是否需将某一证据材料向对方展示；三是检察官不仅要展示在法庭上作为指控依据提出的证据，那些已经掌握但是不准备在法庭上使用的证据也需要展示；四是为了保证证据开示的有效实施，英美国家都规定了违反证据开示义务的法律后果。[29]那些对诉讼结构进行调整，从职权主义向当事人主义改良的国家，在起诉方式上摒弃全案移送的同时，虽然没有像英美国家那样在庭前程序中设立全面系统的证据开示制度，但为了避免因诉讼对抗性的增强而容易导致控辩双方获取证据的不平等，在庭前程序中都确立了有关证据知悉的规定，以维护对抗式诉讼制度的公正运转。例如，日本《刑事诉讼法》实行“起诉状一本主义”，检察官在向法院提起公诉时，除起诉书外不得移送任何可能对法官产生预断的证据或其他材料。但是为了保证开庭审理不间断，提高诉讼效率，该法第 299 条第 1 项规定：“检察官、被告人或者辩护人请求询问证人、鉴定人、口译人或者笔译人时，应当预先向对方提供知悉以上的人的姓名及住居的机会。在请求调查证据文书或者证物时，应当预先向对方提供阅览的机会。但对方没有异议时，不在此限。”总之，不同刑事诉讼结构下，庭前程序中证据知悉的表现形式虽然有所不同，但是通过证据知悉追求案件真实，保证控辩平等，防止证据突袭，保障诉讼公正，提高诉讼效率乃是所有国家设置庭前程序所追求的价值目标。

三、 非法证据排除功能

惩罚犯罪和保障人权是现代刑事诉讼的两大价值目标，对非法证据的排除集中体现了这两大价值目标之间的冲突和协调。从惩罚犯罪的角度讲，无论是通过什么途径获取的证据，只要能查明案件事实，理论上讲都应该作为指控被告人的呈堂证供。然而，近现代法治国家强调公民的宪法权利在刑事诉讼中不受恣意侵犯，国家权力只能在法律许可和授权的范围内行使，不得过度扩张给公民个人权利造成侵害。非法证据排除规则自从在美国确立起来后，逐步成为国际刑事司法准则之一，体现了现代刑事诉讼发展的文明化和科学化。许多法治国家在实体真实与正当程序的价值冲突中，越来越重视对正当程序的维护，排除不具有可采性的证据成为刑事庭前程序的一项重要内容。根据美国《联邦刑事诉讼规则》的规定，诉讼当事人对与审判相关的问题可以向法官提出审前动议，而非法证据的排除是美国审前动议侧重解决的一个问题，法官甚至可以就“禁止证据的申请”举行专门的听审。英国刑事庭前程序中的答辩和指导听审程序以及预备听审程序都有一项重要功能，就是法官需要对证据的可采性作出裁判。根据俄罗斯《联邦刑事诉讼法典》第229条的规定，只要当事人一方提出排除证据的请求，法官就可以在开庭前举行庭前听证，目的在于把将在庭审过程中出示的某些证据从证据清单中予以排除。在我国台湾地区，刑事庭前准备程序的内容之一就是由受命法官对证据能力作出判断。总之，庭前程序的非法证据排除功能，一方面将违反法定程序获得的证据在正式庭审前予以排除，使得审理法官不受非法证据的“污染”，以免对被告人是否有罪作出判断时产生不良影响进而影响公正裁判。另一方面，庭前程序不涉及对被告人的实体性裁决，在此阶段将非法证据予以排除，可以防止到了庭审阶段因为证据可采性的问题而造成审判的中断和拖延，从而影响诉讼进程。

四、 调取和保全证据功能

在刑事庭前程序中，控辩双方除了自己积极收集证据，按要求向对方开示证据，向法官提出排除非法证据的申请外，在某些特殊情况下，法官可以依职权调取证据，当事人也可以申请法官在开庭前收集证据。

在职权主义诉讼模式下的庭前程序中，法官负有查明案件事实真相的义务，应当及时告知被告人有申请调取证据的权利。被告方一旦提出申请调取证据，应当阐明需要收集证据的事实和理由，法官对此应作出是否予以调取的裁定。法官决定调取证据的，控辩双方都可以出席调取证据的现场。法官在庭前程序中，也可以从案件的具体情况和诉讼需要出发，依职权命令调取证据，当事人也有权参加并知晓调查结果。在当事人主义诉讼模式下，证据通常是由当事人双方收集，法官原则上不承担调查取证的责任。但是在一些特殊情况，被指控人可以以动议的方式申请法官调查证据，法官经过审查准予调取的，通常是以签发传票的形式授权当事人自行进行。

在正式开庭前，案件客观上可能会出现证人无法出庭，证据无法在庭审中出示，或者证据到正式审判时灭失等情况，这就需要在庭前程序中做好证据保全工作。美国《联邦刑事诉讼规则》第 15 条从何时采证、通知采证、怎样采证、对保全证据提出异议、支付费用等方面，对证据保全作出了详细的规定。德国《刑事诉讼法典》第 223 条规定，证人、鉴定人因患病、虚弱或者因路途遥远不能到庭参加审理的，可以由受命法官或者受托法官进行预先询问。日本《刑事诉讼法》规定，第一次公审日以后，对复杂案件需要进行开庭准备的，除了证据及争点整理外，法院可以根据当事人申请或者依职权进行证据保全，采取扣押、勘验、搜查、命令、鉴定等措施。所有证据保全活动须有控辩双方在场。经过保全后的证据，不受限于传闻证据规则，在法庭正式审理时可以直接作为证据使用。

五、 程序分流功能

随着全球经济与科技的现代化发展，许多国家的犯罪势头迅猛增长，犯罪形式日趋多样化，然而国家的司法资源却没有得到相应的增加，各国司法系统承受着巨大压力。面对诉讼爆炸以及刑事案件具体情况的千差万别，让每个刑事案件都经历基于公正理念而设计的正式司法程序将是一种极其浪费刑事司法资源的活动。为了节约司法资源，提高刑事司法系统的运作效率，许多法治国家在刑事司法领域大量运用刑事程序分流，为刑事案件的处理寻求多元化途径。刑事程序分流不仅体现在利用普通审判程序之外的多元化方式处理案件，而且分流所适用的程序阶段延伸到了整个刑事诉讼程序。“最初的分流是局限于判决执行上的替代性措施，即行刑方法的分流；而后分流又逐步体现在审判阶段中审理方式的繁简分流，直至审判前程序中裁量决定是否追诉的审前分流。”[30]庭前程序因处于正式开庭审理之前，为刑事程序的分流提供了适宜的诉讼空间，一方面，通过对公诉机关提起的公诉进行审查后，将不符合审判条件的案件排除在审判程序之外；另一方面，通过控辩协商、答辩等程序让案件跳过审判程序直接进入量刑阶段。例如，在美国，大多数刑事案件是由被告人以有罪答辩的方式得以处理的。有罪答辩通常发生在庭前程序的“传讯和答辩”中，往往是对控辩双方就被告人的罪行和量刑问题所达成的交易的确认。被告人一旦选择了有罪答辩，就意味着放弃获得陪审团审判的权利，法庭在确保被告人有罪答辩的自愿性后直接根据控辩交易协议定罪量刑，案件就从复杂的对抗式审判程序中分流出来了。意大利1988年《刑事诉讼法典》通过移植美国辩诉交易制度，确立了依当事人要求适用刑罚的特别程序。“意大利国会认为，为使一些案件避开法庭审判，当事人在审判前的任何时间里，均可要求法官接受他们事先达成的有关被告人所受刑罚的协议。”[31]控辩双方在审判前进行协商、达成交易的，应当向预审法官提交协议并接受其全面审查。如果法官接受了控辩双方达成的协议，案件不再进入审判程序，法官应当依据该协议的内容直接作出判决并立即宣布。英国在“答辩和指导听审”中设置答辩程序的一个主要目的就是为了能得到被告人的有罪答辩或者无罪答辩，如果被告人答辩有罪，案件也就无须启动审判程序，法官就不再召集陪审团审理而直接考虑被告人的量刑问题，大大提高了诉讼效率。德国虽然没有在《刑事诉讼法典》中规定辩诉交易，但是实践中已经广泛开始使用。总之，各国在刑事庭前程序中设计不同的制度来实现刑事案件的繁简分流，其根本目的是为了节约诉讼成本，提高诉讼效率，加快案件的处理进程，确保重大、复杂的案件能通过完整的司法程序获得公正审判。

六、 案件整理功能

在刑事诉讼中，控辩双方出于维护自身利益需要的考虑，在开庭前往往收集大量的证据材料和诉讼资料。这些证据和为诉讼准备的材料往往纷繁复杂，甚至与案件毫无关系，或者相互矛盾。如果在开庭前对这些诉讼材料不进行筛选和整理，而让其直接进入庭审，势必容易造成庭审的中断和拖延，导致司法资源的不必要浪费。另一方面，如果在开庭前没有对双方的争点进行整理，正式庭审中控辩双方由于缺乏明确的对抗目标而难以形成有效的庭审对抗，庭审次数的增加容易造成审判周期的拖延。因此，在开庭前对案件的证据材料和诉讼资料进行整理，让控辩双方在开庭前就明确证据、事实和法律上的争点，把那些没有争议的事实和证据在庭前予以固定，使庭审能围绕案件的主要焦点有目的地进行，这不仅有利于诉讼效率的提高和司法资源的节约，而且有利于减轻当事人的诉讼负担，使其免受无效诉讼的拖累。对此，各国都在刑事庭前程序中增加了案件整理和明晰争点的程序。例如，英国刑事庭前程序中的“答辩和指导听审”、“预备听审”中都规定了控辩双方应按要求以书面形式进行信息披露和争点整理。美国《联邦刑事诉讼规则》规定的庭前会议制度的主要功能就是确定双方没有争议的事实和证据并明确双方争议焦点，尽量缩小或消除需要审理的问题和分歧。日本2004年第62号法律在《刑事诉讼法》中增加了“争点及证据的整理程序”，该程序的主要目的在于明确起诉书中记载的诉因，预先整理案件的争点，确定需要在庭审中进行调查的证据，并制定审理计划。在德国刑事司法实践中，并非每次开庭审理都是对所有公诉事实进行调查核实，而是着重查明控辩双方有争议的事实和证据，因此，在开庭前的准备活动中，控辩双方需在法官的指导下明晰诉讼争点。我国台湾地区2003年在“刑事诉讼法”的修改中新增了“准备程序”，其中一个主要内容就是整理案件及证据之重要争点。从各国刑事庭前程序的内容来看，刑事庭前程序的案件整理功能主要通过以下两个方面体现：一是整理证据。在庭前程序中，通过证据开示或者其他途径获悉证据后，控辩双方对于没有异议的证据可以予以确认，并以笔录固定下来。开庭审理时，对于双方在庭前程序中确认的证人证言不再需要传唤证人出庭作证，双方都确认的物证也不再需要经过法庭调查和质证。通过庭前程序对证据进行整理后，非法证据予以排除，没有异议的证据予以确认，进入法庭调查的通常是有争议的小部分证据，实现了集中审理和迅速审判之目的。二是明晰争点。经过庭前程序中控辩双方的动议、陈述、答辩和协商，案件的争点逐步明晰，双方对于没有争议的事实予以确认，被确认的事实在庭审中不需要进行质证和辩论，法庭集中对争议的焦点进行审理。

七、 其他准备功能

保障集中审理是现代刑事诉讼的一项基本原则，其要求是整个庭审过程应当迅速不间断地进行，为法官作出公正裁判提供程序上的保障。为了保证庭审的连续和顺利，案件中的一些事务性的准备工作或者辅助性工作就应当在庭前程序中完成。从各国庭前程序的内容来看，法院在正式开庭前主要会进行以下准备活动：一是送达起诉书副本或者移交审判裁定书。在英国，治安法官作出决定移交审判裁定后，应当确定移送起诉的法院，通知证人在指定的日期到庭作证，并移送包括起诉书、被指控人供述、证人名单、证人证言和其他证据清单的案卷。在美国，重罪案件经过预审或大陪审团准予起诉后，检察官就可以提起正式起诉，并及时向被告人送达起诉书。在法国，起诉书一经最终确定，就要向被告人送达移送起诉的裁定。二是确定审判日期或者变更开庭日。不同诉讼模式下确定审判日期的方式有所不同，在当事人主义模式下，法官在征询控辩双方的意见，了解证人能够出庭作证的日期以及对审判可能持续的时间进行估计后确定开庭的日期。而在职权主义诉讼模式下，法官通常是根据职权来确定的，比如，在德国，起诉经过中间程序审查后，如果法庭作出开启审判程序的裁定，案件就进入审判程序，法庭审判长根据法律规定确定审判日期。三是指定辩护人。法国《刑事诉讼法典》规定，进入重罪法院的案件，重罪法庭为了保障被告人的辩护权，应当提请被告人选任一名辩护律师，如果被告人不自行选任，法庭应当依职权为其指定。在日本，法院收到提起的公诉，进入第一次公审日前的准备程序后，应当立即告知被告人可以选任辩护人。在意大利，法庭在正式庭审前，应当确认被告人是否有辩护律师以及辩护律师是否出庭。如果被告人的辩护律师没有出庭辩护的，法庭应当为被告人指派辩护人。四是签发传票，传唤当事人及其他诉讼参与人到庭。美国《联邦刑事诉讼规则》第 17 条规定，为传唤证人出庭，由书记官签发传票并加盖法院印章，传票上注明法院名称和案由，命令被传唤人在指定的时间、地点出庭作证。意大利《刑事诉讼法典》规定，当事人如果需要询问证人、鉴定人或者技术顾问的，应当在法律规定的期限内向法院提交有关人员的名单，院长以命令的形式予以批准传唤。五是告知法庭组成人员或者陪审员名单。根据法国《刑事诉讼法典》的规定，法院应当至迟在开庭前 2 日内，向每一名被告人送达附以说明的陪审员名单,方便被告人能及时了解陪审员的情况。在庭前程序中告知法庭组成人员或陪审员名单,主要目的在于让当事人及时提出回避和对陪审员进行筛选,以充分保障当事人的回避权及陪审团审判的公正性。

注 释

[1] 陈金钊:《法律程序中的仪式及意义——伯尔曼〈法律与宗教〉评析》,《法律科学》1994 年第 5 期。

[2] 马贵翔:《刑事诉讼结构的效率改造》,中国人民公安大学出版社 2003 年版,第 26 页。

[3] 谢佑平:《刑事司法程序的一般理论》,复旦大学出版社 2003 年版,第 69—70 页。

[4] 该条规定:"在审理和判决时,无罪推定原则要求法官对诉讼双方公正不倚。为了使这种公正确实存在,必须严格区分起诉职能与审判职能。因此,负责判决的法官必须是未参与预审的法官。最可取的办法是负责判决的法官不应与接收对嫌疑人的起诉的法官为同一人。"

[5] [日]谷口安平:《程序的正义与诉讼》(增补本),王亚新、刘荣军译,中国政法大学出版社 2002 年版,第 11 页。

[6] 季卫东:《程序比较论》,《比较法研究》1993 年第 1 期。

[7] 闵春雷:《刑事庭前程序研究》,《中外法学》2007 年第 2 期。

[8] 陈瑞华:《刑事审判程序价值论(上)》,《政法论坛》1995 年第 5 期。

[9] [美]罗尔斯:《正义论》,何怀宏等译,中国社会科学出版社 1988 年版,第 3 页。

[10] 谢佑平:《刑事程序法哲学》,中国检察出版社 2010 年版,第 21 页。

[11] 张进德:《刑事审判上的预断排除原则研究》,载陈光中主编:《诉讼法论丛》第 10 卷,法律出版社 2005 年版,第 90 页。

[12] 莫丹谊:《试析日本刑事诉讼中的预断排除原则》,《现代法学》1996 年第 4 期。

[13] 李莉:《论刑事证据的证据能力对证明力的影响》,《中外法学》1999 年第 4 期。

[14] 蔡墩铭:《刑事诉讼法论》,台湾五南图书出版社公司 1993 年版,第 209 页。

[15] 英国文化委员会:《英国法律周专辑——中英法律介绍》,法律出版社、博慧出版社 1999 年版,第 120 页。

[16] 马贵翔:《刑事诉讼结构的效率改造》,中国人民公安大学出版社 2003 年版,第 13—15 页。

[17]《中国大百科全书·法学卷》,中国大百科全书出版社1984年版,第29页。

[18] 陈卫东、刘计划:《论集中审理原则与合议庭功能的强化——兼评〈关于人民法院合议庭工作的若干规定〉》,《中国法学》2003年第1期。

[19] 马贵翔:《刑事诉讼结构的效率改造》,中国人民公安大学出版社2003年版,第98页。

[20] 张小玲:《刑事诉讼中的"程序分流"》,《政法论坛》2003年第2期。

[21] 郝银钟:《刑事诉讼目的双重论之反思与重构》,《法学》2005年第8期。

[22] 谢佑平、万毅:《困境与进路:司法审查原则与中国审前程序改革》,《四川师范大学学报》(社会科学版)2004年第3期。

[23] 樊崇义主编:《刑事诉讼法学》,中国政法大学出版社1996年版,第83页。

[24] 张智辉:《公诉权论》,《中国法学》2006年第6期。

[25] 陈瑞华:《司法权的性质——以刑事司法为范例的分析》,《法学研究》2000年第5期。

[26] Roger J. Traynor, *Ground Lost and Found in Criminal Discovery*, 39 N.Y.U.L. Rev.228, 249(1964).

[27] 梁玉霞:《比较:刑事证据开示的基础》,《法律科学》2001年第3期。

[28] 龙宗智:《刑事诉讼中的证据开示制度研究》上,《政法论坛》1998年第1期。

[29] 陈瑞华:《比较刑事诉讼法》,中国人民大学出版社2010年版,第397—399页。

[30] 姜涛:《刑事程序分流研究》,人民法院出版社2007年版,第43—44页。

[31] 陈瑞华:《比较刑事诉讼法》,中国人民大学出版社2010年版,第426页。

第三章
刑事庭前程序的比较法分析

“接受外国法律制度的问题并不是一个国家性的问题，而是一个简单明了的合目的性和需要的问题。”[1] 考察一些国家和地区有关刑事庭前程序的规定，不是为了简单的制度模仿，更重要的在于通过比较不同国家和地区丰富多彩的制度表现形式，来借鉴相关理论及司法实践中的成功做法，将其创造性地、有选择性地融入我国刑事庭前程序的构建。由于诉讼传统、价值理念和法律文化等多方面因素的影响，世界上几乎不存在庭前程序设置完全相同的国家。但是，作为刑事诉讼程序中一个不可或缺的部分，刑事庭前程序的性质与该国整个刑事诉讼程序的性质和诉讼模式应当是一致的。因此，以刑事诉讼模式为划分标准，对当今世界刑事诉讼典型模式下不同国家庭前程序的具体制度和特点进行比较，更有利于我们对各国刑事庭前程序形成正确的认识和理解。

第一节　当事人主义诉讼模式下的刑事庭前程序

一、 英国刑事庭前程序[2]

(一) 移交审判(Committal For Trial)

在英国，对于法律规定的可诉罪，公诉方必须先将案件起诉到治安法院，由治安法院审查决定对被告人的起诉是否适当，是否有必要将该案件移交刑事法院审判，从而保障被告人免受无端的追诉。移交审判程序不属于审判程序，在这个程序中被告人没有作有罪或无罪答辩的机会，法官也不会对被告人是否有罪作出裁断。该程序主要包括以下内容：

1. 移交审判程序的权力主体

在英国，曾有过大陪审团和治安法官都可以对可诉罪案件进行审查的历史。但是，到了 20 世纪三四十年代英国废除了大陪审团制度后，治安法院的治安法官成为了有权对公诉进行审查的唯一主体。治安法官在英国刑事司法中起着举足轻重的作用。根据被引用的数字显示，治安法官审理的案件占英国刑事案件的绝大多数，整个刑事案件的 95%—97%是由治安法官审理的，刑事法院审理的案件不到整个刑事案件的 3%—5%。[3]治安法院有两种类型的治安法官：非专业治安法官（Lay Magistrate）和领薪治安法官（Stipendiary Magistrate）。前者工作是没有薪水的，其历史至少可以追溯到 12 世纪，在审理案件时一般由 3 名法官组成合议庭；后者属于专业法官，1995 年《司法准入法》将其更名为地区法官，其历史远远短于非专业治安法官，在审理时通常独任审判。除地区法官独任审判这一权力外，两者的其他权力并没有十分严格的区别。“然而地区法官倾向于被分配给涉及复杂的法律或证据的案件，更长和/或相互联系的案件以及那些涉及公共安全考虑、公共利益豁免适用和引渡案件。”[4]在英国，治安法官曾有过广泛的司法和行政权力，后这些权力被削减。如今治安法官的权力虽不如从前，但是在刑事法律执行中依然扮演着重要角色。概括之，他们的职责主要包括以下几项：签发司法令状，对重大侦查行为进行司法审查；对可诉罪进行审查以确定是否移交刑事法院审判；对简易罪的审判；对未成年人犯罪的审判等。其中，对可诉罪进行审查是英国治安法官的一项重要职能。

2. 移交审判程序的适用范围

绝大多数的可诉罪案件在移送刑事法院审判前，都要经过治安法官的审查批准。但是，下列情况可以不经过移交审判程序直接移送到刑事法院：(1)根据 1987 年《刑事审判法》，在严重而复杂的欺诈案中实行“移送通知”；(2)根据 1991 年《刑事审判法》，涉及儿童证人的特定案件中实行“移送通知”；(3)根据 1933 年《司法管理(综合条款)法》，高等法院法官作出的强制起诉状指令，即高等法院法官命令以起诉书审判被指控人。此外，值得注意的是，1998 年《犯罪与违反秩序法》的实施使得移交体系发生重要变化。该法第 51 条确定了只能以起诉书审判的犯罪和与它们关联的犯罪，必须从治安法院的预备听审中立即被移送刑事法院，而无需进行移交程序。由此可以看出，英国移交审判程序的适用范围显著地缩小了。

3. 移交审判程序的运作

在英国，1996 年《刑事诉讼与侦查法》实施以前，移交审判程序中治安法官对可诉罪进行审查有言辞模式和书面模式两种。1996 年取消言辞模式后，治安法官只需对向法庭提交的书面陈述进行审查即可。根据是否对证据进行审查，移交审判程序分为两种：一种是不考虑证据的移交(committals without consideration of the evidence)，即治安法官不需要审查任何证据就可以直接将案件移交刑事法院审判。前提条件是，被指控者(如果不止一个被指控人，每一个被指控人)在案件中都有为他服务的律师，并且被指控人的律师没有提出无案可答。也就是说，被指控人获得了律师的帮助，而律师在取得控方提交的有关本方证据的复印件后认为控方的证据足以证明将被指控人移送刑事法院审判是合理的。因此，不考虑证据的移交是一种纯粹的程式，是典型的程序性审查。另一种是考虑证据的移交(committals with consideration of the evidence)，即治安法官在对证据进行审查后，才能作出是否将案件交付刑事法院审判的决定。其适用的前提条件是，被指控人（或其中一人）在案件中没有为他辩护的律师；或者被指控人（或其中一人）的律师要求法院考虑无案可答的提议，也就是被指控人的律师请求治安法官考虑，控方证据并不充分，不足以将该案件移送审判。

当被指控者被传唤入被告席并向他宣读了指控时，考虑证据的移交的程序就开始了。[5]如果控方想改变指控（通过添加新的指控，或者不进行原来的指控），可以向合议庭解释。任何额外的指控都要被写成文字并交给助理，并向被指控者宣读。在提出书面证据之前，检察官有权概述案件并解释相关的法律点。证据可以全文宣读，或经法院允许后简要叙述。治安法院可以审阅任何原始证据并作保留。在整个移交过程中，不传唤证人，也不记录任何宣誓证词。辩方不能提出任何证据。然后被指控人提出无案可答的提议，如果他这么做，或者法院有意不予移交，检察官有权应答。辩方提出无案件可答，对审查法官来说，需要考虑的问题是证据是否披露了有关可控诉罪行的表面上的案件。接着，治安法院就可以作出关于是否将被指控人移送刑事法院审判的决定了。

4. 移交审判程序的终结

治安法官在对被指控人的陈述和证据进行审查后，认为有足够证据将被指控人交付刑事法院审判的，应当决定将案件交付审判。所谓“有足够证据”，在证明标准上体现为“案件表面上成立”，仅仅要求有表面证据（prima facie evidence）证明犯罪即可。治安法院可以采取两种方式将被指控人交付审判：一种是将他交付羁押，到法律规定的时间再移送；或者依照有关保释的规定对被指控人予以保释，指示其在特定的时间到庭。治安法官还应当确定移送起诉的法院，通知证人在指定的日期到庭作证，并移送包括起诉书、被指控人供述、证人名单、证人证言和其他证据清单的案卷。如果没有任何证据来证明犯罪的构成要素或者控方的证据明显不可信导致任何一个理性的法庭都不能据以形成有罪的确信时,治安法官就会驳回指控,并决定释放被羁押的被指控人。移交审判程序的释放所引起的法律效果不等同于宣告无罪。因为,移交程序释放后的被指控人可以因相同的一项或者数项罪行被控方提出新的指控;但对于被无罪判决的被告人而言,他绝对不会因同一罪行而再次受到审判。

(二)证据开示

英国刑事审判的一大重要特色就是控方有将在他控制之下的证据向辩方披露的义务,理由在于尽可能地在指控人和被指控人之间达到"平等武装",努力确保被指控人接受公平的审判。因此,多年来英国专门针对证据开示的规定出现了很多,直到1996年《刑事诉讼与侦查法》颁布后,证据开示制度才有了更为具体和完整的规定。长期以来,英国刑事证据开示主要是在移交审判程序中进行的,证据开示主要可以分为以下几个阶段:

1. 控方的初次开示(primary prosecution disclosure)

1996年《刑事诉讼与侦查法》第3条要求控方向被指控人披露以前没有披露的材料,如果在控方看来"它可能削弱控方对被指控人的案件"。也就是说,控方在这个阶段开示的通常是其认为有可能削弱指控的材料,这些材料很有可能也不会在审判中被控方使用。控方的初次开示是一个带有主观性的证据开示义务,是否开示以及开示什么,基本上都取决于控方。控方开示的时候应当保证制作该材料的复制件并且将复制件送交被指控人,或者允许被指控人在合理的时间和地点查阅这些材料,并且在必要时还要采取相应措施保证允许其查阅这些材料。如果控方认为某一材料涉及公共利益不应予以开示,可向法庭提出申请,并由法庭发出该证据不予开示的命令。控方初次开示的目的是保障被指控人更好地行使辩护权,保证案件的客观公正。

2. 辩方的证据开示(disclosure by the accused)

根据2003年《刑事审判法》和1996年《刑事诉讼与侦查法》的相关

规定，一旦控方完成初次开示并且案件被提交到刑事法院正式审判前，辩方必须向法院和检察官提交一份辩护陈述。辩方陈述书是一种书面陈述，内容包括：阐明被告人辩护的性质，包括被告人打算依赖的任何特别辩护；指明他与控方在事实方面有争议的事项；就每一事项，阐明与控方发生争议的理由；以及指明他想提出的法律问题，及其准备依赖的法律依据。如果辩护陈述中含有不在现场的证据，那么被告人必须在陈述中提供不在现场的证据的细节。辩方提交辩护陈述是有时间限制的，它必须在检察官完成初次展示之后的 14 天之内进行。虽然辩方可以申请延期，以合理的理由说明他们不能在期限届满前提交，但申请必须在最后期限届满提出。

需要注意的是，辩方承担的证据开示义务不同于控方承担的初次开示义务。控方义务是披露无用的信息，即他们审判时不会使用的材料；而对辩方来说，其要披露的是将要在审判时出示和运用的证据，没有披露在审判时不使用的材料的义务。与此同时，辩方如果违反相应的证据开示义务，就有可能失去控方向其进行第二次证据开示的机会。并且，辩方如果没有开示本方应当开示的辩护陈述，或者超过法律规定的最后期限开示的，或者在庭审中提出的辩护理由与之前开示过的辩护陈述不一致的，或者辩护陈述中存在前后不一致的辩护意见，或者在辩护陈述中没有预先提供相关细节，却在庭审中提出不在犯罪现场的辩护，或者在庭审中要求传唤能证明被告人不在犯罪现场的证人，却在辩护陈述中没有提供这个证人的姓名和住址等情形的，陪审团或者法官可以因为辩方没有适当履行证据开示义务而作出对其不利的推论。[6]

3. 控方的第二次开示(the second disclosure)

一旦辩方提交了本方的辩护陈述，检察官必须向被指控人开示任何此前尚未开示的控方材料，只要这些材料“可以被合理地期望有助于被告人的辩护”。如果没有这种材料，检察官必须向被指控人给出一份能达到此效果的陈述。检察官这一方面的义务由《实务守则》(Code of Practice)科予侦查人员的义务所补充,即要求侦查人员再次检查保留的材料,并使检察官注意任何通过辩护陈述揭示的可能对辩方有帮助的材料。控方的第二次开示方式和第一次开示的方式相同,并且也有同样的例外。但是和第一次开示相比,控方的第二次开示具有客观的标准,即任何被合理地预期有助于被告人辩护的控方材料。辩方如果对控方的第二次开示不满意,可以向法庭提出重新加以审查的请求。值得注意的是,2003年《刑事审判法》在第五部分"证据开示"中,以一个新的单一客观标准代替了目前分两步要求控方向辩方开示其不使用的材料的标准,它规定起诉人应当开示先前并未开示而且被合理地认为可能会削弱控方案件或者有助于辩护案件的材料,控方应当继续向辩方开示符合新标准的材料,以此代替控方的第二次开示。并且还特别规定,一旦收到辩方陈述书,起诉方应当审查本方材料,并且根据继续开示义务作出进一步的开示。[7]

4. 连续审查义务(continuing duty to review)

1996年《刑事诉讼与侦查法》第9条规定了检察官负有对证据开示问题的连续审查义务。如果在被指控人被宣告无罪和有罪之前的任何时候,检察官形成了存在可能削弱控方案件,或被合理地预期对被指控人的辩护有帮助的材料的观点时,那么这些材料必须在一旦合理可能的时候尽快开示给被指控人。这种连续审查的责任会在,比如当控方证人给出的证据与此前向警方作出的陈述有本质的不同时发挥作用。[8]

5. 法院对证据开示的司法审查

如果控辩双方在证据开示中出现争议,法官就要作为居中裁判者作出决定。这样的情况主要有:第一,被指控人提交答辩陈述后,如果认为控方没有向其开示可能会合理帮助其辩护的材料时,可以向法庭提出要求控方开示这些材料的申请。第二，无论是在控方的初次开示还是第二次开示阶段，检察官都可以事关公共利益为由，请求法院发布将某一材料排除于开示范围之外的命令，这就是“公共利益豁免”。对公共利益不利的材料和理由主要包括：与国家安全有关的；被机密托付的；与线人或便衣警察的身份或活动有关的；泄露用于警方监视的住所的位置的；泄露监视技术和其他侦查犯罪方法的；与儿童和年轻人有关的材料等。第三，法庭还有权对于辩方声称不能开示的所有行为进行评价，如果认为辩方对于某些证据材料应当开示而没有开示的话，法庭可以对此作出不利于辩方的推论。

（三）答辩和指导听审（Plea and Directions Hearing）

为保证从治安法院移送到刑事法院审判的案件已经做好了任何必要的准备，1995年，英国新设立了一项答辩和指导听审程序（PDH），这项程序已经成为除严重诈骗之外的所有案件的必经程序，可以由主持审判的法官之外的一名法官来进行。在PDH中，被告人被治安法院移送审判后，法官在指定时间进行听审。辩方必须提供一份完整的他们要求出席审判的控方证人名单，控辩双方都必须向法院和各方提交一份要寻求法院指令的议题的摘要，同时指出所依赖的理由。对于严重、复杂或冗长的案件，控方必须准备一份摘要以供法官使用。如果被告人作出有罪答辩的话，法官就应当直接考虑有关量刑问题。如果被告人作出无罪答辩或者其答辩不能被控方接受时，法官应当通知控辩双方提交以下事项：案件中的问题（包括任何关于被告人或任何证人的精神或身体状况的问题）；证据将在法庭前提交的证人的数目；任何证据或时间表；可能被传唤的控方证人的顺序；任何预期的法律问题，任何证据可采性的问题，以及任何依赖的原因；应当已经披露的不在犯罪现场的证据；任何通过直播的电视连接或以事先录像会谈的方式给出儿童证据的申请；审判的预计长度；证人和律师有空的日期。法官在了解了这些信息后就能够确定合适的日期并作出其他适当的指令，同时，控辩双方有了指令后能够更好地为审判做准备。

为了不削弱PDH的价值和有效性，1996年《刑事诉讼与侦查法》作出新规定，主持PDH的法官可以根据控辩双方的申请，或自行就关于证据可采性的任何问题或任何与案件有关的法律问题作出裁定。这种裁定一旦作出，在陪审团作出裁决或者检察官决定不再进行诉讼之前都具有约束力，除非主持审判的法官根据控辩双方的请求或者按照司法的利益对此加以撤销或变更。这一改革保证了PDH的重要性，使得控辩双方必须认真对待。

（四）预备听审(Preliminary Inquiry)

1996年《刑事诉讼与侦查法》针对长期和复杂的案件增设了预备听审程序。根据该法第29条规定，在陪审团宣誓之前，刑事法院的法官认为起诉书表明案件复杂或者案件的审判时间可能很长（除欺诈案件或类似复杂性或严重性的案件），可以根据公诉人或者被告人任何一方的申请签发预备听审的命令，也可以根据自己的动议进行预备听审，其目的在于确认可能对陪审团裁决具有实质性的事项；帮助陪审团理解这样的任何事项；加速陪审团面前的程序；帮助法官管理审判。

如果法官决定预备听审的，审判就从预备听审开始。如果事先进行过答辩和知道听审程序的，就不再进行传讯和答辩；如果是直接进入预备听审程序的，听审开始之前还应当首先进行传讯和答辩。在预备听审中，法官可以命令控辩双方以书面形式进行信息披露和争点整理。首先由控方进行披露，控方需要向法庭和被告人提交一份包含案件主要事实、所有证据、适用法律、涉嫌罪名和处罚建议的书面陈述，以及以对法官来说有利于陪审团理解的形式准备的公诉证据和解释材料。如果被告人对公诉人提交的书面陈述有异议，公诉人应当根据异议对书面陈述作法官认为合适的修正。公诉人还应当向法庭和被告人提供一份公诉人认为文件内容真实的和他同意的任何其他材料的书面通知。当公诉人按照法官的命令提供书面陈述后，法官可以命令被告人向法庭和公诉人提供一份书面陈述，列明辩护的性质和据以与控方交涉的主要事项。同时，被告人还要提供相关的书面通知，用来表明他对案件陈述的任何异议，以及他想采用的法律（包括任何与证据的可采性有关的法律）和他为实现这种目的所依据的授权。如果任何一方在法官的要求下没有进行陈述，那么陪审团会得出对其不利的结论，法官会得出对其不利的判断。当然，如果预备听审中的陈述与开庭时的陈述不一致的也会得到同样不利的结果。

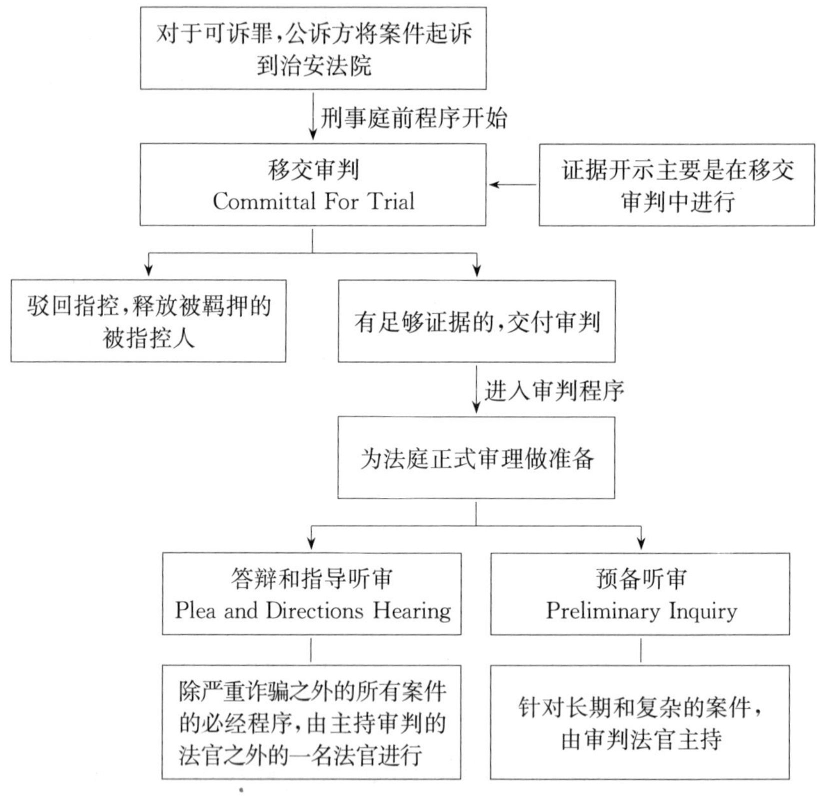

英国刑事庭前程序示意图

在预备听审中，控辩双方可以对证据可采性和与本案有关的任何法律问题提出各种动议，由法官作出裁定。法官的裁定在整个审判中都有约束力，除非法官根据控辩双方的申请，出于司法利益的需要而予以改变或撤销。对在预备听审中法官作出的裁定，控辩双方可以依法上诉，上诉的提出不影响预备听审的继续进行，但是只有到上诉被决定或者放弃时，才能开始陪审团审判。另外，法律还对新闻媒体报道预备听审作了严格的限制，防止可能在后面进行的审判中担任案件陪审员的人预先了解案件，从而产生先入为主的预断。

二、美国刑事庭前程序[9]

（一）预审（preliminary hearing）或大陪审团（grand jury）审查起诉

在美国，重罪案件经过初次到庭程序后便进入对证据进行审查以决定起诉是否正当的审查起诉阶段。如前所述，审查起诉有两种方式：治安法官的预审听证和大陪审团的审查起诉。美国各州法律不同，有些州取消了大陪审团制度，直接实行的是预审模式；有些州还是规定所有案件必须由大陪审团审查起诉，而联邦和其他一些州要求两种审查方式并用。不管采取何种方式，“美国检察官非经外部审查，不得向法院起诉”。[10]

1. 预审

根据《联邦刑事诉讼规则》规定，被告人被控以可由联邦治安法官审判的轻微罪行以外的罪行时，除非他放弃，否则有权要求预审。如果被告人放弃预审，治安法官须立即将被告人押至地区法院接受询问。如果被告人不放弃预审，治安法官应当安排预审进行的时间。如果被告人已经在押了，预审在任何情况下都不能晚于被告人初次聆听后 10 日；如果被告人没有在押，则不能迟于 20 日。预审的主要目的是查明是否存在相当理由来支持对被告人的指控。预审通常是由治安法官主持，[11]该治安法官通常不是后来主持实际审判的法官，检察官和被告人均应到庭，辩护律师也可以出庭，听审形式充分体现了抗辩性。检察官向法官出示考虑的证据，虽然不必出示所有指控被告人的证据，因为这个阶段不需要以排除合理怀疑来证罪，但其所出示的证据必须能使法官对指控信服。检察官通常会传唤控方关键证人出庭作证，被告方可以对控方证人进行交叉询问。被告方也可以提供己方证据，但并无义务这样做。因此，从这个意义上来说，预审程序实际上体现了证据开示的功能。美国各州对检察官是否得起诉的审查标准不一，一般而言分为"相当理由"(probable cause)与"证据之形式上有罪"(prima facie)两大类型。[12]虽然这两类审查标准在证明程度上高低不同，但总体来说，预审的证据标准比正式审判的证据标准要低。因为预审的目的并不是给被告人定罪，而只是检验被告人是否有足够的证据需要接受审判。当然，在某些情况下，预审并不是必需的，比如：被告人放弃预审权利的；[13]检察官在预审开始前撤销指控的；涉及轻罪犯罪案件的；检察官在预审前获得大陪审团起诉书的。[14]预审结束后，治安法官如果认为出示的证据有理由相信被告人犯了被指控的罪时，他就将把案件移送到下一个诉讼阶段。在允许检察官直接起诉的法域，案件将会移交到普通审判法院；在要求大陪审团起诉的法域，案件将交到大陪审团手中。如果治安法官认为出示的证据只能支持轻罪指控的，他将驳回重罪指控，允许检察官补充提起低一级指控。如果治安法官认为证据不能支持任何指控的，将驳回检察官的指控并释放被告人。控诉遭驳回后，如果检察官不服的话，可以提起上诉，或者重新进行控诉，或者取得大陪审团起诉书这三种方式进行救济。

2. 大陪审团审查起诉

在美国，联邦法及差不多一半的州规定重罪案件需经大陪审团审核之后才能起诉，其根本目的在于防止检察官滥行起诉。大陪审团有别于法庭审判时的小陪审团，前者通常由16至23名陪审员组成，作用是检验检察官是否有要求被告人接受审判的足够证据；后者一般由12名陪审员组成，任务是决定被告人是否有罪。大陪审团审查起诉与治安法官预审截然不同，它不是公开抗辩式的，而是一种秘密的、非对抗性的程序。大陪审员秘密进行工作，考虑检察官提交的证据。大陪审团可以自由地传唤它管辖区内的任何人担任证人。召集大陪审团的法院可以迫使证人作证或出示书面文件。在大陪审团面前必须宣誓作证。传闻证据和其他一般在法院不被采纳的证据不会被大陪审团考虑。大陪审团面前的证人享有拒绝回答可能自我归罪的问题的权利，但是排除规则不适用。大陪审团进行审查不列明被告人，因此，出现在大陪审团面前提供证言的人都是证人，即使一些证人可能被怀疑犯罪。[15]因为没有被告人，所以被指控者的权利在大陪审团场合并不适用。传统上，大陪审团庭审时不允许律师参与，但现在有些州作出了改变，允许大陪审团证人有律师相伴，前提是律师在场并不干涉大陪审团的工作能力。审查结束后，大陪审团在检察官不在场的情况下，按照少数服从多数的原则投票作出裁决。如果大多数大陪审员认为证据充分，则签署大陪审团起诉书（indictment），然后具结被告人审判，诉讼继续进行。反之，大陪审团没有签署起诉书，案件也并不必然结束，检察官可以在发现新的证据后重新启动大陪审团审查起诉程序。

美国对重罪案件的这两种审查起诉方式，虽然在程序和结构上存在着较大的差异，但是从制约起诉权、对案件进行“过滤”以提高诉讼效率以及保障人权的角度来说却具有共同性。但是，值得注意的是，有批评家认为，大陪审团的起诉审查只是为检察官的起诉签盖通行图章，而在治安法官的预审中，被告方经常不举证质证，使得预审程序的抗辩性很差。因此，即使是在高度倡导“程序正当”的美国，司法实践中对案件进行审查起诉也未必就是严格正当的，也会存在着形式化问题。

（二）传讯（arraignment）和答辩（plea）

经过预审和大陪审团审查之后批准起诉的，检察官对被告人提出的指控即成为正式指控。法院在收到正式起诉后，应当按照迅速及时的原则传唤被告人到庭。传讯应当在公开的法庭进行，被告人到庭后，法官应向被告人宣读检察官起诉书或大陪审团起诉书，并向被告人说明指控的性质，在告知被告人享有的诉讼权利后，要求被告人就指控的每一项犯罪进行答辩。根据《联邦刑事诉讼规则》第 11 条的规定，被告人可以作出三种答辩：有罪答辩、无罪答辩和不愿辩护也不承认有罪的答辩。如果被告人作有罪答辩，就意味着主动认罪，放弃了第五修正案反对自我归罪的权利和陪审团审判、进行交叉询问等所有审判权利。法律要求法官只有在确认被告人知道自己的权利，而且是在完全自愿基础上放弃自己权利时才能接受有罪答辩。具体来说，法官需要满足以下几项条件：第一，法官必须明确告知被告人，法律不要求他作有罪答辩，他有要求审判的权利，作有罪答辩是放弃自己权利的行为；第二，法官必须对案件作一定的核实，确信被告人的有罪答辩有一定的事实基础，即有证据证明被告人犯有他所承认的罪行；第三，法官必须告知被告人他享有律师权，在较严重的案件中，只有被告人有律师代理时，法院才会考虑接受被告人的有罪答辩；第四，法官必须告知被告人，他作有罪答辩后可能受到的最高刑罚。[16]一旦法官接受有罪答辩，诉讼程序就跳过正式庭审而直接进入量刑阶段，而且被告人一般不允许撤回答辩也不允许提起上诉，除非声称有违反正当法律程序的情形，比如答辩是非自愿的，律师的帮助无效等。如果被告作无罪答辩，法官应该尽快确定开庭日期，准备正式开庭审理。如果被告人拒绝答辩，或者如果被告法人未出庭，法庭应作为无罪答辩处理。不愿辩护也不承认有罪的答辩是指被告人不作有罪答辩也不作无罪答辩，而只是表示对犯罪指控不予辩护。就刑事程序而言，这种答辩与有罪答辩并无区别，而且必须征得检察官同意并经过法院批准；但如果被告人在刑事诉讼之后还面临民事诉讼的话，他在刑事诉讼中作出的不愿辩护也不承认有罪的答辩不能视为在民事诉讼中对不利事实的承认，也就是说，民事诉讼中的原告不能在民事诉讼中使用这一答辩，必须重新证明被告人犯有民事侵权行为。当然，这种答辩并不是随意的，根据《联邦刑事诉讼规则》第 11 条(b)的规定，被告人只有在法庭允许下才能作不愿辩护也不承认有罪的答辩。法庭只有在正当考虑双方当事人的意见和有效司法中的公共利益后，才能接受这样的答辩。

（三）控辩交易(plea bargaining)

在传讯和答辩程序中，被告人作出有罪答辩通常是控辩交易的结果。控辩交易是检察官与被告人或者被告人的辩护律师之间就被告人是否作出有罪答辩而进行的谈判和交易。在经历过治安法官的预审或者大陪审团的审查起诉后，控辩双方已经初步了解对方所掌握的证据，对庭审结果基本可以作出预测。被告人在律师的帮助下，对案件事实和可能的法庭审理结果作出评估后，为了避免在法庭上被证实有罪所带来的不利后果，与检察官达成协议，承认犯罪事实以换取指控或量刑的优惠。承担着较为严格的举证责任的控方在考量案件胜诉风险后，也比较愿意与被告人作出妥协以保证至少一个被指控的罪名能成立，避免正式庭审对其带来不利后果。因此，控辩交易达成和确定的最佳时期莫过于庭前程序这一诉讼阶段。《联邦刑事诉讼规则》将控辩交易程序规定在“传讯和准备审判”中就是有力的证明。根据该规则，检察官与辩护律师之间，或者在被告人自行进行辩护时，检察官与被告人之间可以进行讨论以达成协议，法庭不参加这样的讨论。通过协商，被告人对于被指控的犯罪，或者相对轻一点的犯罪作出承认有罪的答辩或者不愿意辩护也不承认有罪的答辩，检察官可以提议撤销其他指控，或者建议法庭判处被告人一定刑罚，或者不反对被告人对本案请求判处一定的刑罚。控辩双方达成控辩协议后，除有正当理由外，应当在传讯时或者在法庭确定的审判前的其他时间通知法庭存在控辩协议。如果法庭接受控辩协议，应当通知被告人，判决和量刑中会体现控辩协议中商定的有关处置。当然，法庭虽然接受有罪答辩，但是不能在没有调查查明答辩存在的事实基础上，仅仅依据答辩作出判决。而且法庭在接受协议之前，还要查明协议是否自愿，确保协议不是强迫、威胁的结果。如果法庭不愿意接受控辩协议，应当通知被告人不接受协议，同时记录在案。

（四）审前动议(pretrial motion)

审前动议指的是向法官提出的要求指令采取与案件有关的具体行为的请求，要求法官指令适用一种程序规则或证据规则以保护被告人权利，以解决证据可采性或者与审判程序有关的问题。动议往往是由被告人使用而作为保护自己权利的一种重要手段，但控方也可以提出动议以寻求法官对程序或证据的裁定。动议通常以书面辩护状的形式提出，提出动议的一方需说明申请动议的理由并引用相关的立法和判例进行分析，以说服法官确信法律和公平需要所请求的事项。对方律师可以通过辩护状对此作出反应。法官一般通过阅读辩护状作出裁定，对于案件很重要且法律问题不清楚的动议，法官可以指令口头辩论。还有一些，比如涉及隐匿非法证据的动议或者是反对兴奋表述例外的传闻证据动议，法官可能要求事实认定听审。审前动议一般是在传讯时或者此后尽可能快的时间内提出，法庭可以安排提出动议的时间，如果需要举行听审的，还要确定随后举行听审的日期。《联邦刑事诉讼规则》第 12 条(b)项规定下列辩解、异议或请求必须在审判前提出:对指控成立存在的缺陷所作的辩解和异议;对大陪审团起诉书或检察官起诉书的缺陷所作的辩解和异议;申请禁止证据;申请证据开示;申请将指控和被告人分开。也有美国学者总结了被告方提出的具有代表性的审前动议主要有以下几种:撤销搜查令的请求;排除证据的申请,比如自白;分案审理的申请;因迟延交付审判而驳回起诉的申请;排除非法证据的申请;要求对方披露证据的申请;认为案件在原审法院不能公正审理而要求变更审判法院的申请。[17]对于审前动议,法庭应当在审前作出裁定,除非法庭因具有适当理由,命令推迟至对总的争议作审判时或陪审团作出裁决前再作裁定。但如果对当事人上诉权有不利影响的,不能推迟裁定。当事人没有在审前对相关问题提出申请或异议的,视为放弃权利,日后不能作为上诉理由。在审前动议中,对证据可采性的裁定可能会使之前停顿了的答辩谈判继续进行,因为证据问题的解决能对宣告有罪或无罪的可能性产生很大的不同。

(五) 证据开示(disclosure)

就庭前程序阶段而言,美国刑事证据的开示主要发生在对案件的审查起诉和审前动议程序中。审查起诉中的证据开示主要是通过检察官向治安法官或者大陪审团展示能使其对指控信服的证据,被告人由此获悉控方证据,但此时被告人并无展示本方证据的义务。审前动议阶段是证据开示的主要阶段,控辩双方在正式庭审前所获得的证据,只要属于开示范围,都必须向对方披露开示,否则,另一方就可以通过提出审前动议申请,请求法庭裁定对方开示证据。证据开示的主要目的是防止法庭审理中的突然袭击,确保案件审理公正。虽然证据开示的方式、具体范围和程序规则在美国各个司法系统有所不同,但《联邦刑事诉讼规则》还是就庭前的证据开示作了相应的规定。根据该规则第16条"透露和审查"的规定,控方应当在开庭前向辩方开示以下证据:

被告人陈述；被告人的先前记录；文件和有形物品；检查、试验报告。检察官或其他政府机构制作的与案件的侦查、起诉有关的报告、备忘录或其他政府内部文件；控方证人或预期控方证人所作的陈述；大陪审团的记录程序都不属于控方证据开示范围。被告人应该展示的证据包括：文件和有形物品；检查和检验报告。不属于开示范围的是：被告人、被告人的律师、代理人所作的与案件的侦查或辩护有关的报告、备忘录或其他内部辩护文件，或者由被告人所作的陈述，或者由证人、预期证人所作的陈述。此外，《联邦刑事诉讼规则》第 12 条还规定了辩方对于“积极抗辩”的预先通知义务，即对于被告人不在犯罪现场的辩护、作精神病辩护或者专家关于被告人精神状况的证词以及以公共权利为由的辩护，不能只是简单地否认指控，而应以积极的主张证明对被告人的指控事实上不能成立或法律上不构成犯罪。[18]

（六）证据保全（evidence preservation）

证据保全是美国刑事庭前程序中又一项重要制度。由于特殊情况，从司法利益考虑，如果一方当事人预备提供的证人证词需要预先进行采证并保存到庭审中使用时，法庭可以根据该当事人的申请，命令对这一类证人的证词进行采证，并且命令展示那些不属于特权保密范围的材料。如果证人已被拘留，根据该证人的书面申请，在对有关当事人通知后，法庭可以命令对该证人采证。当证人在其书面证词上签名后，法庭就可以释放该证人。申请采证的一方当事人应当向所有当事人发出书面通知，告知采证的时间、地点。在实施证据保全时，被告人有在场权，如果被告人被羁押的，负责羁押的官员应当负责安排被告人在询问期间作为证人在场。采证应当以民事诉讼中规定的方式进行并保存，[19]但法庭可以规定附加条件，比如，非经作为一方当事人的被告人同意，不能获取该被告人的证词；询问和交叉询问的范围和方式应和审判时的要求相同。通过证据保全获取和固定下来后的证据，其效力不受传闻证据规则的约束。如果对保全的证词或者证据有异议的，应当在实施证据被保全时提出异议并阐明理由。在以后的审判或任何听证中，如果证人不能出庭或者证人所作证词与保全的证词不相同时，保全证词的一部分或全部都可以当作实物证据使用。

（七）庭前会议(pretrial conference)

庭前会议是从美国民事诉讼程序引入刑事诉讼程序中的，是刑事庭前程序中一个非常重要的内容。美国《联邦刑事诉讼规则》第 17.1 条为此专门作出规定："在提交大陪审团起诉书或检察官起诉书后，法庭根据当事人申请或自行裁量，可以命令召开一次或数次会议以考虑有助于促进审判公正和审判效率的事项。在会议结束时，法庭应对达成协议的事项准备和提交备忘录。会议中被告人或其律师所作的承诺，除非形成书面并由被告人和其律师签字，否则不能作为不利于被告的证据使用。本规则不适用被告人没有律师代表的案件。"由此可见，庭前会议指的是由法官召集的为案件开庭做准备的会议。会议旨在消除或缩小需要审理的问题以及分歧，期望至少在一些事实问题上能达成某些一致。是否召集这种会议取决于法官的自由裁量权，会议的参加者包括法官和当事人各方律师。会议达成的协议以书面形式作出，被告人及其律师签字同意后，对被告人具有约束力。[20]通过庭前会议的召开，可以督促当事人加快庭前准备进程，可以确定双方没有争议的证据和事实并明确双方争点，可以解决准备工作中出现的争议，还可以协商审判日期，这些都将确保庭审的集中审理，保证控辩平等，从而促进审判工作和提高审判效率。

此外，根据美国《联邦刑事诉讼规则》的相关规定，刑事庭前程序中还包括了对诉的合并和分离以及法庭签发传票等内容。

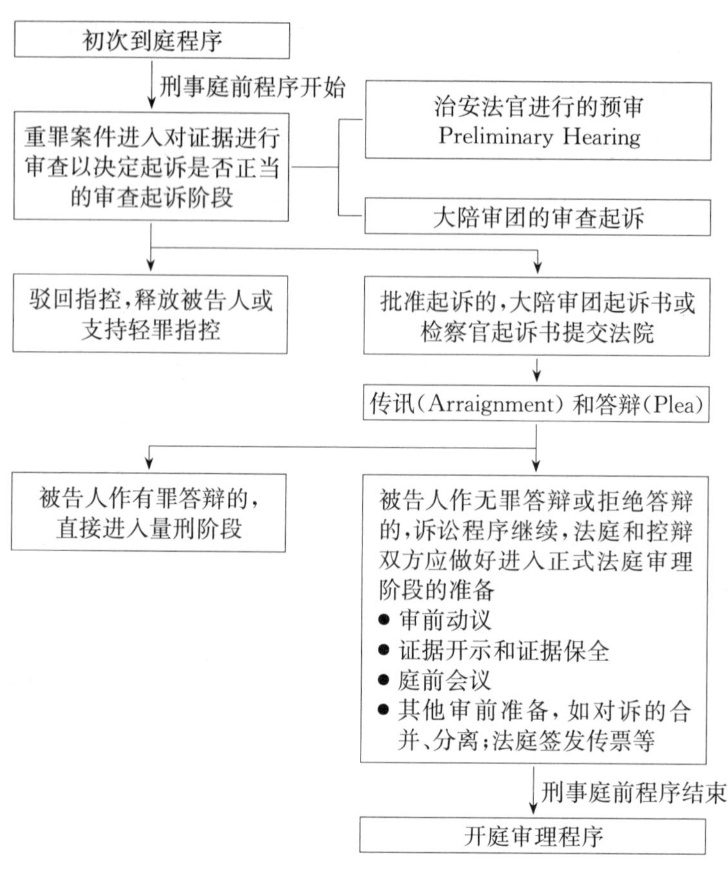

美国重罪案件刑事庭前程序示意图

第二节 职权主义诉讼模式下的刑事庭前程序

一、 法国刑事庭前程序[21]

在法国,并不是所有的刑事案件都是由法院直接受理的,重罪、某些轻罪和违警罪必须经过预审。而且,预审法官必须根据检察官的公诉书或者附带民事赔偿的原告的请求,才能开始预审。[22]预审的任务是收集犯罪证据,认定涉及某人的犯罪证据是否充分,从而决定是否应该将该人提交审判法庭进行审判。因此，就诉讼阶段而言，在法国刑事诉讼中，预审程序的开始就是刑事庭前程序的开始。

（一）预审程序

法国刑事诉讼长期实行两级预审制度：一级预审是由预审法官进行的预审，二级预审是由上诉法院起诉审查庭进行的预审。在法国，犯罪分为重罪、轻罪和违警罪三种。一般来说，重罪案件传统上必须经过二级预审才能被交付重罪法院审判；轻罪案件除了法律另有规定外，可以选择性进行预审；对于违警罪，只能根据检察官的请求进行预审。在一级预审中，预审的权力主体是预审法官。法国的预审法官是职权主义刑事诉讼模式的重要标志，法律地位具有双重性。正如法国学者指出："预审法官具有双重角色，作为侦查官员和作为法官。作为侦查官员，他必须搜集犯罪证据，查获犯罪人和制作审判卷宗；作为法官，他必须搜集有罪和无罪的证据。从法官角色来讲，他有权指挥警察、有权决定是否对某人进行侦查，在最近之前，他还有权决定是否将某人羁押或予以保释。此外，一旦卷宗制作完毕，他将对指控进行审查，在听取了检察官的陈述之后，决定是将案件移送该法院审判还是驳回案件。"[23]正是因为预审法官将"侦查权"和"裁判权"这两种性质不同的权力集于一身，容易导致诉讼职能的混淆和诉讼角色的错位，使得该制度长期以来饱受争议。虽然法国立法也一直试图在对预审法官进行改革，比如从 2000 年创设"自由与羁押法官"到 2007 年建立"预审合议制"，但是由于预审法官制度在法国根深蒂固，这些改革只能算是对预审法官权力加以限制和抗衡，并没有从根本上改变预审法官法律地位的双重性。与其他大陆法系国家对预审法官制度的改革相比，[24]"这种解决方法，在法国人看来，比德国和意大利那种彻底抛弃的'做法'要'宽容'得多……"。[25]根据法国《刑事诉讼法典》第 50 条规定："预审法官从法庭法官中任命，其方式与审判法官的提名相同。"因此，法官预审法官的资历和经验与审判法官并无差异。

预审法官接到检察官提交的公诉书后，首先应审查其对本案是否有管辖权。如果经审查认为对案件有管辖权的，就应当按照法律的规定进行一切他认为有助于查明事实的侦讯行为。预审法官受理案件后，有权对有形迹可以推定其参与了犯罪的任何人进行审查，但无权对检察官没有提出的事实进行侦查。如果预审法官发现有公诉书中没有提到的事实，应当立即将控告书和他所制作的笔录通知检察官。一般来说，预审法官在一级预审中可以采取以下行为：听取证人、被指控人等特定人员的陈述；采取搜查措施，对于其认为有利于查明事实真相的物品、文件或材料予以扣押，进行司法监听电话；对被指控人签发传唤通知书、拘传通知书、押票和逮捕令等执行文书凭证；决定司法监督等强制措施等。预审法官根据检察官的请求而进行的一级预审终结时，如果预审法官认为侦讯行为已经完成，不需要进行更多的侦查时，应终结侦查并对案件是否符合起诉条件作出裁定。如果预审法官认为对被指控人的证据不充分或者案件事实并不构成犯罪，应作出不予起诉的裁定，同时释放被采取临时羁押措施的被指控人。预审法官作出的不予起诉的裁定会导致公诉停止的效果，但对于因证据不足而裁定不起诉的，检察机关可以根据新的证据通过再次请求预审而重新启动公诉权。如果预审法官认为在侦查中所获得的证据可以证明被指控人的行为构成了犯罪，应作出向审判法庭移送案件的裁定。

上诉法院的起诉审查庭是二级预审法庭，每一个上诉法院都设立一个预审庭，由一名专职的庭长和两名法官组成，必要时可调用其他庭的法官。起诉审查庭主要有两个基本司法职能：一是通过对预审法官的裁判提出的上诉进行审理来对预审法官的活动进行监督；二是对重罪案件进行审查以决定是否交付审判。但是，法国 2000 年 6 月 15 日通过的《关于加强无罪推定及被害人权利保护的法律》对重罪案件的预审程序进行了改革,废除了重罪案件的二级预审制度,即重罪案件不再需要由上诉法院起诉审查庭进行预审,而是由预审法官预审后直接作出是否交付重罪法院审判的裁定;上诉法院的起诉审查庭改称为"上诉法院预审庭",该庭只有在针对预审法官的裁定提出上诉或者提审的例外情况下才有向重罪法院交付审判的权力。此项改革主要是建立重罪上诉制度的结果。[26]

对于法国传统刑事诉讼实行的二级预审,我国有学者认为:"在法国,预审分为两个阶段:一是由预审法官主持的初级预审;二是由上诉法院起诉审查庭主持的第二级预审。其中,初级预审是法国预审程序中的主体部分,属于典型的侦查程序,而第二级预审则是对重罪案件的初级预审进行的进一步审查。"[27]日本学者冈田朝太郎认为,"法国主义之预审者,其实质系搜查处分,其形式系审判事宜,因预审归判事行之。"[28]那么,法国刑事司法语境中的预审程序到底是否具有公诉审查功能呢,这对于研究法国刑事庭前程序来说是必须厘清的一个关键问题。就一级预审而言,预审法官收到检察官提交的公诉书后进行的搜查、扣押、鉴定等一系列行为的确具有侦查性质。但是,预审法官并不是为了帮助控方,他实施的侦查行为不具有追诉性,因为他不仅要收集不利于被告人的证据,还要收集有利于被告人的证据,其目的是为了彻底查清案件的事实真相,确保对案件能否提交法庭审判作出正确判断。因此,对于上述我国学者认为一级预审是典型侦查程序的观点,笔者不敢苟同。一级预审的最终目的是为了作出是否移送审判法院的裁定,预审法官对案件进行侦查只是为后面作审查起诉服务的。预审法官不受检察官所提供的证据的限制,其依职权收集任何有利于查明事实真相的证据是为了能对预审结果作出独立正确的判断。因此,法国的一级预审更应当是一种公诉审查程序,这种程序融合了对真实的发现和对法律的评断。但是值得注意的是,作为一种对公诉进行审查的程序，法国的一级预审有几点是值得注意的：首先，预审法官和审判法官是相分离的，也就是说，预审法官不得参与预审过的案件的开庭审理，这就在一定程度上排除了法官预断的产生。其次，根据《法国刑事诉讼法典》第 11 条规定："除法律另有规定的外，侦查和预审程序一律秘密进行，并不得损害犯罪嫌疑人的权力"，因此，一级预审不具有对席性质，其过程是秘密的。再次，预审法官在对案件进行审查时，确信对被指控人的指控有足够的证据时才能作出相应的裁决，因此，预审法官在审查起诉时所适用的证据标准远远高于检察官决定起诉时所适用的标准，前者实际上相当于审判法庭作出有罪判决时的标准。对于法国的二级预审，2000 年之前，上诉法院的起诉审查庭的一项重要职责就是对预审法官预审后的重罪案件从程序和实体两个方面作进一步的审查，以确定是否需将重罪案件移送重罪审判庭。毫无疑问，这样的预审充分体现了起诉审查的性质。然而，2000 年新法设立了重罪上诉制度，取消了二级预审法庭的起诉审查职能，改由预审法官直接向重罪法庭提出起诉决定书，这从另一个侧面也反映出一级预审中预审法官承担的是公诉审查职能。

（二）重罪法庭开庭的预备程序

根据《法国刑事诉讼法典》的规定，预审程序结束后就进入审判程序。法国的法庭审判有重罪法庭、轻罪法庭和违警罪法庭这三种主要的法庭审判形式。法律仅对重罪法庭规定了较为详细的开庭预备程序，并将预备活动分为强制性诉讼活动和任意性诉讼活动。

1. 强制性诉讼活动

（1）移送被告人及证据。起诉书一经最终确定，就要将移送起诉的裁定送达被告人，此项裁定的副本应该留给被告人。如果被告人被羁押的，移送起诉裁定应当送达被告人本人；如果被告人没有被羁押，移送起诉裁定由执达员送达。送达起诉裁定后，应当立即将被羁押的被告人解送到重罪法庭开庭地的看守所。另外,如果重罪法庭书记室没有设立在预审法官所在的法院,应当将所有物证开具清单,移送重罪法院书记室。

(2) 讯问被告人。被告人被押送到看守所、证据被转移到书记室后,重罪法庭审判长或者审判长授权一名本法庭审判法官,在最短期限内讯问被告人,查明被告人的身份,并核实被告人已经收到送达的起诉决定书。如果被告人的自由并未受到限制,应当签发羁押令,然后进行讯问。讯问至迟应当在法庭开庭辩论前的 5 日内进行,被告人和其律师可以放弃此项期限。讯问中不得要求被告人对本案实体问题进行解释,如果被告人不会说或者听不懂法语,应借助翻译。

(3) 确定辩护人。重罪法庭应提请被告人选任一名律师,以帮助其辩护。如果被告人不选任,审判长应当依职权为其指定一名律师。如果被告人其后又要求自己选任,那么指定失效。作为例外情况,审判长可以批准重罪被告人请一名亲属或朋友作辅助辩护人。

(4) 送达证人名单。在法庭正式开庭 24 小时前,检察院及民事当事人应当把自己希望传唤的证人和鉴定人名单送达被告人;被告人也应当把自己希望传唤的证人和鉴定人名单通知检察院,以及在必要时送达民事当事人。送达通知书中应载明证人或鉴定人的姓名、职业和住所。

(5) 送达陪审员名单。法庭应当至迟在开庭前 2 日内,将陪审员名单送达每一名被告人。名单应当附以说明,以便被告人能够了解陪审员的有关情况,但对陪审员的住所地址应当保密。

(6) 制作笔录。完成上述程序后,应制作笔录,以兹见证。笔录由审判长或其委派的代表、书记员、被告人等签字。如果被告人不会签字或者不肯签字的,笔录中应当予以载明。

2. 任意性诉讼活动

(1) 补充侦查。审判长如果认为预审尚不完备或者预审终结后又发现新的证据材料,可以决定进行其认为任何有益的侦查行为。这种侦查活动由审判长、审判员或者审判长授权的预审法官进行。补充侦查的笔录以及补充侦查过程中收集的其他证据材料或文件，应存放于书记室并附于案卷。书记员应当将保管情况通知检察院和双方当事人，以便其来查阅。检察院可以调阅案卷，但应在24小时内归还。

（2）审理裁定。对于不同的被告人因同一重罪作出多项移送重罪法庭审判的裁定，或者对于同一被告人因不同犯罪作出多项起诉裁定的情况下，审判长可以依照职权或者根据检察院的要求，裁定合并审理。如果起诉裁定中的罪行是多个无关联的罪行，审判长可以依照职权或者根据检察院的要求，决定立即只就其中一个或者若干个罪行进行审理。对于已经列入开庭期审理的案件，审判长如果认为尚未准备就绪而难以审结的，可以依据职权或者根据检察院的要求决定将该案件延至另一个开庭期审理。

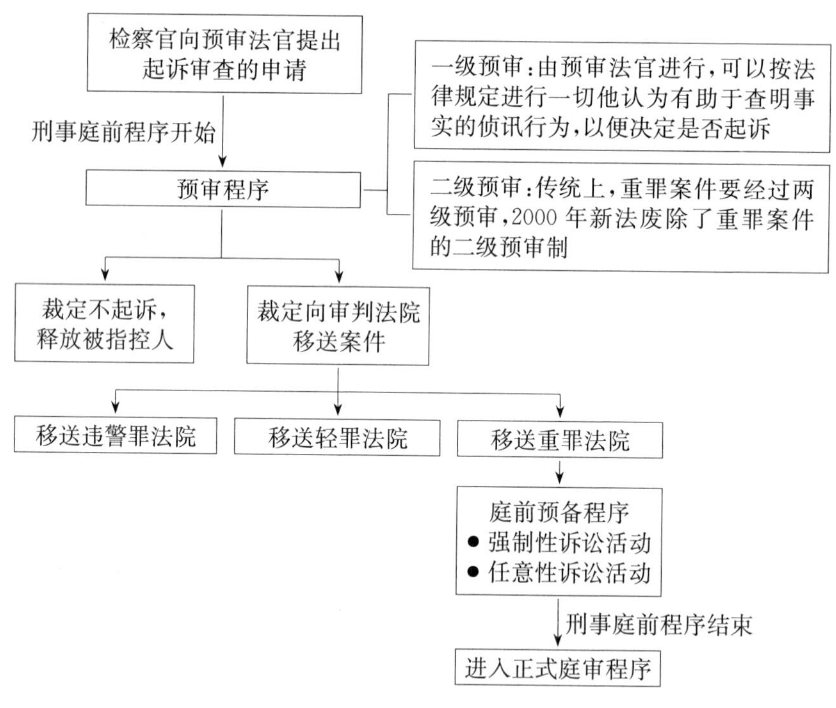

法国刑事庭前程序示意图

二、德国刑事庭前程序[29]

大陆法系另一个代表性国家是德国，其刑事诉讼程序主要分为三个阶段：侦查程序、中间程序和主要程序，之后是刑罚的执行阶段。侦查程序和中间程序的划分以检察官提起公诉为界限。根据《德国刑事诉讼法典》的规定，对于特定轻罪，检察院根据侦查结果认为无审判必要的，可以提出不经过审判以书面处罚令处理的申请；对于案情简单或者证据清楚适宜立即审理的案件，可以不经过中间程序，由检察院以书面或者口头方式申请以简易程序判决；对于其他案件，则适用普通审判程序，在不存在中止诉讼程序的情况下，侦查终结后有足够的理由提起公诉时，检察官应向法院提起公诉，案件就进入中间程序。从诉讼阶段意义上说，德国中间程序的开始拉开了庭前程序的帷幕。经过中间程序后，由法院对是否应开启审判程序作出裁定。法院决定进入主要程序，即审判程序的，《德国刑事诉讼法》还专门规定了审判程序的准备阶段。因此，中间程序和审判程序的准备阶段是德国庭前程序的主要内容。

（一）中间程序

1. 开启

中间程序是德国刑事诉讼的一个独立的诉讼阶段，其介于侦查起诉程序和法庭审判程序之间。《德国刑事诉讼法典》第四章"裁判是否开始审判程序"对此作出专门的规定。根据该法典第170条和第199条，侦查程序终结时，侦查结果如果显示出足够需要提起公诉的理由时，检察院应当向对案件拥有管辖权的法院提起公诉；否则，检察院就应当停止程序。起诉书应当包括要求开始审判程序的申请，将案卷连同申请一并提交法院。因此，中间程序是以检察机关提起公诉为开始的标志。

2. 进行

根据《德国刑事诉讼法典》第200条的规定，检察官递交的起诉书应当写明被指控人、对他进行指控的行为、犯罪行为的法定特征、实施行为的时间与地点、适用的处罚规定等。此外，起诉书还要写明相关的证据、主要的侦查结果以及负责开庭审判的法庭与辩护人。由此可见，德国刑事诉讼在公诉案卷移送方式上采用的是案卷移送方式，即检察官在提起公诉时不仅要递呈起诉书，还需要将案卷材料和证据等一并呈交。正因为检察官采用了案卷移送的起诉方式，到了中间程序中，法院所进行的审查就不可能是纯粹的形式审查，而是具有较为典型的实体性审查的特征。这也导致德国刑事诉讼法中并未单独规定证据开示制度和程序。

在德国的中间程序中，法院的权力独立于对刑事起诉负责的机关，这种程序禁止旁听。[30] 事实上，法院在收到检察院提交的起诉书后，在业务部门进行登记审查后，按不同情况送到相关的审判庭。审判庭的首席法官就会按照规定指派一名职业法官进行阅卷，并安排向被告人送达起诉书，要求被告人在规定期限内作出是否在正式裁判之前要申请调取一定的证据的表示，或者对审判程序的开始提出异议。被告人提出申请或异议的，由法院作出裁定，对法院的裁定不得提出异议。阅卷法官在审查过程中，为了使案情更清楚明白，可以命令收集一定的证据，进行补充侦查。被告人没有委托辩护人的，如有必要，审判庭还要为被告人指定一名义务(强制)辩护人。阅卷完毕后，审判庭召开一个只有职业法官参加的评议会，由阅卷法官向法庭报告审查结果，然后，法庭就投票决定是否应当进入庭审程序，阅卷法官在投票时不回避且有投票权。法庭根据投票结果作出开始或不开始审判程序的裁定。[31]

3. 裁判

如果侦查结果表明被告人对一犯罪行为有“充分的犯罪嫌疑”时，法院裁定开始审判程序。所谓“充分的犯罪嫌疑”，根据德国学者的解释，“亦即其极有可能会被判有罪……充分的犯罪嫌疑当然只对犯罪问题有其适用。法院对诉讼要件之成立，以及犯罪行为之可罚性需达确信的程度。”[32] 在开始审判程序的裁定中，法院明确准予就起诉进行审判，写明负责审判的法庭，并对被告人是否继续羁押作出决定。根据《德国刑事诉讼法典》第207.2条的规定："在下列情况下，法院应在裁定书中写明是在作了哪些变更的情况下准予就起诉进行审判的：因为数个行为提起了公诉，对其中的个别行为拒绝开始审判程序；依照第154.a条将追诉范围限制在可分割的行为部分上，或者这类行为部分又被重新纳入程序；对行为的法律认定与起诉书有歧义，或者依照第154.a条将追诉范围限制在以同一犯罪行为实施的数个违法情况之个别情况上，或者这类个别情况又被重新纳入程序。对前两种情况，法院依法变更某些指控的，检察院要提交与裁定相应的新起诉书，但起诉书中可以不必写明主要侦查结果。"收到起诉书的法院，如果认为它辖区内的更低级别法院对案件有管辖权时，可以在该法院开始审判程序；如果认为自己所系属其辖区的更高级别法院对案件有管辖权时，通过检察院将案卷移送该法院决定。

法院经过审查后，有下列情形之一时，应当作出拒绝开始审判程序或者说不开始审判程序的裁定：法院基于事实或法律理由认为，被告人的行为可能会判决无罪；基于起诉便宜原则，在检察机关和被告人均同意的前提下裁定中止诉讼的；在被告人缺席或者出现精神病等暂时性障碍时，诉讼中止。如果被告人羁押的，法院在作出不开始审判程序或者确定中止诉讼程序的裁定时，应当裁定立即解决羁押或者收容观察。[33]法院裁定拒绝开始审判程序的，裁定书应当写明是依据事实还是法律方面的原因作出的，并将裁定通知被告人。

4. 法律救济

根据《德国刑事诉讼法典》第210条和第211条的规定，对于法院作出的开始审判程序的裁定，被告人不得要求撤销。不服拒绝开始审判程序的裁定，或者不服偏离检察院的申请，宣布案件系属更低级别法院管辖的裁定，检察院有权立即抗告。如果检察机关的抗告获得支持，则接受抗告的法院有权裁定将案件是否交由原审法院审判，或者其他法院，或者其他法庭，或者同一审级的相邻法院审判。拒绝开始审判程序的裁定，在抗告期间内检察机关没有提起抗告的，或者所提起的抗告被驳回的，该裁定即发生法律效力。以不能撤销的裁定拒绝开始审判程序后，检察机关只有依据新的事实或者新的证据才能就同一事实再行起诉。

5. 法律意义

德国为什么要在刑事诉讼中设置一个中间程序呢？追溯德国刑事诉讼法的历史发展，德国与法国是两个有着密切“血缘关系”的国家，1877 年德国制定的《刑事诉讼法典》直接来源于 1808 年的《法国刑事诉讼法典》，该法借鉴了与法国大体相同的预审程序和预审法官制度。但是，在法国遭受激烈批评的预审法官制度在德国受到同样的批判。和法国不同的是，德国在二十世纪五六十年代对预审程序进行了较大的改革，并于 1975 年废除了预审法官制度。“原由预审法官行使的职权被分割成了三块：预审法官的侦查职能转由检察官行使；预审法官对侵犯人权措施的裁判权改由侦查法官负责；预审法官对检察官起诉的审查职能则由中间程序的法官负责。”[34] 因此，设立中间程序的一个最重要的目的是对检察机关的追诉行为进行审查，使不符合审判条件的案件不得进入正式的审判程序，从而有效监督检察机关的起诉权，防止起诉权的滥用，避免被告人遭受不必要的审判。由此可见，法国式的预审法官制度在德国虽然被废除了，但是由法官而不是由检察官掌握起诉最终决定权的做法并没有改变。中间程序另一个主要目的是赋予被告人对抗检察官起诉的机会，以利于诉讼的均衡进行。被告人在接到起诉书通知后，有申请调查证据和对证据发表异议的权利，这就使得辩方能了解控方所掌握的证据材料，避免被告人在进入正式审判程序前受到不平等的对待。

虽然德国废除了预审法官制度，设立了中间程序，但是中间程序并不是完美的，其价值和意义自始就具有争议。“反对者之主要立论乃在于，当法院裁定要开启审判程序时，由于其已对被告认定具有充分之犯罪嫌疑，因之，法院在进行审判时，有其预先之负担（至少从外表来看）。”[35]反对者的主张并非没有根据，因为从德国现行的刑事诉讼法规定看，一方面，中间程序的法官和正式审判的法官可以是同一个法官，容易引起法官的偏见和预断，而且这种预断即使在审判中又出现新的证据时也很难被推翻；另一方面，中间程序中法院对是否开启正式审判程序的审查标准是被告人是否有足够的犯罪行为嫌疑，该标准使得法院在中间程序中所扮演的角色和行使的职责不是审查而是审判。在德国的司法实践中，中间程序对公诉的庭前审查作用微乎其微，据2000年的数据表明，公诉检察官移送的案件被审查退回的不到1%，因此，这样的中间程序基本没有实现庭前程序分流的功能。当然，对中间程序的维护者认为，庭前审查最起码使得检察官更加勤勉地准备案件，更加谨慎地在提出指控，而且被告人有时确实可以免受审判的折磨，特别是当对其行为的合法性存在争议时。[36]对此，在德国国内废除中间程序和对中间程序进行改革的呼声从未间断，有学者建议负责中间程序的法官不能是正式审判的法官，应当专门设立开启审判程序的法官才能克服现在制度的种种弊端。

（二）审判程序的准备

经过中间程序审查后，如果法庭作出开启审判程序的裁定，案件就将进入审判程序。按照德国刑事诉讼法的规定，审判程序包含两个阶段：审判程序的准备和审判程序本身。从诉讼阶段的划分来看，审判程序的准备属于本书所研究的刑事庭前程序范围。审判程序的准备规定在《德国刑事诉讼法典》第213条至第225条，在这一阶段，受理案件的法院主要完成下列工作：

1. 指定审判日期

审判期日是由法庭审判长负责确定的。值得注意的是，对被告人送达传唤的期日与所确定的审判期日之间必须有一个星期的间隔。如果法庭未遵守该期限，被告人可以要求延期审判。

2. 传唤

为了确保诉讼参与人到庭，审判长可以命令为审判所必要的传唤，书记处负责执行。被传唤者为被告人、辩护人、证人及鉴定人。检察院有权直接传唤进一步的人员。被告人申请传唤某些证人或者鉴定人，审判长拒绝传唤时，被告人可以对该人员直接传唤。即使之前没有申请过，被告人也有权直接传唤。

3. 调查取证和勘验

在审判准备阶段，被告人要求传唤证人、鉴定人参加法庭审判或者收集其他证据时，应当向法庭审判长提出申请，申请要阐明需要对此收集证据的事实。法庭是否准予调取证据的裁定应当通知被告人，准予被告人查证申请的，还要通知检察院。除了被告人申请调取证据外，法庭审判长也可以根据案件的实际情况，依职权命令调取其他作为证据的物品。为了准备审判需要进行法官勘验的，法庭可以依职权任命一名法官或委托其他法院的法官勘验与犯罪有关的场所。

4. 证据保全

证人、鉴定人因患病、虚弱或者因其他不能排除的障碍，较长时间或者不定期地不能到庭参加审判时，或者因路途遥远不适宜要求其到庭时，法院可以决定由受命法官或者受托法官进行预先询问。决定预先询问的，应当告知检察院、被告人和辩护人预先询问的期日，除非该通知有碍侦查成果。询问时控辩双方可以参加，不参加不影响询问的进行。受命法官或者受托法官在进行预先询问时，应当要求证人宣誓作证，所作笔录要送交检察院、辩护人。根据预先询问所获得的证据，在法庭正式审理时由法官宣读后被采用。

5. 宣布法庭组成

由州法院、州高级法院第一审审判时，最迟应该在审判开始时宣布法庭的组成人员，宣布时应突出宣布审判长和请来的候补法官、候补审判员。如果是在离审判前不到一周的时间里宣布法庭组成情况或者组成情况的变更的，控辩双方均可以提出审查法庭组成的申请，法院可以中断审判进行审查。

6. 告知证人、鉴定人名单

法院应当及时向检察院、被告人告知所传唤的证人、鉴定人姓名及他们的居所或者住所。如果被告人直接传唤或者带到法庭参与庭审的证人、鉴定人，应当将他们的姓名及居所或者住所及时告知法院或者检察院。同样，检察院传唤证人、鉴定人的，也应当将姓名及居所或者住所及时告知法院和被告人。

7. 变更管辖权

开始审判前，法院可以根据被告人的异议或者依职权对管辖权进行变更。如果法院认为更高级别法院对案件有管辖权的，可以通过检察院将案卷提交更高级别的法院，收到案卷的法院裁定是否接受案件。接受移送案件时，裁定中应当写明被告人、进行审判的法庭。

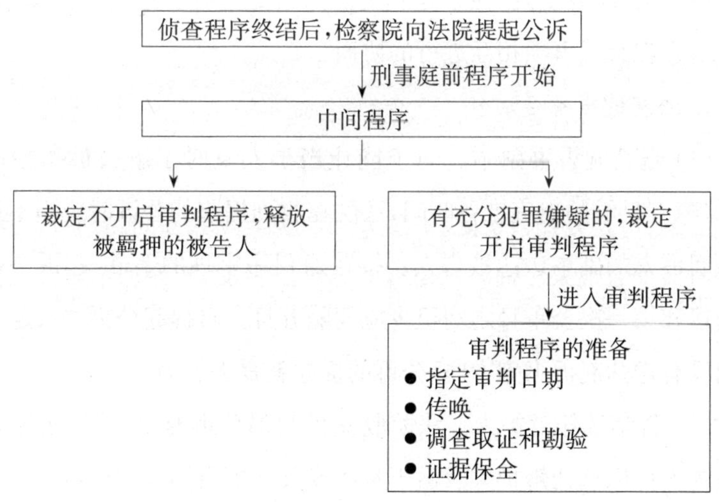

德国刑事庭前程序示意图

第三节　新型混合式诉讼模式下的刑事庭前程序

一、日本刑事庭前程序[37]

日本1948年《刑事诉讼法》废除了预审制度后，检察官提起公诉后，不再经过公诉审查而直接进入公审阶段。因此，日本刑事庭前程序的主要内容是对公审的准备。由于日本实行的是起诉状一本主义，所以，第一次公审前实际上无法开展实质性的准备活动，这样庭审的集中性和迅速性就难以保证。为了弥补这种形式的准备程序所带来的弊端，日本《刑事诉讼规则》设立了对复杂案件第一次开庭后的准备程序。这就使得日本刑事庭前程序中的公审准备分为两个部分：第一次公审日以前的准备程序和第一次公审日以后的准备程序。

（一）第一次公审日以前的准备程序

第一次公审期日以前的准备主要是为了确保被告人能到庭参加审判，督促检察官和辩护人尽快开展与审判有关的事前准备。这一阶段的准备活动，既有法院、检察官和辩护人为庭审各自进行的准备，也有控辩双方就有关事项相互进行的协商。

1. 法院的准备活动

(1) 送达起诉书副本。为了能让当事人及时了解公诉指控的犯罪，保障有足够的出庭准备时间，法院在收到提起的公诉时应当不迟延地将起诉书的副本送达被告人。按普通程序审理的案件，起诉书副本的送达和第一次公审日之间至少应间隔五日。自提起公诉之日起两个月内没有送达起诉书副本时，公诉的提起就丧失效力。

(2) 告知选任辩护人。法院收到提起的公诉时，应当不迟延地告知被告人可以选任辩护人及由于贫困或其他事由不能选任辩护人时可以请求选任辩护人。对于相当于死刑、无期监禁或无期惩役、最高刑期超过三年的惩役或监禁的案件，还应当及时告知被告人在没有辩护人的情况下不得开庭。法院可以要求被告人在一定的期限作出是否委托辩护人的回答。对于辩护人必须进行选任的案件，如果在规定期限内被告人没有选任辩护人或者没有作出回答的，审判长应当立即为其选任辩护人，但是被告人有辩护人的不在此限。

(3) 指定和变更庭审日期。法院指定第一次公审日时，应当考虑在该期日前诉讼关系人准备诉讼的情况。法院为了使公审期日的审理能充分进行，应当预先将能够安排期日审理的预定时间通知检察官或者辩护人。公审期日由审判长指定，并通知检察官、辩护人和诉讼辅佐人。法院可以依职权或者依据检察官、被告人或辩护人的请求，变更公审期日。法院变更公审期日，除非出现紧急情况，应当预先听取控辩双方的意见。对于法院滥用权限变更公审期日的，诉讼关系人可以依照最高法院规则或者训令的规定，申请采取司法行政监督措施，来保障自己的诉讼权利。

(4) 告知检察官、辩护人的姓名。法院为了使控辩双方在诉讼准备中能相互联络，必要时应当命令法院书记官将检察官和辩护人的姓名告知对方，以便在公诉提起后迅速进行审判程序。

(5) 了解准备情况，与控辩双方预先协商。法院可以让书记官向检察官或者辩护人详细了解他们为诉讼作准备的情况，必要时采取督促其进行准备的措施。法院认为适当时，可以在第一次公审期日前使控辩双方到场，对指定公审日或者其他有关诉讼的必要事项进行协商，但是，不能涉及有可能对案件产生预断的事项。

(6) 对被告人强制措施的决定。在起诉后到第一次公审期日前，需要对被告人进行羁押的，原则上应当由受理起诉的法院的法官决定，法官在决定羁押时应当调查有无犯罪嫌疑的充足理由。为了防止法官产生预先预断，第一次公审期日前的羁押决定一般由与审理该案件无关的法官作出。法官在作出羁押决定时，可以命令控辩双方到场，听取其陈述，必要时可以要求他们提出文书或其他物品。

2. 当事人的准备活动

当事人的准备活动主要包括三个方面：检察官、辩护人以及控辩双方共同的准备。

（1）检察官的准备活动。在第一次审判前，检察官应当整理控方所收集的证据，并制定高效率的出示证据的计划，从而为及时审理作出准备。对于准备在法庭上请求调查的证据文书或证物，应尽可能给被告人或辩护人阅览和了解证据的机会。检察官准备在法庭上询问证人或鉴定人时，也应尽快将这些证人、鉴定人的名字、住址通知被告人或辩护人。对于辩护人给检察官提供阅览机会的证据文书或证物，应当尽快将自己是否同意证据，或者对该调查的请求是否有异议通知辩护人。在提起公诉后，为了使被告人以及辩护人在诉讼准备中充分利用该案件扣押的物品，检察官应当考虑返还和暂行返还扣押物。

（2）辩护人的准备活动。在第一次审判前，辩护人应当通过与被告人以及其他有关人的会见等适当的方法，查明有关事实。对于由检察官提供阅览机会的证据文书或者证物，应当尽快通知检察官是否同意或者对该调查的请求是否有异议。辩护人如果有应当向检察官提供阅览机会的证据文书或者证物时，应当尽快予以呈示，向检察官提供该阅览的机会。如果控辩双方没有按照法律规定进行准备活动，妨碍审理的迅速进行时，法院不能是消极的，可以采取一定的措施督促控辩双方加快准备程序。

（3）检察官和辩护人共同进行的准备活动。检察官及辩护人在第一次公审期日前，应当与对方联络，为明确起诉书记载的诉因或处罚条款，或者为明确案件的争点，在相互之间充分进行协商。同时还应当就调查证据及其他审理需要的时间等法院预定的开庭次数，向法院申述必要的事项。此外，检察官和辩护人，对预定在第一次公审期日将请求作为证人进行询问的人，应当努力使其在庭。

3. 第一次公审日以前的整理程序[38]

在2004年第62号法律《关于修改刑事诉讼法等部分条文的法律》颁布之前，虽然日本《刑事诉讼规则》第178条之十规定了在第一次开庭前，控辩双方可以在法官主持下就有关诉讼必要事项进行磋商，但是，由于之前的法律缺乏关于审前整理的规定，加上之前设立的有关证据开示的规定在实践中难以发挥有效作用，这些原因容易导致审判的拖延。为了实现迅速审判，2004年，第62号法律在日本《刑事诉讼法》第2编第3章第1节之后增加第一节之二，即"争点及证据的整理程序"。依据修改后的法律，法院认为有必要时，可以听取控辩双方的意见，在第一次公审日之前，裁定将案件交付公审前的整理程序，以整理案件的争点及证据。在第一次公审日前的整理程序必须由控辩双方出庭陈述或者提交书面材料进行，目的是确定在审判中调查的证据，预先明确案件的争点并制定审理计划。在这一阶段的整理程序主要包括下列活动：明确诉因或者罚条；准许变更、追加或者撤销诉因或者罚条；整理案件的争点，明确预定在公审期日的主张；请求调查证据并明确请求调查证据的意图和需要询问的事项等；确认关于证据调查请求的意见（包括对于证据书面材料是否有第326条的同意，即对使用传闻证据的同意）；作出批准或者驳回调查证据的裁定；对于裁定调查的证据，确定调查的方法与顺序；裁定证据调查的异议申请；对证据开示作出裁定；变更或者确定公审期日，确定其他与公审程序进行有关的必要事项。2004年，第62号法律对整理程序中的证据开示也作了较大的修改，确定控辩双方互负开示义务。检察官不仅要向辩方开示用于证明公审时预定事实的证据，对于预定事实以外的证据，如果辩方提出开示请求，检察官综合考虑后认为有必要的，可以指定证据开示的时间或方法，或者附条件进行开示。检察官开示后，辩方应当迅速向检察官开示用于证明预定事实的证据。如果辩方有预定证明事实或其他准备在公审期日提出的事项及法律上的主张时，应当向法院和检察官明示，并提出调查用于证明预定事实的证据的请求。在证据开示中，如果当事人对证据开示发生争议的，法院应当及时作出裁定。证据开示结束后，控辩双方在必要时，可以变更或追加已经预定证明的事实，并按程序重新进行证据开示和请求证据调查。

（二）第一次公审日以后的准备程序

对于复杂的案件，为了使公审的审理能迅速且连续的进行，在第一次公审日以后的任何时间，法院认为必要时可以启动一个准备程序。第一次公审日以后的准备程序体现了法院的主导性，主要包含两个方面的内容：案件争点及证据整理、证据保全。

1. 案件争点及证据整理

在第一次公审期日后，法院考虑到案件审理的具体情况，认为必要时，在听取控辩双方意见后，可以进行案件争点及证据的整理，以实现刑事审判的充实和迅速化。准备程序可以由合议庭的组成人员进行（除了法院作出调查证据的裁定，或者驳回调查证据请求的裁定和对有关调查证据请求的异议声明作出裁定以外），并且应当使检察官、被告人和辩护人到场。如果法院在认为有人预先明确表示不到场是适当的，可以在其不到场的情况下进行。法院认为对进行准备程序有必要时，可以指定一定的期间，要求检察官、被告人或者辩护人提出书面材料。在这一准备阶段的争点及证据整理，具体内容与第一次公审日以前的争点及证据整理程序的基本内容相同。但是，对于交付整理程序的案件，都应当在整理程序中请求调查证据，除非存在不得已的事由，否则，整理程序终结后，检察官及被告方不得再提出调查证据的请求，法院认为必要时依职权调查证据不受此限。准备程序应当制作笔录，由法院书记官签名、盖章，审判长或者受命法官盖章确认。在准备程序中作出的裁定，不需要送达或者通知作出裁定时在场的诉讼关系人。在公审期日，准备程序的结果通过法院书记官的宣读有关文件或者告知要旨予以明确。

2. 证据保全

因为受到法官预断排除的限制，法院在第一次公审日以前，不能接触与案件实体事实相关的证据，更不能收集有关案件实体部分的证据。但是，在第一次公审日以后，法院可以依据职权或者根据当事人申请进行证据保全。为了实现刑事诉讼发现真实的目的，在进行证据保全时，法院可以采取扣押、扣留、冻结财产和提交证据命令、鉴定等措施。所有这些调查活动、证据保全都必须在控辩双方在场的情况下进行。没有到场的当事人，法院应当为其提供询问的机会。此外，法院可以依照控辩双方的请求或者依职权向有关公务机关或者公私团体发出照会，要求这些机关提出有关必要事项的报告。法院还可以于必要时，在公审程序外调查证据，比如，对于因特殊原因证人在审判期日不能到庭作证的证人，法院可以听取控辩双方的意见，认为有必要时，将证人传唤到法庭外或者证人所在地采集证言。

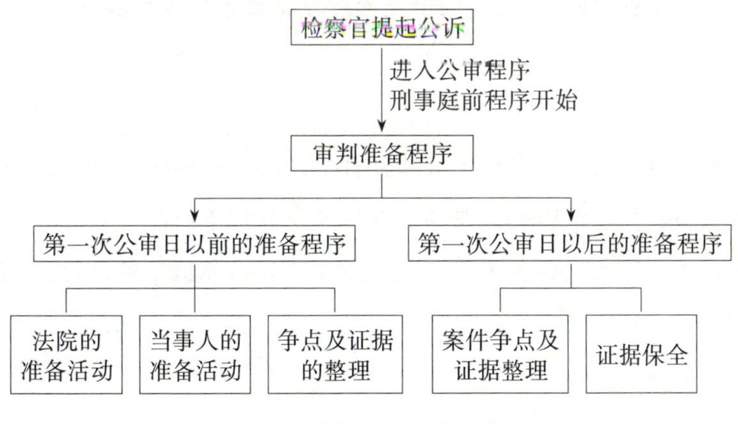

日本刑事庭前程序示意图

二、意大利刑事庭前程序[39]

意大利于1865年以法国1808年《刑事诉讼法典》为蓝本，颁布了近现代意义上的第一部《刑事诉讼法典》。到1930年法西斯时期，意大利制定了历史上第三部《刑事诉讼法典》。该法典将刑事诉讼分为预审和审判两个阶段，受法西斯主义思想的严重影响，预审阶段具有浓厚的纠问色彩，预审法官享有极大的权力，审判只是对预审结果的确认。第二次世界大战后，随着法西斯政权的灭亡，人们对自由、民主和人权的呼声日益高涨。从1955年开始，意大利立法机构对旧刑事诉讼法典进行修改。经过比较长时间的改革酝酿，1988年《刑事诉讼法典》终于被议会通过，该法典彻底告别了1930年的纠问式诉讼模式，开了大陆法系国家诉讼模式向英美法系诉讼模式转变的先河。1988年《刑事诉讼法典》将旧法规定的普通程序中预审和审判两个阶段改为初期侦查、初步庭审和审判三个阶段，同时将旧法中由预审法官负责进行的侦查和预审改为侦查由警察和检察官进行，预审法官负责主持初步庭审程序。因此，就普通程序的诉讼阶段而言，意大利刑事庭前程序从初步庭审开始。经过初步庭审程序后，预审法官认为需要将被告人交付审判的即发布审判令。审判法院在收到审判令和法官卷宗后，案件进入开庭前的准备活动。因此，意大利刑事庭前程序主要包括了初步庭审程序和开庭前的准备程序。[40]

（一）初步庭审程序

意大利的初步庭审程序实际上就是公诉审查程序，是预审法官在公诉人、被害人及代理人、被告人及律师的参加下（证人不参加），通过庭审的方式审查公诉人所收集的证据是否符合起诉条件，以防止不当起诉。

1. 公诉人提交审判的请求

初步庭审程序始于公诉人向预审法官提交审判的申请。诉讼程序的第一阶段初期侦查结束后，如果公诉人认为根据收集的证据足以对被告人定罪时，则向负责初步庭审的预审法官提出交付审判的请求，该请求一般包括下列内容：被告人的一般情况或其他足以辨别该人的人身情况，犯罪被害人的一般情况；叙述事实、各种加重情节和可能导致适用保安处分的情节，列举有关的法律条文；指出已获取的证据材料；要求法官发布审判令；日期和签字。提交审判请求的同时，还应当随案移送包括犯罪消息、侦查的文书证据、侦查的活动记录以及与犯罪有关的物证在内的卷宗。

2. 初步庭审前的准备

预审法官在接到公诉人提交审判的请求后两日内应当发布命令确定合议讨论的时间和地点。初步庭审的时间应确定在公诉人提交审判请求后的30日内。时间确定好后，法官应当至少提前10日向被告人、被害人、辩护人等送达庭审通知以及公诉人提出的提交审判的请求。被告人可以放弃参加初步庭审的权利，并且至少提前3日提交要求立即审判的声明，如法官同意被告人的弃权，就不进行初步庭审程序，而直接进行立即审判程序。在准备阶段，辩护人有权提交备忘录及文件，有权对公诉人移送的有关卷宗进行查阅；公诉人应当向预审法官移送其在提出审判请求后进行侦查活动的全部材料。

3. 合议讨论

初步庭审由预审法官主持，在议事庭中秘密进行，控辩双方必须到场。在被告人没有辩护律师的情况下，由官方指定律师为其辩护。法官首先审查当事人的设立问题，然后宣布开始讨论。公诉人应当对初期侦查的结果和要求提交审判所依据的证据材料进行介绍。之后，按照顺序由民事当事人的辩护人、民事负责人的辩护人、对财产刑承担民事责任的人的辩护人和被告人的辩护人发言，进行辩护。公诉人和辩护人只可以作一次答复。经过合议讨论后，法官如果认为可以作出决定了，就可以宣布结束讨论；如果法官认为不能够作出处理决定时，可以进一步进行调查，向当事人提出新的或尚未解决的问题，要求公诉人和辩护人补充提供证据。在初步庭审中，公诉人可以对起诉进行变更和追加。

4. 初步庭审的结果

预审法官在初步庭审结束后，应当立即进行裁决，提交审判令或者宣告不追诉判决。不追诉判决主要是针对下列情况作出的：存在不应当提起刑事诉讼或者继续进行刑事诉讼的原因；行为不被法律规定为犯罪；存在使犯罪消灭的原因；行为人属于不可归责的人或者因任何原因而不可受罚；犯罪事实并不成立、被告人未实施被指控的行为或行为不构成犯罪。预审法官应当宣布不追诉判决，并列举有关的原因并制作不追诉判决书。对于不追诉判决，可以采取救济措施，检察官、检察长、被告人、被害人等在法律规定的条件下可以提起上诉，甚至可以直接向最高人民法院上诉。预审法官经过初步庭审后，认为案件符合正式审判条件的，应当发布审判令，案件就进入了一审程序。审判令发布后，公诉人对于自己向法官提出的要求可以进行补充侦查，但是需要有被告人或其辩护人参加的侦查活动除外。发布审判令和审判之间的间隔期不少于 20 日。法院文书室应当为审理准备卷宗，然后，将审判令和卷宗一并移送给负责审判的法官。[41]

（二）开庭前的准备程序

审判法院在收到审判令和法官卷宗后，案件就进入开庭前的准备程序。为了保证法庭审判的顺利进行，审判法院还应进行一系列准备工作，主要包括：

1. 开庭日的变更

在收到提交的审判令后，法院或者陪审法院的院长可以根据正当理由，以命令的形式决定提前开庭或推迟开庭一次。变更开庭日的通知应当通知公诉人并向当事人、被害人以及辩护人送达。

2. 提前调取证据

在紧急情况下，根据当事人的要求，法院可以决定调取不可迟延调取的证据，但至少应提前 24 小时将提前调取证据的时间、地点等通知公诉人、被害人和辩护人。提前调取证据的，应当将有关取证的行为制作笔录并收入为法庭审理而准备的卷宗中。

3. 辩护人的准备

在为出庭确定的期限内，当事人及其辩护人有权在现场查勘被扣押的物品，有权查阅为法庭审理而收集的证据和有关文书文件，还有权到公诉人处查阅公诉人收集的证据和文书。

4. 对证人、鉴定人和技术顾问的传唤

如果打算询问证人、鉴定人和技术顾问的，当事人应当至少在开庭前的 7 日内提交有关人员的名单，院长以命令的形式予以批准传唤，排除被法律禁止的和明显多余的证明。在名单中列举的证人和技术顾问也可以不经传唤直接出席法庭。各方当事人还可以要求传唤未包含在名单中的证人、鉴定人和技术顾问提供相反证明或出庭作证。

5. 辩护人的指定

在开始庭审前，法庭要确认当事人和被告人辩护律师的出庭。如果被告人的辩护人未出庭，庭长应当为被告人指派辩护人，以确保在开庭时与公诉人所进行的交叉询问的有效性。

6. 开庭前的开释

除了根据第 129.2 条规定应当经过开庭审理后依法宣告被告人无罪的情形外，如果刑事诉讼不应当提起、不应当继续进行，或者犯罪已经消灭并且为查明犯罪不需要进行法庭审理，在听取公诉人和被告人的意见之后，并且在他们不表示反对的情况下，合议庭可以作出不可上诉的不应追诉的判决，并在判决中说明理由。这种在正式开庭审理前就终止诉讼的方式，不仅尊重控辩双方的意见，而且提高诉讼效率，减少司法资源的浪费。

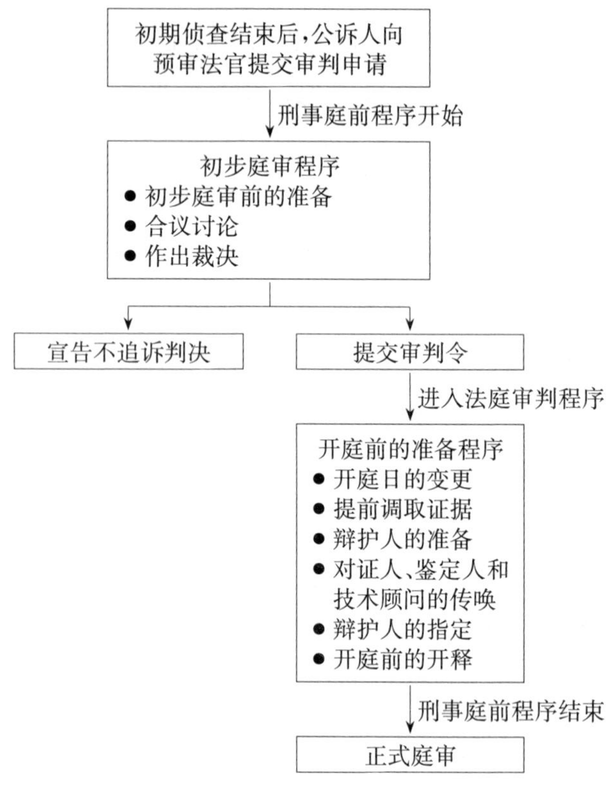

意大利刑事庭前程序示意图

三、 我国台湾地区刑事庭前程序[42]

我国台湾地区的刑事诉讼体例原承袭大陆法系，以职权主义为其最核心的法律属性。进入 21 世纪以来，我国台湾地区在刑事诉讼领域进行了大刀阔斧地改革，大胆引进英美法系相关制度，试图实现从职权主义到当事人主义的诉讼模式的转变。尤其是在 2002 年和 2003 年的两次较大幅度的修订后，不少台湾地区的学者认为其“刑事诉讼法”的当事人主义模式已经极其明显。这两次修法对涉及刑事庭前程序的内容作出了重大的变革,主要包括 2002 年的修订增加了"起诉审查制",2003 年的修订确立了"准备程序"。

(一)对公诉的起诉审查

我国台湾地区于 2002 年对"刑事诉讼法"进行修订时,为了防止检察官滥行起诉并促使其担负举证之必要责任,以免被告人受不必要之诉累,节约司法资源,就参酌《德国刑事诉讼法》之中间程序以及美国联邦刑事诉讼规则中的传讯程序,赋予法院对检察官起诉权审查的权限,设计了起诉审查机制,即"刑事诉讼法"第 162 条第 2 项。该项规定:"法院于第一次审判期日前,经审查检察官所提出之证明方法,认为明显不足认定被告有罪成立犯罪之可能时,应以裁定定期通知检察官补正;逾期不补正者,得以裁定驳回起诉。"根据该条规定,我国台湾地区"刑事诉讼法"对检察官起诉的审查具有如下特点:

首先,起诉审查的时间是第一次审判期日之前,这是一个弹性较大的规定。从诉讼阶段来说,检察官移送案件至法庭第一次开庭审理前都可以进行审查。按照台湾地区"刑事诉讼法"的规定,法院在收到检察官移送的起诉书、卷宗和证据后须经过庭前准备程序,因此,起诉审查与庭前准备并没有明显的程序阶段以资区分,法官对起诉的审查往往是和其他准备程序活动交织在一起进行的。加上台湾地区的"刑事诉讼法"是将起诉审查制规定在"证据"一章中,将其与检察官的举证责任连接在一起,使得起诉审查制从一开始就暴露出定位不明的根本问题。正如有学者指出,"在引进时却忽略了德国立法将中间程序设立为独立程序阶段的理性做法,导致了人们对何以防止法官偏见及预断的质疑,而且因为欠缺独立的程序阶段,混淆了未达起诉法定门槛与应为无罪判决之间的界限,违反无罪推定原则"[43]。

其次,起诉审查的标准是"检察官所提出之证明方法明显不足以认定被告有成立犯罪之可能”。按照台湾地区“刑事诉讼法”第 251 条第 1 项的规定,检察官应当提起公诉的法定标准是“检察官依侦查所得之证据,足以认定被告有犯罪嫌疑者”。所谓“有犯罪嫌疑”,台湾地区学者林钰雄认为,应指犯罪事证与犯罪嫌疑人之间有充分的关联性,而非只是有点合理怀疑及依侦查所得事证判断,被告之犯行已很有可能获致有罪。[44]因此,法官所要审查的应该是检察官掌握的证据是否达到法定起诉门槛,即是否能足以认定被告人有罪或者很有可能招致有罪判决。至于该审查标准的证明方法,法官不是依据法律规定的证明方法或者原则进行的,而是在证据的证明力与待证事实之间是否能形成心证,是否能产生据以判断的见解。

最后,起诉审查的结果。因为起诉审查与庭前准备并没有明显的区分,因此对起诉进行审查的法官也并未与庭前准备法官相分离。起诉审查的法官认为案件显然没有达到起诉标准的,应当裁定定期通知检察官补正。检察官在接到法院补正通知后,必须在规定期限内补足证明事项后再次移送审查,否则,将承担驳回起诉的后果。驳回起诉的裁定一旦确定,除非有法律规定的情形,不得就同一个案件再行起诉。台湾地区对审查起诉结果的规定更多的是强调案件没有达到起诉标准后的做法,对于达到起诉标准的案件并没有明确规定进入审判程序。也就是说,案件进入正式审判程序并不以法官准许起诉的裁定为前提,只要在第一次开庭审理前法官并没有驳回起诉,该案件就进入了审判程序。这也从另一个方面说明了台湾地区规定的起诉审查制并不是一个独立的诉讼程序。

（二）开庭前的准备

我国台湾地区“刑事诉讼法”原先在第 273 条规定有准备程序,但是,由于内容过于简略,缺乏可操作性,在实务中未能得到真正落实,因此直接影响到案件的集中审理。为了让诉讼程序能密集而不间断地进行，提高诉讼效率，我国台湾地区修法者认为在正式开始审判前就应当为审判作相当之准备。2003 年“刑事诉讼法”的修改新增了“准备程序”，将准备程序定位为：“为审理程序作准备，其目的在于透过准备程序之进行，使‘人’与‘物’能齐聚于审判期日，而达到集中审理之效果”。[45]根据该“法”第 279 条的规定：“行合议审判之案件，为准备审判起见，得以庭员一人为受命法官，于审判期日前，使行准备程序，以处理第 273 条第 1 项、第 274 条、第 276 条至第 278 条规定之事项。受命法官行准备程序，与法院或审判长有同一之权限。”具体而言，我国台湾地区刑事庭前准备程序主要包括“准备程序”以及为开庭所作的其他准备工作。

1. 准备程序

“刑事诉讼法”第 273 条规定，法院得于第一次审判期日前，传唤被告或其代理人，并通知检察官、辩护人、辅佐人到庭，行准备程序。由此可见，准备程序的参与人员比较多，除了主持准备程序的法官外，还包括被告或其代理人，以及检察官、辩护人和辅佐人。对于这些准备程序的参与者，经合法传唤或通知，无正当理由不到庭的，法院照样可以开展准备程序，并不因为有关人员的缺席而影响或中止准备程序的进行。在准备程序中，需要处理的事项主要包括：起诉效力所及之范围与有无应变更检察官所引应适用法条之情形；讯问被告、代理人及辩护人对检察官起诉事实是否为认罪之答辩，及决定可否适用简式审判程序或简易程序；案件及证据之重要争点；有关证据能力之意见；晓谕为证据调查之声请；证据调查之范围、次序及方法；命提出证物或可为证据之文书；其他与审判有关之事项。上述每一事项之处理，应当由书记官制作笔录，并由参加准备程序的人员签名、盖章或按指印。通过准备程序，如果法院认定某项证据无证据能力，该项证据就不再具有证据资格，在正式开庭审理时不得再提出该证据并主张其效力。经过准备程序的审查，如果发现起诉或者其他诉讼行为，于法律上必备之程序有欠缺而其情形可补正者，法院应定期间，以裁定命其补正。在准备程序中，如果双方当事人对被告人以外的人的陈述没有异议，到正式开庭审理时，法院可以仅仅以宣读或告诉要旨的方式代替证据之调查，不需要再传唤该人到庭进行陈述。在准备程序进行中，法院应当讯问被告人是否作认罪答辩，如果被告人为有罪答辩，法院就可以决定是否适用简式审判程序或简易程序。根据我国台湾地区“刑事诉讼法”第 273 条之一的规定，除了被告所犯为死刑、无期徒刑、最轻本刑为三年以上有期徒刑之罪或高等法院管辖第一审案件以外的案件，如果被告人先就被诉事实作有罪陈述时，审判长应当告知被告人简式审判程序的要旨，并听取当事人、代理人、辩护人及辅佐人的意见后，裁定进行简式审判程序。如果法院作出该项裁定后，发现该案适用简式审判程序不适宜，应当撤销原裁定，并依照通常程序进行审判。

2. 其他准备工作

除了上述“准备程序”中要处理的事项外，我国台湾地区“刑事诉讼法”还规定庭前需要进行的一些其他准备工作。第一次审判期日的传票，最迟应于七日前送达；“刑法”第 61 条所列各罪之案件最迟应于五日前送达。审判期日，应当通知检察官、辩护人和辅佐人，并传唤被告或其代理人以及被害人或其家属。但是，经过合法传唤无正当理由不到场，或明确表示不愿到场，或法院认为不必要或不适宜者，不在此限。在庭前准备中，如果法院预料证人不能于审判期日到场，可以根据控辩双方的申请或者依职权，在审判期日前对证人进行讯问。法院在审判期日前还可以进行必要的证人采证和证据收集，对物证进行搜索、扣押、勘验、鉴定及必要的翻译，就必要事项请求有关机关提供报告。在审判期日前，对于符合法律相关规定没有选任辩护人的被告人，审判长应当依据职权为其指定公设辩护人或律师提供辩护服务。[46]

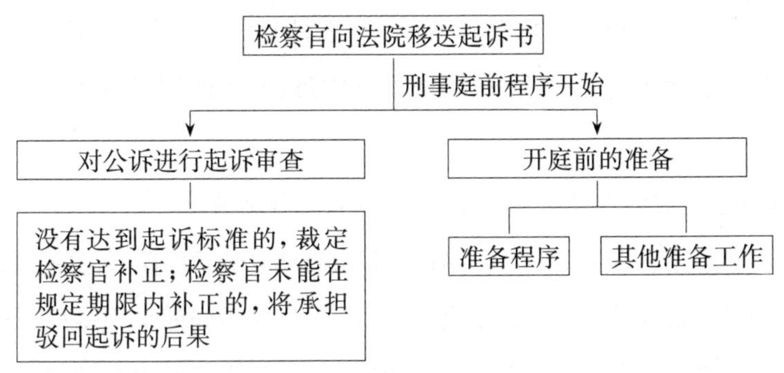

我国台湾地区刑事庭前程序示意图

第四节　不同诉讼模式下刑事庭前程序的评析

一、 不同诉讼模式下刑事庭前程序的共同点

（一）庭前程序是正式庭审前的必经阶段

虽然不同诉讼模式下刑事庭前程序的设置有所不同，但各国的刑事诉讼立法和实践都将其作为正式庭审前的必经阶段。公诉机关提起的公诉并不能立即、必然地打开审判的大门，除了日本之外，其他国家都设立了专门的预审机构或法官对公诉进行审查，只有经过审查后的公诉案件才能正式启动法庭审判程序。对公诉的审查并不等同于法庭审判，它只是依法决定案件是否应当交由法庭审判，是否应当进入审判程序。根据审判最终裁决原则，在这一阶段只是对公诉机关送交的案件进行初步审查，不涉及对被追诉人的定罪量刑。对公诉进行审查后，预审机构或法官都会作出是否将案件提交审判程序的裁定：有足够证据、符合起诉条件的案件进入审判阶段；没有足够证据、不符合起诉条件的案件被驳回指控，并释放被追诉人。案件进入审判程序后、正式开庭审理前，为了提高庭审效率，确保集中审理，各国都设置了庭前准备程序。因此，庭前程序是各个国家刑事诉讼过程中一个不可缺少的诉

讼阶段，承担着审查起诉、分流程序、知悉证据、整理案件等任务，根本目的在于保障被追诉人人权、保证审判质量、节约诉讼资源和提高诉讼效率。

（二）庭前程序的主要内容是公诉审查和庭前准备

正如本书开头在定义庭前程序概念时所指出的，各个国家的庭前程序由于受诉讼模式、历史文化、价值理念等的不同而呈现多样化的态势，即使是同一诉讼模式下的不同国家，庭前程序具体内容的设置也有差异。但是，纵观各个国家的刑事庭前程序的设计，无论采取何种模式，有两个内容基本上是每个国家都包括的：一个是对公诉进行审查，另一个是为开庭做准备。比如，在英国刑事庭前程序中，移交审判程序起着公诉审查的作用，答辩和指导听审程序以及预备听审程序发挥着开庭前准备的作用。美国庭前程序中，治安法官进行的预审和大陪审团的审查起诉，都是对公诉进行审查，审前动议和庭前会议是开庭前的准备程序。在法国庭前程序中，预审程序的根本目的是对公诉的审查，并对重罪案件规定了详细的开庭预备程序。在德国，只有经过中间程序的案件才能决定是否开启审判程序，并对进入审判程序的案件规定对审判程序进行准备的阶段。根据意大利刑事诉讼法的规定，初步庭审程序是预审法官对公诉的审查，审判法院收到审判令后，就会展开对开庭进行的准备活动。值得注意的是，日本庭前程序中不包括对公诉的审查，公诉机关提起公诉后直接进入公审阶段，但其规定了较为详细的为公审进行准备的活动。总之，公诉审查和庭前准备这两个内容，在庭前程序中处于前后接力、不可颠倒的位置，使庭前程序在各国刑事诉讼中成为一个独立存在、不可缺少的诉讼阶段。

（三）庭前程序由控辩双方与法院共同推进

虽然不同诉讼模式下当事人和法院在庭前程序中所处的地位有所不同，各自发挥的作用有一定的差别，但是各国刑事庭前程序整体上都是由当事人与法院共同推进的。在当事人主义诉讼模式下,刑事庭前程序并不是完全由控辩双方主导进行的,法官对庭前程序中诉讼活动的干预使当事人和法院有了更多的合作。比如,在美国刑事庭前程序中,控方与被告人就控辩交易进行协商讨论时,法庭并不参与其中。但是,一旦控辩双方达成控辩交易,法庭应当在调查答辩存在的事实基础上,查明协议是否是自愿的,以确保辩诉交易的真实性与合法性。在庭前准备程序中,虽然当事人积极主动为开庭审理进行准备,但是,法官可以根据案件情况,自行决定召开庭前会议,督促当事人加快庭前准备进程。同样,职权主义诉讼模式下的刑事庭前程序,在强调法官主导地位的同时,也注重当事人对诉讼程序的参与,以平衡法院和当事人在庭前程序中的作用。比如,在德国庭前程序中,被告人不仅可以在收到起诉书通知后,有权向法院发表证据异议和申请调查证据,而且还可以是法官进行庭前准备活动的参与者,参加法官进行的证据保全、证据调查和勘验等活动。而混合式诉讼模式下的庭前程序更是重视法院和当事人的共同协作,如日本庭前程序中的第一次公审日前的准备活动,既强调法院和控辩双方为庭审各自所做的准备,又有控辩双方共同进行的准备,还有法院为督促控辩双方准备活动的展开而与控辩双方进行的预先协商,及在必要时采取的督促措施等。

二、 不同诉讼模式下刑事庭前程序的差异

正如前述,刑事庭前程序是世界各国刑事诉讼的必经阶段,从诉讼阶段上划分,包含着公诉审查和庭前准备这两个主要内容。但是,处于不同诉讼模式下的不同国家在具体设计公诉审查程序和庭前准备程序时,却各有差异。对此,作进一步分析和比较:

(一) 不同诉讼模式下公诉审查程序的不同

在当事人主义诉讼模式下,公诉审查只适用于严重犯罪的案件,而

且对于被告人来说，公诉审查是一项权利，可以选择放弃。在美国，无论是治安法官进行的预审还是大陪审团进行的审查起诉，都是针对重罪案件。那些被指控的罪行是由联邦治安法官审判的轻罪或其他轻微罪行，无须进行公诉审查，直接由治安法官进行审判。被告人在知晓有要求进行预审的权利后，放弃预审的，案件就直接进入审判程序。英国1995年《刑事诉讼法》对公诉审查的放弃作了具体规定，其中既涉及控辩双方放弃公诉审查的情形，也涉及法庭依职权放弃或者中止、终止公诉审查的情形。[47]当事人主义模式下对公诉的审查是由独立于审判法院的法官进行的，比如，英国公诉审查的权力主体是治安法院的治安法官，美国是治安法官或大陪审团，这就使法官预断得到排除。加上审查法官主要是从程序上审查案件是否应当交付审判，审查的内容比较有限，审查的标准比正式审判的标准要低，因此，审查法官很难对案件形成内心的确信。此外，当事人主义模式下的公诉审查程序并未体现出这种诉讼模式下所应有的对抗性特征。比如，英国1996年《刑事诉讼与侦查法》规定对可诉罪进行审查只能采用书面模式，而取消了言辞模式，这种审查模式的改革大大减弱了英国公诉审查的对抗性。在美国，大陪审团进行的审查起诉是秘密、不公开进行的，基本不体现对抗性；而治安法官进行的预审，虽然在程序设计上具有明显的对抗性，但是在实践中由于被指控人并没有提出相关证据，预审应有的对抗性没有得到显现。

在职权主义诉讼模式下，并不是所有公诉审查的适用范围是检察机关起诉的严重犯罪，有的国家的公诉审查除了针对严重犯罪的案件外，对于其他犯罪也可以有选择性地进行审查，以法国最为典型。在法国，除涉及未成年人实施的轻罪必须进行预审外，其他轻罪可以有选择地进行预审；对于违警罪，可以根据检察官的要求进行预审。与当事人主义模式下被告人可以放弃公诉审查相比，职权主义模式下的公诉审查强调的这是法院的一项职权，因此，被告人并没有放弃的权利。无论是在德国还是在法国，所有需要进行公诉审查的案件都必须经过公诉审查这一诉讼必经程序，具有一定的强制性。此外，职权主义模式下对公诉进行审查的法官并不与审判法官完全分离，以德国为代表。在德国，负责主持中间程序的法官对检察官提起的公诉进行审查，审查法官是由审判法院在审判法官中指定的，因此，审查法官很有可能要参加随后开展的法庭审理，并有权对案件作出判决，这就容易产生预断，不利于审判公正。此外，职权主义模式下的审查法官在公诉审查时往往要查阅案卷、分析判断证据，在必要时还要进行证据调查和补充侦查，因此，在审查内容上比当事人主义模式更为广泛、更注重案件的实体性问题，这就容易使审查法官对案件形成内心确信，而且就公诉审查的标准而言，职权主义模式比当事人主义模式更为严格，通常相当于正式审判时作出有罪判决时的标准。正因为职权主义模式下的审查法官拥有较为强大的职权，在整个公诉审查程序中居于主导的地位，使该模式下的公诉审查体现出职权主义色彩。比如，德国公诉审查在很大程度上是审查法官单方面的职权行为，审查方式主要采用对案卷材料作书面审理的方式，控辩双方的参与度极低，且整个过程不公开，因此，“可以说，德国预审程序是目前最具有职权主义特征的预审程序”。[48]而同属于职权主义模式下的法国，虽然随着司法改革的深入，其公诉审查的对抗性色彩有所增加，职权主义色彩相对于德国来说并没有那么显著，但总体上来讲，预审法官控制着整个公诉审查程序的局面并没有改变。

混合式诉讼模式下的公诉审查是在借鉴了上述两种诉讼模式的基础上形成的，不同国家体现出不同的特色。《日本刑事诉讼法》废除了案卷移送，废除了公诉审查，公诉机关提起公诉后直接进入审判程序，彻底排除法官庭前预断，这在世界上独具一格。意大利的初步庭审程序对公诉进行审查，是较为严重的犯罪适用普通程序审判的必经程序，主持初步庭审程序的预审法官属于审判法院的法官，预审法官有权审查检察官移送的卷宗，必要时可以进行证据调查或者亲自询问有关人员，审查的证明标准也比较高，这些都体现出职权主义特色。但是，意大利对公诉的审查主要是通过庭审的方式进行的，控辩双方都可以积极参加，并且可以提出证据、相互辩论，对抗性非常明显，而且被告人可以放弃参加初步庭审的权利，应当说，意大利初步庭审程序中体现出来的当事人主义特点已经非常明显。

（二）不同诉讼模式下庭前准备程序的不同

当事人主义诉讼模式下的庭前准备程序强调控辩双方为保证法庭集中审理做好准备，避免因为准备不充分而造成诉讼的中断和拖延。在整个准备程序中，当事人双方是积极的准备者和参与者，通常由当事人主动进行证据开示、提出审前动议、申请庭前会议、通知证人出庭、进行辩诉协商等，而法官并不主动进行准备活动，更不依职权进行证据收集和调查，只是督促控辩双方进行准备活动，并对控辩双方在准备过程中出现的争议进行裁决，协调双方之间存在的障碍。在这种模式下，准备程序所能采用的方式相对比较单一，主要是通过听证或听审的形式进行，便于法官主持和当事人协商。虽然准备程序中采用的方式比较简单，包含的内容却很丰富，比如证据开示、听取被告人的答辩、控辩交易、证据保全、审前动议、庭前会议、争点和证据整理以及诉的合并与分离、确定开庭日期等。总之，当事人主义模式下的庭前准备程序更为充分、详尽，更能体现当事人的主动性和对抗性，更注重对庭审迅速进行的保障。

在职权主义诉讼模式下，法官在庭前准备程序中处于积极主导的地位，大多数准备活动是由法官依职权主动进行的，而当事人双方处于被动协助的地位。这种模式下的庭前准备程序是为了保证在庭审中能更迅速地查明案件事实真相，因此，赋予法官可以积极审查案卷材料，主动调取证据、勘验保全证据等权力，甚至可以讯问被告人或者要求检察官补充侦查，以排除那些可能会对查明事实造成妨碍的因素。与当事人主义模式相比较，职权主义模式下的庭前准备程序所采用的方式更为多样，法官可以以通知或传唤的形式确保诉讼参与人到庭，也可以采用搜索、扣押、勘验、鉴定等方式展开准备活动。此外，职权主义模式下的庭前准备程序内容相对比较简单，没有证据开示制度，也没有审前动议、庭前会议以及对证据和争点的整理等，除了一些开庭前的必要通知、送达和传唤外，主要是对需要调查的事实和证据进行必要的采集与核实，需要保全的证据加以固定。总之，职权主义模式下的庭前准备活动基本上都是以法官为中心的，不强调当事人的协商和参与，更注重利用庭前这一广阔而又充分的空间来发现事实真相。

混合式诉讼模式下的庭前准备程序体现了对上述两种诉讼模式的调和与吸收，例如日本。日本庭前准备程序分为第一次公审日前的准备程序和第一次公审日后的准备程序，这两个不同时间进行的准备程序都体现出法官和当事人的积极准备，只是积极准备的主体和事项有所差异。第一次公审日前的准备程序更体现出当事人主义特色，强调控辩双方应相互联系，为确定公审日、整理案件争点或其他有关诉讼事项进行充分协商，并进行证据展示等活动以便准备开庭审理。为了排除预断，法院在第一次公审日前的准备活动中主要起着督促、引导作用，不能开展证据调查等任何可能对案件产生预断的活动。第一次公审日后的准备程序更体现出职权主义特点，因为经过公审后不再需要考虑预断问题，为了保证能更好地发现案件真实，以便顺利进行庭审，法院可以依据职权采取扣押、冻结财产和提交证据命令、鉴定等措施，还可以要求当事人提出有关证明文件或物证，也可以对当事人申请调查证据的请求作出决定等。我国台湾地区的庭前准备程序也是在职权主义的基础上吸收了当事人主义特色。比如，庭前准备程序中，法官可以依职权确定审判日期，传唤诉讼当事人到庭进行准备活动，还可以在审判日前主动收集和调查证据，对必要证人进行采证，对物证采取搜查、扣押和鉴定等措施，这些都与职权主义相一致。但是，台湾地区2003年修订确立的“准备程序”中，增加了认罪答辩、争点整理、确认证据能力等内容，在一定程度上融入了当事人主义的因素。

（三）公诉审查和庭前准备在不同诉讼模式下庭前程序中所处的关系不同

不同诉讼模式下的公诉审查和庭前准备程序之所以呈现出不同的特点，这与它们在庭前程序中所处的关系密切相关。从世界范围看，除了日本没有设立公诉审查程序，我国台湾地区的公诉审查和庭前准备程序没有明显界限外，绝大部分国家和地区的公诉审查和庭前准备程序分属于不同的诉讼阶段，有着比较明显的划分。但是，处于不同诉讼阶段的公诉审查和庭前准备，在不同诉讼模式下彼此之间的紧密程序却有所不同。

当事人主义诉讼模式下的英国，庭前程序中的移交审判程序是对可诉罪进行审查，以决定是否有必要将案件移交刑事法院审判。移交审判的目的非常明确，就是判断被指控人是否需要接受刑事法院的审判。即使在移交审判中进行证据开示，也是为了通过证据的展示，保障被指控人能更好行使辩护权，从而帮助治安法官作出是否移交的正确判断。移交审判程序结束后，对于有足够证据需要将被指控人交付刑事法院审判的，治安法院应当将案件交付审判。为了保证迅速审判和集中审理，移送到刑事法院的案件应当做好庭前准备工作。同样，在美国，治安法官预审或大陪审团审查起诉后，检察官才能正式提起公诉。治安法官或大陪审团在公诉审查的同时并不履行其他职责，目的就是决定检察官能否提起公诉。“美国在起诉以后、开庭审理以前，还有一个‘审判前的解决’阶段”，这个审判前的解决包括传讯、控辩交易、审前动议、庭前会议等，“在刑事审判程序中，即便不是最关键的时刻，也是关键时刻之一”。[49]由此可见，当事人主义模式下的公诉审查和庭前准备程序是彼此分离的，庭前准备发生在公诉审查程序之后，两者有着各自独立的功能和目的，诉讼程序在完成这一阶段功能后进入下一个诉讼阶段，彼此之间没有太多的联系，更不能互相替代和混淆。这样的庭前程序设计，使公诉审查和庭前准备无论是在内容上还是功能上都泾渭分明，有利于每个阶段的诉讼目的都能确保实现，符合程序正义的价值理念，不足之处在于每多一个诉讼阶段就需要消耗更多的诉讼资源，诉讼成本相应增加，诉讼效率也随之受到影响。

在职权主义诉讼模式下，庭前程序同样由于公诉审查和庭前准备程序的分离而跨越了不同的诉讼阶段，两者通常以交付审判的裁定作为区分的标志。但是，与当事人主义模式不同的是，职权主义模式下公诉审查程序的功能并不是单一的，这一阶段除了对公诉进行审查外，还兼具和完成庭前准备程序的一些职能。比如，在公诉审查程序中，法官通过搜查、扣押等措施来调查核实证据，实现庭前准备程序中的证据知悉功能；通过对证据能力的判断来实现非法证据的排除；通过命令检察机关进行补充侦查或者为被告人指定辩护人来保障庭审的顺利进行。也就是说，职权主义模式下的公诉审查在防止公诉权滥用，确定是否打开审判大门的同时，还具有为审判做准备，分担庭前准备程序的功能。正因如此，当事人主义模式下的庭前准备程序内容更为丰富复杂，而职权主义模式下的庭前准备程序内容相对简单。这样的庭前程序设计，虽然公诉审查和庭前准备分属于不同的诉讼阶段，但是两者在内容和功能上并没有区分地十分清晰，彼此之间有着一定的联系和影响。由于公诉审查程序承担着部分庭前准备程序的功能，使庭前准备程序得到精简，最大的优点在于诉讼效率的提高和诉讼资源的节约，但是同时也容易使公诉审查的权力主体滥用权力，反而影响不同诉讼程序所应实现的功能。职权主义模式下的庭前程序之所以呈现这样的特点，主要因为：一方面，公诉审查的法官与庭审法官并没有实现完全的分离，如在德国，公诉机关提起公诉后就进入审判程序，案件归属于法院后就按不同情况分配到相关的审判庭，由审判庭指定法官进行阅卷审查。审查法官在审查过程中，为了查明案件事实和提高诉讼效率，往往既进行公诉审查又进行庭前准备活动。另一方面，这是发现案件真实的客观需要。职权主义诉讼模式下的法官在刑事诉讼中，为了追究案件真相，有权利有义务主动收集和调查证据，而庭前程序为法官能尽早了解当事人双方所持主张和相关证据提供程序上的空间。

属于混合式诉讼模式的我国台湾地区的刑事庭前程序，其公诉审查和庭前准备并不像上述诉讼模式中那样相分离的，而是处于同一个诉讼阶段，两者之间没有明确的以法官作出准许起诉的裁定为区分标志。在台湾地区，公诉审查在法庭第一次开庭审理前进行都可以，审查法官和庭前准备的法官并未分离，公诉审查往往和庭前准备不加区分的一起进行，甚至可以说是庭前准备程序的附带程序。这种简化了的庭前程序设计，虽然降低了诉讼成本，节约了司法资源，但是却以牺牲审判公正和被告人人权为代价的。

总之，无论刑事庭前程序中的公诉审查和庭前准备这两项内容处于何种关系，都体现了不同国家和地区对审判公正和诉讼效率的追求和平衡。任何一种模式下的庭前程序本身并无优劣之分，不同制度设计的背后必然有其深厚的立法理由和国情背景，这给我国庭前程序的建构提供了多样化的思路和借鉴。

注 释

［1］［德］K.茨威格特、H.克茨：《比较法总论》，潘汉典等译，法律出版社 2003 年版，第 24 页。

[2] 对英国刑事庭前程序相关规定的介绍,笔者主要参考中国政法大学刑事法律研究中心组织编译:《英国刑事诉讼法》(选编),中国政法大学出版社 2001 年版;汪建成、甄贞主编:《外国刑事诉讼第一审程序比较研究》,法律出版社 2007 年版;[英]麦高伟、杰弗里·威尔逊主编:《英国刑事司法程序》,刘立霞等译,法律出版社 2002 年版;[英]约翰·斯普莱克:《英国刑事诉讼程序》,徐美君、杨立涛译,中国人民大学出版社 2006 年版;齐树洁主编:《英国司法制度》,厦门大学出版社 2007 年版;《英国 2003 年刑事审判法及其释义》,孙长永等译,法律出版社 2005 年版。

[3] [英]罗宾·怀特:《英格兰及威尔士地区刑事司法组织与结构》,载[英]麦高伟、杰弗里·威尔逊主编:《英国刑事司法程序》,刘立霞等译,法律出版社 2002 年版,第 7 页。

[4] [英]约翰·斯普莱克:《英国刑事诉讼程序》,徐美君、杨立涛译,中国人民大学出版社 2006 年版,第 114—115 页。

[5] 有关移交程序的法律主要包括在 1980 年《治安法院法》和 1981 年《治安法院规则》里。

[6] 齐树洁主编:《英国司法制度》,厦门大学出版社 2007 年版,第 547 页。

[7]《英国 2003 年刑事审判法及其释义》,孙长永等译,法律出版社 2005 年版,第 527 页。

[8] [英]约翰·斯普莱克:《英国刑事诉讼程序》,徐美君、杨立涛译,中国人民大学出版社 2006 年版,第 130 页。

[9] 对美国刑事庭前程序的介绍,主要参考了以下资料:宋英辉、孙长永、刘新魁等:《外国刑事诉讼法》,法律出版社 2006 年版;汪建成、甄贞主编:《外国刑事诉讼第一审程序比较研究》,法律出版社 2007 年版;[美]约书亚·德雷斯勒、艾伦·C.迈克尔斯:《美国刑事诉讼法精解》(第 2 卷·刑事审判),魏晓娜翻译,北京大学出版社 2009 年版;齐树洁主编:《美国司法制度》,厦门大学出版社 2006 年版;马跃:《美国刑事司法制度》,中国政法大学出版社 2004 年版;[美]罗纳尔多·V.戴尔卡门:《美国刑事诉讼——法律和实践》,张鸿巍等译,武汉大学出版社 2006 年版;[美]爱伦·豪切斯泰勒·斯黛丽、南希·弗兰克:《美国刑事法院诉讼程序》,陈卫东、徐美君译,中国人民大学出版社 2002 年版;《美国联邦刑事诉讼规则和证据规则》,卞建林译,中国政法大学出版社 1996 年版;王兆鹏:《美国刑事诉讼法》,北京大学出版社 2005 年版。

[10] 王兆鹏:《美国刑事诉讼法》,北京大学出版社 2005 年版,第 467 页。

[11] 美国的治安法官制度虽然受英国法影响,但是却和英国的治安法官制度有一定的差别。从是否具有专业性角度说,美国联邦治安法官都是具有一定法律工作经验

的专业法官，而州治安法官通常是英式的非专业法官。

[12] 王兆鹏：《美国刑事诉讼法》，北京大学出版社 2005 年版，第 467 页。

[13]《联邦治安法院法》规定，凡受到重罪指控的被告人都有要求举行预审的权利，除非被告人合法地放弃该权利。

[14]《联邦刑事诉讼规则》规定，如果被告人在确定举行预审日前已被大陪审团批准起诉书，或者指控被告人的检察官起诉书已提交地区法院，则不再举行预审。

[15] 这是因为大陪审团程序仅仅是调查而不是正式的审判程序，一个人要成为被告人是大陪审团决定以后的结果。

[16] 马跃：《美国刑事司法制度》，中国政法大学出版社 2004 年版，第 286 页。

[17] George F.Cole. & Christopher E.Smith, *The American System of Criminal Justice*, Wadsworth Publishing Company, 1998, p.338.

[18] 孙长永：《美国刑事诉讼中的证据开示》，载陈光中、江伟主编：《诉讼法论丛》第 3 卷，法律出版社 1999 年版，第 234 页。

[19] 至于民事诉讼中证据保全制度的操作程序，美国联邦最高法院的判例明确指出："在审判之前，当事人双方可以不附带任何理由，要求传唤包括对方当事人在内的任何相关人在特定时间到特定场所接受询问。证人必须宣誓后，才可以接受传唤一方的询问，对方当事人可以针对询问内容提出异议。整个采证过程应该通过速记记载下来，在某些特殊情况下，还应该对采证过程进行录像。"Yale Kamisar, Wayne R.Lafave, Jerold H.Israel and Nancy King, *Modern Criminal Procedure*, West Group, 9th ed., 1999, pp.1209—1210.转引自张泽涛：《我国刑诉法应增设证据保全制度》，《法学研究》2012 年第 3 期。

[20] [美]彼得·G.伦斯特洛姆：《美国法律辞典》，贺卫方等译，中国政法大学出版社 1998 年版，第 261 页。

[21] 对法国刑事庭前程序的介绍，主要参考以下资料：[法]贝尔纳·布洛克：《法国刑事诉讼法》，罗结珍译，中国政法大学出版社 2009 年版；《法国刑事诉讼法典》，余叔通、谢朝华译，中国政法大学出版社 1997 年版；[法]皮埃尔·尚邦：《法国诉讼制度的理论与实践——刑事预审法庭和检察官》，陈春龙、王海燕译，中国检察出版社 1991 年版；金邦贵主编：《法国司法制度》，法律出版社 2008 年版；《法国刑事诉讼法典》，罗结珍译，中国法制出版社 2006 年版；[法]卡斯东·斯特法尼、乔治·勒瓦索、贝尔纳·布洛克：《法国刑事诉讼法精义》，罗结珍译，中国政法大学出版社 1999 年版；《法国刑事诉讼法典》，方蔼如译，法律出版社 1987 年版。

[22] 程味秋主编：《外国刑事诉讼法概论》，中国政法大学出版社 1994 年版，第 116 页。

[23] See Mireille Delmas-Marty and J. R. Spencer: *European Criminal Procedures*,

Cambridge University Press, 2002, p.231.转引自潘金贵:《刑事预审程序研究》,法律出版社 2008 年版,第 146 页。

[24] 德国在 1975 年取消了预审法官制度,主持"中间程序"的法官不再承担侦查职责;意大利在 1988 年刑事诉讼法中确定预审法官的基本职能是对审查起诉进行裁判。

[25] 肖军、刘静坤:《法国预审法官制度改革新动向》,《人民法院报》2012 年 8 月 24 日,第 8 版。

[26] 有关对重罪案件预审程序改革的内容可以参见:孙长永:《探索正当程序——比较刑事诉讼法专论》,中国法制出版社 2005 年版,第 275 页;赵海峰:《法国刑事诉讼法典重大改革评介(续)》,载赵海峰、卢建平主编:《欧洲法通讯》第 2 辑,法律出版社 2001 年版,第 191—193 页。

[27] 宋英辉、孙长永、刘新魁等:《外国刑事诉讼法》,法律出版社 2006 年版,第 69 页。

[28] [日]冈田朝太郎、松冈义正等口授,郑言笔述:《检察制度》,蒋士宜编纂,陈颐点校,中国政法大学出版社 2003 年版,第 53 页。

[29] 对德国刑事庭前程序的介绍,主要参考以下资料:汪建成、甄贞主编:《外国刑事诉讼第一审程序比较研究》,法律出版社 2007 年版;[德]托马斯·魏根特:《德国刑事诉讼程序》,岳礼玲、温小洁译,中国政法大学出版社 2004 年版;[德]克劳思·罗科信:《刑事诉讼法》,吴丽琪译,法律出版社 2003 年版;《德国刑事诉讼法典》,李昌珂译,中国政法大学出版社 1995 年版。

[30] 宋冰编:《读本:美国与德国的司法制度及司法程序》,中国政法大学出版社 1998 年版,第 366 页。

[31] 周欣:《德国刑事诉讼特色制度概览及评析》,《新疆警官高等专科学校学报》2002 年第 4 期。

[32] [德]克劳思·罗科信:《刑事诉讼法》,吴丽琪译,法律出版社 2003 年版,第 379 页。

[33] 汪建成、甄贞主编:《外国刑事诉讼第一审程序比较研究》,法律出版社 2007 年版,第 148 页。

[34] 曹文安:《预审制度研究》,中国检察出版社 2006 年版,第 103 页。

[35] [德]克劳思·罗科信:《刑事诉讼法》,吴丽琪译,法律出版社 2003 年版,第 378 页。

[36] [德]托马斯·魏根特:《德国刑事诉讼程序》,岳礼玲、温小洁译,中国政法大学出版社 2004 年版,第 132—133 页。

[37] 对日本刑事庭前程序的介绍,主要参考以下资料:宋英辉、孙长永、刘新魁等:《外国刑事诉讼法》,法律出版社 2006 年版;冈田朝太郎口授、汪庚年整理、吴宏耀点校:《刑事诉讼法》,中国政法大学出版社 2012 年版;《日本刑事诉讼法》,宋英辉译,中国政法大学出版社 2000 年版;[日]松尾浩也:《日本刑事诉讼法》,丁相顺译,中国

人民大学出版社 2005 年版;汪建成、甄贞主编:《外国刑事诉讼第一审程序比较研究》,法律出版社 2007 年版。

[38] 这部分内容参考宋英辉、孙长永、刘新魁等:《外国刑事诉讼法》,法律出版社 2006 年版,第 627—630 页;宋英辉、刘兰秋:《日本 1999 至 2005 年刑事诉讼改革介评》,《比较法研究》2007 年第 4 期。

[39] 对意大利刑事庭前程序的介绍,主要参考:《意大利刑事诉讼法典》,黄风译,中国政法大学出版社 1994 年版;宋世杰等:《外国刑事诉讼法比较研究》,中国法制出版社 2006 年版。

[40] 为了解决案件的积压、提高诉讼效率,意大利刑事诉讼法创设了刑事特别程序,分别是简易审判程序、依当事人要求适用刑罚程序、处罚令程序、快速审判程序和立即审判程序。前三种是省略审判阶段的特别程序,后两种是省略初步庭审阶段的特别程序。因此,考察意大利刑事庭前程序是以普通程序为研究对象的。

[41] 文书室在对案件移送审判时,会准备两份卷宗,分别是法官卷宗和检察官卷宗。法官卷宗移送到审判法院,检察官卷宗移送给公诉人,辩护人有权在公诉人秘书室查阅检察官卷宗。

[42] 对台湾刑事庭前程序的介绍,主要参考以下资料:林钰雄:《刑事诉讼法》,台北新学林出版股份有限公司 2011 年版;林钰雄:《刑事诉讼法》下册,中国人民大学出版社 2005 年版;柯葛壮:《刑事诉讼法比较研究》,法律出版社 2012 年版;陈光中主编:《21 世纪域外刑事诉讼立法最新发展》,中国政法大学出版社 2004 年版。

[43] 纵博、郝爱军:《近年台湾地区的刑事诉讼改革及其启示》,《台湾研究集刊》2010 年第 3 期。

[44] 林钰雄主编:《刑事诉讼法》,台湾新学林出版社 2005 年版,第 113 页。

[45] 林山田:《刑事诉讼法改革对案》,台湾元照出版有限公司 2000 年版,第 393 页。

[46] 这种情况主要指:最轻本刑为 3 年以上有期徒刑或高等法院管辖第一审案件的被告人因智能障碍无法进行完全陈述的被告人。

[47] 潘金贵:《刑事预审程序研究》,法律出版社 2008 年 1 月版,第 202 页。

[48] 龙宗智:《刑事庭审制度研究》,中国政法大学出版社 2001 年版,第 160 页。

[49] 程味秋主编:《外国刑事诉讼法概论》,中国政法大学出版社 1996 年版,第 69—70 页。

第四章
我国刑事庭前程序的现状及评析

在我国，检察机关向人民法院提起公诉后，从程序归属上说便进入了审判程序。与庭审程序相比，庭前程序并没有得到应有的关注和重视，这从立法对其的简陋规定便可窥一二。虽然我国刑事诉讼法的每次修改都会涉及庭前程序的相关规定，具体内容也会发生不断的变化，但是，与法治先进国家的刑事庭前程序相比，真正意义上的庭前程序在我国并不存在。

第一节　我国刑事庭前程序之立法嬗变与司法改革

一、 我国刑事庭前程序的立法发展

1. 1979 年《刑事诉讼法》庭前程序的特点和存在问题

1979 年《刑事诉讼法》是我国的第一部刑诉法，其制定背景是“十一届三中全会结束不久，立法工作才开始摆到全国人大及常务委员会的议事日程上来，为了尽快克服无法可依的状况，在缺乏立法经验的情况下，立法的指导思想是‘宁简勿滥’，‘宜粗不宜细’”。[1] 在这种条件下诞生的刑诉法，采用的是职权主义诉讼模式，完全以追求实体真实为

价值取向。因此，这样的诉讼目的和价值追求也充分体现在对庭前程序的立法规定上。根据1979年《刑事诉讼法》的规定，检察机关在提起公诉时，实行全案移送，即将起诉书连同案卷材料和证据一并移送人民法院。法院在收到起诉书后由合议庭的组成人员对案件进行审查。该法第108条规定："人民法院对提起公诉的案件进行审查后，对犯罪事实清楚、证据充分的，应当决定开庭审判；对于主要事实不清、证据不足的，可以退回人民检察院补充侦查；对于不需要判刑的，可以要求人民检察院撤回起诉。"第109条规定："人民法院在必要的时候，可以进行勘验、检查、搜查、扣押和鉴定。"第110条规定："人民法院决定开庭审判后，应当进行下列工作：(一)确定合议庭的组成人员；(二)将人民检察院的起诉书副本至迟在开庭七日以前送达被告人，并且告知被告人可以委托辩护人，或者在必要时为被告人指定辩护人；(三)将开庭的时间、地点在开庭三日以前通知人民检察院；(四)传唤当事人，通知辩护人、证人、鉴定人和翻译人员，传票和通知书至迟在开庭三日以前送达；(五)公开审判的案件，先期公布案由、被告人姓名、开庭时间和地点。上述活动情形应当写入笔录，由审判人员和书记员签名。"

从这些条文规定和刑诉法的有关司法解释来看，我国1979年《刑事诉讼法》对庭前程序的规定具有如下特点：第一，凡是检察机关提起的公诉案件，不论罪行是否严重，一律都要经过人民法院的公诉审查，这是案件进入开庭审判的必经程序。而且，这样的公诉审查是法院的职权，被告人没有放弃或者选择的权利。第二，人民法院对公诉案件进行的审查是实质性审查，不仅从形式上查明检察机关移送的起诉书、案卷和证据材料是否齐备完整，更主要的是从实体上查明犯罪事实是否清楚、证据是否确实充分。第三，人民法院进行公诉审查的方式并不单一，除了全面审阅案卷材料外，可以提讯被告人，还可以在必要的时候，进行勘验、检查、搜查、扣押和鉴定等进一步调查核实证据的工作，以确保案件事实的真实。第四,庭前程序中的法官就是对案件进行审判的合议庭成员。第五,庭前程序中对开庭的准备主要限于一些常规性的准备工作,内容相对比较简单,没有起到程序分流、非法证据排除、争点和证据整理等作用。

1979 年《刑事诉讼法》历经十七年的实践运作,虽然因法官对公诉案件的全面、实质性的审查而保证不符合审判条件的案件不能进入庭审,在一定程度上保障了国家刑罚权的有力行使,但是有关庭前程序的粗糙规定,在刑事司法实践中暴露出许多弊端。一方面,“先入为主”和“先定后审”的现象普遍存在,庭审流于形式。由于庭前程序的法官并未与庭审法官分离,加上法官对检察院全面移送的案卷材料和证据实行的是实体审查,并且为了核实调查证据,还可以积极主动进行庭外调查,这就使得法官在开庭前就对被告人是否有罪、所犯何罪形成内心确信,导致“案件还未开庭审理,审判员对案件的定性、量刑已成定论,开庭成了走过场”,[2]甚至有学者提出如此尖锐的批评:“我国刑事诉讼法颁布实施以来,在刑事审判工作中出现的‘先判后审’、‘先定后审’的反常现象,显然与刑事诉讼法第 108 条、第 109 条的规定有直接联系”。[3]另一方面,这样的庭前程序破坏了现代刑事诉讼所要求的控审分离、控辩平等和审判中立的诉讼结构,混淆了庭前程序和庭审的任务。法官在庭前为了查明案件事实的需要,可以提讯被告人,可以依职权进行调查取证,在公诉审查结束时,还可以退回补充侦查或者要求人民检察院撤回起诉,这些都说明法官已经超越公正、中立、消极的裁判者地位,承担了打击犯罪的职责,不符审判中立和控审分离的要求。同时,由于法官在庭前程序中已经对犯罪事实形成预断,到正式开庭时,法庭不过是法官对预断的简单确认,法官自然不会对辩方的辩护意见加以重视,也很难通过接受辩方的意见来推翻自己内心的确信。因此,辩方的辩护权不能得到真正的落实,辩护成为庭审中可有可无的“点缀”，这势必损害辩方的利益和辩护的有效性。

2. 1996年《刑事诉讼法》庭前程序的特点和存在问题

由于1979年《刑事诉讼法》庭前程序存在的缺陷，导致司法实践中出现的问题越来越多，改革公诉方式和庭前审查程序成为我国刑事司法改革的基本共识。但是，如何修改却成为争议的焦点：有的学者认为借鉴日本“起诉状一本主义”的经验，检察院不得向法院移送包括证据在内的任何可能使法官产生偏见或预断的案卷材料，只能在庭审中通过举证提出，这是根除先判后审、防止庭审走过场的最有效措施。[4]但是，这种相当于废除了案卷移送和公诉审查制度的想法并没有成为主流观点，大多数学者还是赞同法院在开庭前对公诉进行审查符合中国的司法体制，还是非常有必要的，改革应该从“限制检察机关移送法院的案卷范围”和“将实质审查改为形式审查”这两种思路展开。[5]

我国1996年《刑事诉讼法》进行了首次大规模的修订，这次修改“使我国刑事诉讼模式发生了变革，引进、吸收了诸多当事人主义诉讼模式的内容，出现了‘当事人主义化’趋势”。[6]在庭前程序方面，1996年《刑事诉讼法》废除了职权主义下的案卷移送，实行了“复印件主义”的公诉方式。该法第150条规定：“人民法院对提起公诉的案件进行审查后，对于起诉书中有明确的指控犯罪事实并且附有证据目录、证人名单和主要证据复印件或者照片的，应当决定开庭审判。”第151条规定：“人民法院决定开庭审判后，应当进行下列工作：（一）确定合议庭的组成人员；（二）将人民检察院的起诉书副本至迟在开庭十日以前送达被告人。对于被告人未委托辩护人的，告知被告人可以委托辩护人，或者在必要的时候指定承担法律援助义务的律师为其提供辩护；（三）将开庭的时间、地点在开庭三日以前通知人民检察院；(4)传唤当事人，通知辩护人、诉讼代理人、证人、鉴定人和翻译人员，传票和通知书至迟在开庭三日以前送达；（五）公开审判的案件，在开庭三日以前先期公布案由、被告人姓名、开庭时间和地点。上述活动情形应当写入笔录，由审判人员和书记员签名。”1996 年《刑事诉讼法》对庭前程序仅有的两条立法规定相当粗疏，1998 年《最高人民法院关于执行〈中华人民共和国刑事诉讼法〉若干问题的解释》（以下简称“1998 年最高人民法院《解释》”）作了补充规定。该解释第 116 条规定，人民法院对人民检察院提起的公诉案件，应当在收到起诉书后，指定审判员审查以下内容：(1)案件是否属于本院管辖；(2)起诉书指控的被告人的身份，实施犯罪的时间、地点、手段，犯罪事实，危害后果和罪名以及其他可能影响定罪量刑的情节等是否明确；(3)是否附有起诉前收集的证据的目录；(4)是否附有能够证明指控犯罪行为性质、情节等内容的主要证据复印件或者照片；(5)提起附带民事诉讼的，是否附有相关证据材料；(6)有无《刑事诉讼法》第 15 条第 2 至 6 项规定的不追究刑事责任的情形等。1998 年最高人民法院《解释》第 117 条规定，案件经审查后，应当根据不同情况分别处理：对于不属于本院管辖或者被告人不在案的，应当决定退回人民检察院；在宣告判决前，人民检察院要求撤回起诉，人民法院裁定准许撤诉的案件，没有新的事实、证据，人民检察院重新起诉的，人民法院不予受理；对于起诉书叙述内容欠缺的，或移送的案卷材料或复印件不齐全的，或主要证据复印件或照片欠缺的，应当通知人民检察院 3 日内补送；对符合《刑事诉讼法》第 15 条第 2 至 6 项规定的情形的，应当裁定终止审理或者决定不予受理。1998 年最高人民法院《解释》第 119 条对庭前准备作了进一步规定，即对于决定开庭审理的案件，人民法院应当进行下列工作：(1)适用普通程序审理的案件，由院长或者庭长指定审判长并确定合议庭组成人员；适用简易程序审理的案件，由庭长指定审判员一人独任审理。(2)将人民检察院的起诉书副本至迟在开庭十日以前送达当事人。(3)对于未委托辩护人的被告人，告知其可以委托辩护人，对于符合法律规定的，指定承担法律援助义务的律师为其提供辩护。(4)通知被告人、辩护人于开庭五日前提供出庭作证的身份、住址、通讯处明确的证人、鉴定人名单及不出庭作证的证人、鉴定人名单和拟当庭宣读、出示的证据复印件、照片。(5)将开庭的时间、地点在开庭三日以前通知人民检察院。(6)将传唤当事人和通知辩护人、法定代理人、证人、鉴定人和勘验、检查笔录制作人、翻译人员的传票和通知书,至迟在开庭三日以前送达。(7)公开审判的案件,在开庭三日以前先期公布案由、被告人姓名、开庭时间和地点。人民法院通知公诉机关或者辩护人提供的证人时,如果该证人表示拒绝出庭作证或者按照所提供的证人通讯地址未能通知到该证人的,应当及时告知申请通知该证人的公诉机关或者辩护人。上述活动情形应当制作笔录,并由审判人员和书记员签名。该解释第 120 条还规定,开庭审判前,合议庭可以拟出法庭审理提纲。

我国 1996 年《刑事诉讼法》对庭前程序的规定具有以下特点:第一,公诉审查仍然是庭审前的必经程序,不论案件性质、犯罪轻重,法院在收到检察机关提起的公诉后就要进行审查,被告人没有放弃的权利。第二,人民法院在庭前程序进行公诉审查时,将原来的实质性审查改为程序性审查,但实践中法检对"主要证据"的范围之争无疑体现出程序性审查的不彻底性。[7]第三,庭前程序的法官通常是庭审法官,法律仍然没有禁止庭前法官参加庭审,法官预断并未排除。第四,法官对公诉案件进行审查的标准降低了,不再需要达到"事实清楚、证据充分",而只要确认"起诉书中有明确的指控犯罪事实并附有证据目录、证人名单和主要证据复印件或者照片的"就要开庭审判。第五,取消了法官在庭前程序中提讯被告人的权力。第六,取消了法官在庭前程序中的调查取证权,不再授权法官实施勘验、检查、搜查、扣押和鉴定等活动。第七,取消了庭前程序中退回补充侦查制度,以避免诉讼程序的倒流。第八,庭前程序中对开庭准备的设计较为简单,基本是人民法院实施的纯粹的技术性、操作性事宜，缺乏控辩双方的参与。

1996 年《刑事诉讼法》对庭前程序的修改，既适应了"复印件主义"公诉方式的变革，又考虑到当事人主义对抗式庭审改革的需要，在一定程度上具有防止法官在庭前过多接触控方的证据，消除"先定后审"，实现庭审实质化的积极意义。然而，经过多年的司法实践，对庭前程序首次修改所预期的立法目的并没有实现，反而由于相关制度的缺失孳生了一些新的问题，主要表现为：

首先，庭前程序并未完全排除法官庭前预断。1996 年《刑事诉讼法》修改时，为了防止法官在庭前对案件形成全面预断，立法者已经意识到检察机关在起诉时不能把案卷证据全部移送到法院，因为法官在庭前查阅了解到的案卷材料越少，他们在庭审中越能保持中立的地位，庭审实质化也就越能够实现。但是，当时我国法官的专业水平和整体素质并不高，难以在对案卷材料一无所知的前提下驾驭抗辩式庭审的正常运行，因此，立法就采取移送"主要证据的复印件或照片"、"证据目录"和"证人名单"，对于其他证据材料应一律当庭出示。这种改变对于长期以来已经习惯于在庭前掌握全面案卷材料而对庭审"胸有成竹"的法官来说并不适应。为了能在开庭审理时做到"心中有数"，庭前法官在对检察官移送的主要证据复印件或照片进行审查的同时，努力扩大"主要证据"的范围以保证获得更多了解案件事实的机会，甚至有些地方的法官要求检察机关在庭前先将全部案卷移送阅卷后再返还，或者在开庭后移送案卷材料，这些做法不仅没有排除法官庭前预断，更使庭前程序性审查徒具形式。加上检察机关从追诉者利益考虑，往往不会将有利于被告人的证据在庭前就移送，使法官对检察机关有选择性提供的材料形成的预断，反而比全面移送案卷时形成的预断更为片面狭隘，这恰恰有悖于立法初衷。

其次，庭前程序缺乏对公诉权的有效制约。由于人民法院在开庭前只能对起诉书及主要证据的复印件或照片进行程序性审查,那些本来可以通过阅读案卷材料和审查证据发现不符合公诉条件的案件,却不能被排除在庭审之外,丧失了庭前过滤案件的基本功能。另外,1996年《刑事诉讼法》第150条只规定了符合起诉条件的都应当决定开庭审判,并未对那些不符合条件的起诉应当如何处理作出规定。虽然最高人民法院的司法解释进行了补充规定,但是除了对不符合法定起诉条件的案件应当裁定终止审理或者决定不予受理外,并没有规定对检察机关驳回起诉的情况,因此,无法对检察机关依法合理行使公诉权进行有效监督。

第三,庭前程序限制了辩方知悉权和辩护权的行使。1979年《刑事诉讼法》规定公诉方起诉时全案移送案卷材料,辩方可以通过庭前阅卷的方式对案件事实和证据材料事先知悉,从而为开庭审理做好充分的准备。然而,1996年《刑事诉讼法》规定送达给被告人的仅仅是起诉书副本,辩护律师和其他辩护人在法院受理案件后,只能查阅、摘抄、复印所指控的犯罪事实的材料,而不是所有案件材料。加上我国并没有实行证据开示制度,使得辩护人在庭前无从知晓公诉人准备在法庭上出示的所有证据,无法有效防止公诉人利用证据进行“伏击审判”,阻碍了辩护职能的有效行使。

第四,庭前程序提高了诉讼成本,降低了诉讼效率。1996年《刑事诉讼法》规定的庭前准备多为人民法院进行的单向性的事务活动,没有吸收控辩双方尤其是辩方的参与,法官在仅凭检察机关移送的起诉书、证据目录、证人名单以及主要证据复印件或照片进行程序性审查的基础上,无法对控辩双方的争议焦点形成清晰的认识和判断。正如有学者描述的,“特别是现阶段多被告人、多罪名的复杂案件、团伙犯罪案件、黑社会性质的犯罪案件、聚众扰乱社会秩序的案件和数额巨大的经济犯罪案件越来越多,涉及的地名、人名和证人非常多……审判法官如果事先不仔细、全面地阅卷，那么在开庭审理时别说查明案情，甚至可能连人名、地名都无法记清”。[8]因此，在这样的背景下，法官自然难以有效驾驭庭审，引导庭审活动的高效展开。此外，庭前程序中移送主要证据的复印件成本相当高，据有学者推算，“1998 年全国检察机关起诉部门复印证据材料的费用至少要 1 388 万元”。[9]这对于大多数办案经费紧张的检察机关来说无疑是一笔很大的开销，一些经济落后地区的检察院根本无法承受，只能将案件材料在庭审前就交给法院，以降低诉讼成本。

第五，庭前准备程序功能的虚无化。在我国诉讼程序的研究中，相对于公诉程序、庭审程序这些相对热门的程序来说，庭前程序向来处于比较冷门的地位。而庭前程序中的庭前准备程序，更是属于容易被忽视的领域，长期以来并未受到立法的青睐。与 1979 年《刑事诉讼法》相比，1996 年《刑事诉讼法》对庭前准备程序虽然作了一些修改，但就具体内容来说并没有任何实质意义上的变化，仍然是法院为召集有关人员出席庭审而办理的手续性事务。这样的庭前准备程序与发达国家的庭前准备程序相比，缺乏当事人的程序参与，没有起到保障集中审理，加强庭审质量和提高诉讼效率的作用，在一定程度上不能被称为庭前准备程序。我国立法对庭前准备程序的疏忽导致其功能的虚无化，使得公诉案件经过法院庭前审查后，直接进入庭审阶段，起诉到庭审之间缺乏过渡和缓冲，形成了“一步到庭”的审判模式，所有与审判有关的程序性问题都要到法庭审理过程中予以解决，这必然导致庭审中断的频发和诉讼投入的增加。[10]

二、 我国刑事庭前程序的司法实践

理论指导实践，实践反馈理论。随着我国立法对刑事庭前程序的不断修改，司法实务界也通过试点改革深入研究庭前程序，为刑事庭前程序的进一步完善提供了丰富经验和实践基础。

1. 对刑事案件审判流程的改革

在传统审判管理模式下，我国各地法院对案件基本是由各个审判业务庭一揽子包干负责到底。1998年山东省寿光市人民法院开始试行"大立案"审判流程管理模式，1999年最高人民法院公布第一个《人民法院五年改革纲要》，将立审分立、审执分立、审监分立和建立科学的案件审理流程管理制度作为改革目标。由此，全国法院系统的审判流程管理开始呈现一种新的模式，即"大立案"模式。所谓"大立案"指的是在法院审判业务庭之外成立一个立案机构，该立案机构不仅负责案件的受理和审查，而且还包括审限监督管理、审前准备工作等多重职责。这一模式是各级法院强化审判过程管理、加强诉讼程序管理的重要尝试。虽然各地法院具体操作"大立案"模式时存在一定的差别，但是，就刑事案件而言，立案机构承担的与刑事庭前程序相关的职能主要包括：对案件是否符合起诉条件进行审查、通知诉讼参与人出庭、送达诉讼文书、将检察机关移送的主要证据复印件、照片、证人名单等材料在正式开庭前的规定期限移交审判法官、确立开庭时间和地点、审限跟踪和案件督办以及其他有关事项。在这样的模式下，主审法官在开庭前根本不与控辩双方接触，也谈不上对案件进行实体或程序性审查，只是被告知在什么时间开庭审理哪个案件，法官只能在立案机构移交其相关材料后的有限时间内做好开庭的准备，对案件的判断基本要通过法庭的开庭审理才能作出，庭审结束后，法官根据案件事实和证据作出裁判就结束了对这个案件的所有审判公正，宣判和送达也将由立案机构代劳。[11]当然，这种"大立案"的做法在实践中遇到了一些困难，比如，庭审法官完全不介入庭前程序，在开庭时缺乏目标和针对性，容易导致庭审效率不高；而立案庭人员缺少，无法保证对每一个案件的庭前程序做到充分、完备，又容易造成案件重复开庭。鉴于大立案模式在司法实践中存在的问题，一些法院又展开了深入的探索，改革思路主要是缩减立案机构应承担的工作职责（尤其是庭前准备工作），调整庭前程序的配置方式，将庭前准备工作纳入相应的审判业务庭，置于庭审法官的直接指挥下，有学者称其为“小立案模式”。[12]“大立案”和“小立案”两者的区别主要在于：庭前准备等辅助性工作前者是由审判庭以外的立案机构来做，后者是由审判庭内部的人员（通常是法官助理）来做。但是，不管是哪种模式，客观地说，这些做法对于保证庭前程序独立、排除法官预断、促进庭审实质化和规范审判管理有着非常重要的意义，是对庭前程序改革的大胆尝试和摸索。

2. 对法官助理制度的推行

1999 年最高人民法院出台的《人民法院五年改革纲要》第 33 条首次提出“为法官配备法官助理”的要求。2002 年《最高人民法院关于法官队伍职业化建设若干问题的意见》第 29 条明确规定试行法官助理制度。2004 年 9 月开始，最高人民法院将 18 个人民法院作为推行法官助理工作的试点法院，并公布《关于在部分地方人民法院开展法官助理试点工作的意见》。该意见明确法官助理在法官指导下应履行的职责：审查诉讼材料，提出诉讼争执要点，归纳、摘录证据；确定举证期限，组织庭前证据交换；代表法官主持庭前调解，达成调解协议的，须经法官审核确认；办理指定辩护人或者指定法定代理人的有关事宜；接待、安排案件当事人、诉讼代理人、辩护人的来访和阅卷等事宜；依法调查、收集、核对有关证据；办理委托鉴定、评估、审计等事宜；协助法官采取诉讼保全措施；准备与案件审理相关的参考资料；按照法官要求，草拟法律文书；办理排定开庭日期等案件管理的有关事务；完成法官交办的其他与审判业务相关的辅助性工作。[13]由此可见，最高人民法院对法官助理的定性是在法官指导下从事诸如送达、保全、调解、庭前准备等审判辅助性工作的人员。从法官助理的职责可以看出，“上述职能多是发挥在庭审之前，与庭前程序中的证据展示、庭审预备、纠纷裁断等功能不谋而合”。[14]因此，最高人民法院对法官助理制度的推行，以及各试点法院对法官助理制度的摸索都为实现我国庭前程序中庭前法官和庭审法官相分离提供了实践经验和改革思路。

3. 对证据展示制度的探索

1996年《刑事诉讼法》修改后，引进了控辩对抗式的刑事审判机制，刑事诉讼的模式也发生了重大转变。在刑事诉讼模式由职权式向对抗式转型过程中，刑事诉讼的司法实践还保留着诸多职权主义的操作范式。“尤其是在立法与实务的衔接上，由于适应庭审对抗主义的配套机制没有建立、健全，在摒弃卷宗移送主义为裁判者拉上‘无知之幕’时，却没有建立起相应的审前证据信息披露机制，以致在防止法官预断和保护辩方先悉权、强调庭审对抗性与保证审判质量效率之间形成了‘两难’局面，故而，引入证据开示制度，已经成为刑事诉讼的当务之急。”[15]为了建立符合我国国情的刑事庭前证据开示，一些检察院和法院对此作了有益的探索。2001年初，山东省寿光市人民法院开始了刑事案件庭前证据开示的初步尝试，制定了《寿光市人民法院、寿光市人民检察院刑事案件证据开示操作规程》，形成了一套操作性较强的证据开示制度，包括检察院在审查起诉阶段举行的证据开示和案件起诉后法院在庭审准备阶段举行的证据开示两部分。[16]2002年11月，广州市海珠区人民检察院与海珠区人民法院联合制定《海珠区人民法院、海珠区人民检察院刑事诉讼证据展示规则(试行)》，对庭前证据展示制度的具体操作程序作了明确规定，内容主要包括：证据展示的适用范围、展示主体、展示方式、展示内容、展示程序、展示结果以及展示的法律责任。[17]2003年2月，广州海珠区检察院对原海珠区某村第二经济合作社社长白某非法转让土地使用权一案，采用了庭前证据开示的形式依法提起公诉，成为广东省首例以控方为主导进行的庭前证据开示，也是检察机关推进刑事庭前程序改革的重大尝试。[18]司法实践对庭前证据开示的积极推行富有成效，不仅明显增强了庭审对抗性和庭审质量，而且有效保障了被告人的诉讼权利，提高了诉讼效率。当然，在对庭前证据开示的推行过程中还存在着一些亟待弥补的不足或缺陷。但是，不管怎样，司法实务对庭前证据开示的摸索为我国刑事庭前程序的立法改革提供了必要的司法实务经验。

4. 对刑事庭前会议制度的尝试

山东省寿光市人民法院探索庭前证据开示制度的过程中，得到学术科研团队的指导与帮助。具有重大意义的"刑事庭前会议制度"正是中国人民大学陈卫东教授带领的学术团队和寿光法院在合作探索证据开示制度、对刑事庭前程序进行改革的过程中创设出来的，体现了理论界和实务界的共同智慧。正如《关于山东省寿光市人民法院刑事庭前程序改革的调研报告》中所写的"寿光法院改革的最初目的是想推行庭前证据展示制度，但是，我们通过分析研究与比较，认为将寿光法院的改革称之为'庭前会议'更为合适"。[19]根据该调研报告，在检察院提起公诉后，法院在正式庭审前，可以根据案件的具体情况召开一个由控辩双方及其他诉讼参与人参加的会议。在会议上，分别出示拟在法庭上使用的证据，由控辩双方表示对哪些证据持有异议，如果需要申请通知新的证人、调取新的物证或者申请重新鉴定或者勘验的，也在此时提出。会议后，制作控辩双方"有异议证据清单"和"无异议证据清单"，交控辩双方核对。寿光法院在实践中还将庭前会议与普通程序简化审结合起来，对于由异议的证据在开庭时重点调查质证，对于没有异议的证据则可以简化质证。庭前会议的推行，大大缩减了庭审的时间和开庭的次数，保证了庭审的集中和连续，同时辩护人通过庭前会议对庭审做好了充分的准备，更能充分履行其辩护职能。据统计，寿光法院一共有223件刑事案件举行过庭前会议，这些案件都只进行过一次开庭，并且都是当天结案，无一上诉。由此可见，寿光法院对刑事庭前会议制度的尝试取得了良好的诉讼效果。正是我国司法实践中对庭前会议制度的积极探索，为庭前会议写入刑诉法的再修改提供了可资借鉴的经验。

总之，司法实践部门对刑事庭前程序相关内容的改革，有的已经初见成效，并且积累了一定的经验，取得了较好的社会效果。这些经验与成果需要通过立法的方式加以转化和固定，才能进一步推动我国刑事司法改革的持续发展。2012 年，我国刑事诉讼法的再次修改，其中一些新的制度、新的突破就是对司法实践中改革成果的吸收。

第二节　我国刑事庭前程序的现状与反思

一、 我国刑事庭前程序的现状

1996 年《刑事诉讼法》在我们的政治、经济、文化和社会生活等各个方面都发挥了重要的作用。但是，随着社会经济的快速发展，这部法律存在的不足和缺陷越来越明显。就刑事庭前程序而言，1996 年的修改既没有实现修法时的目的，相反引起了诸如法官预断未能排除、公诉权未能受到有效制约、辩护权未能得到有效保障等问题。为了进一步推动刑事诉讼法的科学化、法制化和民主化，维护司法公正和保护公民权利，2012 年《刑事诉讼法》进行了第二次修改，这是新中国成立后刑事诉讼发展史上的一次重大变革。此次修改，增加了 66 条，在原有条文基础上修改了 90 条，合并 1 条，使新刑诉法达到 290 条的规模。其中，涉及庭前程序内容的仅有的两个条款——第 181 条和第 182 条都作出修改，引起学术界和司法界的普遍关注。2012 年《刑事诉讼法》第 181 条规定："人民法院对提起公诉的案件进行审查后，对于起诉书中有明确的指控犯罪事实的，应当决定开庭审判"。第 182 条规定："人民法院决定开庭审判后，应当确定合议庭的组成人员，将人民检察院的起诉书副本至迟在开庭十日以前送达被告人及其辩护人。在开庭以前，审判人员可以召集公诉人、当事人和辩护人、诉讼代理人，对回避、出庭证人名单、非法证据排除等与审判相关的问题，了解情况，听取意见。人民法院确定开庭日期后，应当将开庭的时间、地点通知人民检察院，传唤当事人、通知辩护人、诉讼代理人、证人、鉴定人和翻译人员，传票和通知书至迟在开庭三日以前送达。公开审判的案件，应当在开庭三日以前先期公布案由、被告人姓名、开庭时间和地点。上述活动情形应当写入笔录，由审判人员和书记员签名。"2012 年 12 月公布的《最高人民法院关于适用〈中华人民共和国刑事诉讼法〉的解释》(以下简称"2012 年最高人民法院《解释》")第 180 条至第 185 条对庭前程序的内容作出补充规定和进一步解释。2012 年 10 月通过的《人民检察院刑事诉讼规则(试行)》(以下简称"2012 年最高人民检察院《规则》")和 2012 年 12 月最高人民法院、最高人民检察院、公安部、国家安全部、司法部、全国人大常委会法制工作委员会联合发布的《关于实施刑事诉讼法若干问题的规定》(以下简称"2012 年《实施刑事诉讼法规定》")中也有涉及庭前程序的内容。根据这些立法、司法解释和相关规定，我国现行刑事庭前程序主要包括以下内容：

(一) 关于公诉审查程序

1. 案卷移送制度的重拾

公诉审查是法院收到公诉机关的起诉后，对公诉机关提起公诉的材料进行审查，以查明案件是否符合起诉条件，防止公诉权的滥用。公诉机关向法院提起公诉的方式，直接确定了法院在庭前能接触到的案卷材料的范围。因此，"刑事公诉方式与庭前审查密切相关，从广义上讲，公诉方式是庭前审查程序的内容之一"。[20] 在 2012 年《刑事诉讼法》修改前，如何改革公诉方式一直是争议的一个焦点，主要有三个观点：一是维持现状，不做修改；二是恢复全案移送；三是完善配套措施，实行起诉状一本主义。而后两种观点形成了激烈的对抗。最终,立法者选择了第二种观点,恢复了全案卷宗、证据的移送方式。2012 年《刑事诉讼法》第 172 条规定:“人民检察院认为犯罪嫌疑人的犯罪事实已经查清,证据确实、充分,依法应当追究刑事责任的,应当作出起诉决定,按照审判管辖的规定,向人民法院提起公诉,并将案卷材料、证据移送人民法院”。对于重拾案卷移送主义的原因,全国人大常委会法工委刑法室原副主任黄太云是这样解释的:1996 年《刑事诉讼法》为克服法官先入为主,防止庭审过程形式化的目标,并没有达到预期目的。法官反映,在开庭前没有全面阅卷,庭审中难以把握主要问题,且目前法官基本上不具备经过当庭审理即对案件事实证据作出正确判断的能力,因此,在目前的司法职权配置情况和审判制度下,庭前全面审阅卷宗材料很有必要,尤其是对于那些重大、疑难、复杂案件来说。加上诉讼成本和诉讼效率的因素,此次刑诉法修改采纳了恢复案卷移送的意见。[21]总之,我国对公诉方式的变革可谓一波三折,从 1979 年的“案卷移送主义”到 1996 年移送主要证据的复印件或者照片的“复印件主义”,再到 2012 年对“案卷移送主义”的恢复,反映出我国立法者对公诉方式的纠集。

2. 公诉审查的形式

虽然 2012 年《刑事诉讼法》第 170 条恢复了全案移送案卷和证据,将公诉方式回归到了“案卷移送主义”,但是,根据第 181 条规定:“人民法院对提起公诉的案件进行审查后,对于起诉书中有明确的指控犯罪事实的,应当决定开庭审判”,对公诉进行审查的形式并没有恢复到实体性审查,仍旧延续了 1996 年的程序性审查。对于“案卷移送主义”的公诉方式下,到底应当采用何种形式的审查,在刑事诉讼法的再次修改过程中,同样出现了反复和争论。在修法调研时,有观点认为,法院只对检察机关提起的公诉作形式审查,为检察机关滥用起诉权提供了便利。对于那些检察机关起诉的证据并不确实、充分的案件，法院因为形式审查并不能将其排除在庭审之外，必须开庭审理，不仅浪费了诉讼资源，而且不利于司法公正。因此，在2011年8月全国人大常委会公布的《中华人民共和国刑事诉讼法修正案（草案）》（以下简称《草案》）初稿中，并没有对公诉审查规定程序性审查方式。该《草案》第180条规定："人民法院对提起公诉的案件进行审查后，对于起诉书中有明确的指控犯罪事实并且附有证据的，应当决定开庭审判"。对此，有学者认为，《草案》的规定舍弃了"起诉状一本主义"与"程序审"的模式，又退回到"全案移送"、"实体审"的老路上。[22]还有的学者对《草案》恢复案卷移送制度的同时实行实体审查表示出了极大的担忧和不赞同，认为这样的规定有着较大的法律风险，不仅"先定后审"的现象很有可能"死灰复燃"，而且有可能从根本上摧毁"抗辩式"庭审方式的制度基础。[23]立法者在不断的权衡和比较中，《草案》二审稿删除了"有明确的指控犯罪事实"后面的"并且附有证据"，即只要起诉书中有明确的指控犯罪事实的，法院就应当决定开庭审判。这样做的立法理由是："检察机关作为国家公诉机关，其提起公诉的案件只要符合形式上的起诉标准，人民法院就应当开庭审理，庭审中由检察机关承担举证责任并承担举证不力或者不能的法律后果，人民法院通过庭审作出裁判，没有必要在开庭前对案件的材料和证据进行实质性审查，以防止重回'先定后审'的老路。"[24]最终，2012年《刑事诉讼法》对公诉审查主要是程序性审查的立场没有改变。

3. 公诉审查的主体

2012年《刑事诉讼法》没有明确规定公诉审查的主体，根据2012年最高人民法院《解释》第180条规定："对提起公诉的案件，人民法院应当在收到起诉书和案卷、证据后，指定审判人员审查以下内容……"，据此，公诉审查的主体为"审判人员"。与1998年最高人民法院《解释》

规定的公诉审查的主体是“审判员”相比较，扩大了审查主体的范围。这是因为，司法实践中对刑事案件的公诉审查基本上是由立案庭负责的，立案庭的立案人员大多为助理审判员，而审判员（尤其是基层法院的审判员）一般都在审判业务庭办案，为了缓解案多人少的矛盾，将公诉审查的主体调整为“审判人员”。

4. 公诉审查的内容

根据2012年最高人民法院《解释》第180条的规定，公诉审查的内容主要包括以下几个方面：(1)对管辖权的审查。(2)对起诉书内容的审查。包括：起诉书是否写明被告人的身份，是否受过或者正在接受刑事处罚，被采取强制措施的种类、羁押地点、犯罪的时间、地点、手段、后果以及其他可能影响定罪量刑的情节。(3)对是否移送证明指控犯罪事实的证据材料的审查。刑诉法第172条规定检察机关应当将案件材料和证据移送法院，因此，法院应当审查证明指控犯罪事实的证据材料是否移送，包括采取技术侦查措施的批准决定和所收集的证据材料。(4)审查是否查封、扣押、冻结被告人的违法所得或者其他涉案财物，并附证明相关财物依法应当追缴的证据材料。(5)审查是否列明被害人的姓名、住址、联系方式；是否附有证人、鉴定人名单；是否申请法庭通知证人、鉴定人、有专门知识的人出庭，并列明有关人员的姓名、性别、年龄、职业、住址、联系方式；是否附有需要保护的证人、鉴定人、被害人名单；(6)对于当事人已经委托辩护人、诉讼代理人，或者已经接受法律援助的，审查是否列明辩护人、诉讼代理人的姓名、住址和联系方式。(7)审查是否提起了附带民事诉讼；对于已经提起附带民事诉讼的，审查是否列明附带民事诉讼当事人的姓名、住址和联系方式，是否附有相关证据材料。(8)审查侦查、审查起诉程序的各种法律手续和诉讼文书是否齐全。(9)审查有无刑事诉讼法第15条第2项至第6项规定的不追究刑事责任的情形。为了防止司法实践中不移送重要证据，2012年

《实施刑事诉讼法规定》第 24 条专门规定:“人民检察院向人民法院提起公诉时,应当将案卷材料和全部证据移送人民法院,包括犯罪嫌疑人、被告人翻供的材料,证人改变证言的材料,以及对犯罪嫌疑人、被告人有利的其他证据材料。”对此,在公诉审查的实践中,应当特别注意审查对被告人有利的证据材料是否移送了。

5. 公诉审查的方法和期限

对公诉审查应当以书面审查为主,即通过阅读移送的案卷材料,了解起诉书中指控的犯罪事实,审查移送的证据是否完整。“需要注意的是,人民法院在庭前审查程序中一般不应提审被告人和询问证人、被害人和鉴定人,同时也不宜使用勘验、检查、扣押、鉴定、查询、冻结等方式调查核实证据。”[25]2012 年最高人民法院《解释》第 181 条第 2 款规定了公诉审查的期限,规定对公诉案件是否受理,应当在七日内审查完毕,并且 2012 年《实施刑事诉讼法规定》第 25 条第 2 款明确规定:“人民法院对提起公诉的案件进行审查的期限计入人民法院的审理期限”。

6. 公诉审查后的处理

根据 2012 年最高人民法院《解释》第 181 条第 1 款的规定,人民法院对提起公诉的案件进行审查后,有下列处理结果:(1)退回人民检察院。这主要针对的是告诉才处理的案件;不属于本院管辖或者被告人不在案的;对于法院裁定准许撤诉的案件,没有新的事实、证据又重新起诉的。(2)裁定终止审理或者退回人民检察院。对于符合《刑事诉讼法》第 15 条第 2 项至第 6 项规定的不予追究被告人刑事责任情形的,应当裁定终止审理或者退回人民检察院。(3)通知检察院补送材料。对于不符合《解释》第 180 条第 2 项至第 8 项规定之一,需要补充材料的,应当通知人民检察院在三日内补送。(4)依法受理。对于依照《刑事诉讼法》第 195 条第 3 项规定宣告被告人无罪后,人民检察院根据新的事实、证据重新起诉的,应当依法受理,或者对于被告人真实身份不明，但符合《刑事诉讼法》第185条第2款规定的，也应当依法受理。值得注意的是，2012年最高人民法院《解释》取消了1998年最高人民法院《解释》规定公诉审查后可以作出“不予受理”的决定。按照现行立法规定，人民法院对于人民检察院提起公诉的案件，都应当受理，没有驳回起诉的权力，即没有不立案审理的权力，人民法院也不能以材料不全、证据不足为理由不受理案件。2012年《实施刑事诉讼法规定》第25条第1款对此作了更进一步的明确和重申。

（二）关于庭前准备程序

随着庭审制度的改革，1996年《刑事诉讼法》规定的手续性、事务性的庭前准备程序越来越不能满足庭审程序的需要。如何设立能保障集中审理和迅速审判的庭前准备程序，在庭前准备程序中实现非法证据的排除和案件争点的整理，成为2012年《刑事诉讼法》修改过程中各方一致的呼声。与1996年《刑事诉讼法》相比，2012年《刑事诉讼法》建设性地完善了庭前准备程序，给刑事庭前程序的发展注入了新的活力。根据《刑事诉讼法》第182条的规定，以及2012年最高人民法院《解释》第182条至第185条的规定，我国现行庭前准备程序主要包括开庭前的事务性工作和庭前会议两项内容。

1. 开庭前的事务性工作

开庭审理前，人民法院应当进行下列工作：确定审判长及合议庭组成人员；开庭十日前将起诉书副本送达被告人、辩护人；通知当事人、法定代理人、辩护人、诉讼代理人在开庭五日前提供证人、鉴定人名单，以及拟当庭出示的证据；申请证人、鉴定人、有专门知识的人出庭的，应当列明有关人员的姓名、性别、年龄、职业、住址和联系方式；开庭三日前将开庭的时间、地点通知人民检察院；开庭三日前将传唤当事人的传票和通知辩护人、诉讼代理人、法定代理人、证人、鉴定人等出庭的通知书送达；通知有关人员出庭，也可以采取电话、短信、传真、电子邮件等能够确认对方收悉的方式;公开审理的案件,在开庭三日前公布案由、被告人姓名、开庭时间和地点。上述工作情况应当记录在案。开庭审理前,合议庭可以拟出法庭审理提纲。应当注意的是,《刑诉法》的再次修改增加了辩护人和被告人享有同等获得起诉书副本的权利,规定人民法院决定开庭审理后,人民检察院的起诉书副本不仅要送达被告人,而且还应当送达辩护人,体现出对辩护人诉讼主体地位的认可与保障,有利于辩护人充分、有效行使辩护权。

2. 庭前会议

(1) 庭前会议的意义

2012 年《刑事诉讼法》的再次修改对庭前准备程序改革的最大亮点在于设立了庭前会议制度,《刑事诉讼法》第 182 条第 2 款的规定标志着我国刑事诉讼中庭前会议程序的正式确立。这一规定改变了以往以手续性事项为主要内容的庭前准备程序,将庭前准备程序由封闭式的、法院单方面进行的活动改造成为控辩审三方共同参与的诉讼构造,实现了庭前准备程序的实质化及与庭审程序的相对分离,对于保障庭审顺畅、促进庭审实质化、实现审判公正、提高诉讼效率具有重要的意义。[26]"虽然庭前会议只是庭前准备程序中'了解情况、听取意见'的意见交换环节,不是独立的程序,但与审判人员'独揽'程序事项解决权的行政化处理方式相比,这一规定具有重大突破,将对我国刑事诉讼产生积极的影响。"[27]还有学者对庭前会议的设立作出了更高的评价:"如果说整个审判程序的改革是一个美丽的皇冠的话,庭前会议制度的构建则是这顶皇冠上最耀眼的明珠之一"。[28]

(2) 庭前会议适用的案件范围

2012 年《刑事诉讼法》并没有对需要召开庭前会议的情形作出明确规定,根据 2012 年最高人民法院《解释》第 183 条第 1 款规定:"案件具有下列情形之一的,审判人员可以召开庭前会议:(1)当事人及其辩护人、诉讼代理人申请排除非法证据的；(2)证据材料较多、案情重大复杂的；(3)社会影响重大的；(4)需要召开庭前会议的其他情形。”由此可见，出于对诉讼效率和司法成本的考虑，并非所有案件都需要召开庭前会议的，只有在确有必要时，由审判人员根据案件情况组织召开。

(3) 庭前会议的参与主体

根据现行《刑事诉讼法》第182条的规定，审判人员是庭前会议的召集人和主持人，庭前会议的参加者包括公诉人、当事人和辩护人、诉讼代理人。

(4) 庭前会议解决的事项

2012年《刑事诉讼法》第182条第2款对庭前会议所要解决的事项以列举的方式进行了原则性规定，包括回避问题、出庭证人名单问题、非法证据排除问题，同时以“等与审判相关的问题”作为兜底条款。2012年最高人民法院《解释》第184条作了进一步细化，规定“召开庭前会议，审判人员可以就下列问题向控辩双方了解情况，听取意见：(1)是否对案件管辖有异议；(2)是否申请有关人员回避；(3)是否申请调取在侦查、审查起诉期间公安机关、人民检察院收集但未随案移送的证明被告人无罪或者罪轻的证据材料；(4)是否提供新的证据；(5)是否对出庭证人、鉴定人、有专门知识的人的名单有异议；(6)是否申请排除非法证据；(7)是否申请不公开审理；(8)与审判相关的其他问题。审判人员可以询问控辩双方对证据材料有无异议，对有异议的证据，应当在庭审时重点调查；无异议的，庭审时举证、质证可以简化。被害人或者其法定代理人、近亲属提起附带民事诉讼的，可以调解。”2012年最高人民检察院《规则》第431条也对公诉人参加庭前会议所要解决的事项作出了规定：“在庭前会议中，公诉人可以对案件管辖、回避、出庭证人、鉴定人、有专门知识的人的名单、辩护人提供的无罪证据、非法证据排除、不公开审理、延期审理、适用简易程序、庭审方案等与审判相关的问题提出和交换意见，了解辩护人收集的证据等情况。”

(5) 庭前会议进行的方式

庭前会议如何进行，根据2012年《刑事诉讼法》第182条第2款规定：“审判人员……对回避、出庭证人名单、非法证据排除等与审判相关的问题，了解情况、听取意见”，因此，“了解情况、听取意见”是立法规定的庭前会议进行的方式。但是，何为“了解情况、听取意见”以及“了解情况、听取意见”后应当怎么处理，立法和最高人民法院的司法解释都未作出进一步的明确。

二、 对我国刑事庭前程序的反思

从上述刑事庭前程序的立法沿革和司法实践来看，2012年《刑事诉讼法》的再次修改使得我国刑事庭前程序随着庭审程序的重大改革，在程序建设上有了一定的进步和突破。这不仅反映出立法者对庭前程序功能认识的深化和重视，而且体现了庭前程序在整个刑事诉讼程序中有着越来越重要的地位和作用。然而，与世界上其他国家的庭前程序相比较，我国刑事庭前程序无论是在定位目的，还是内容设置上都存在着严重的缺陷和不足，使庭前程序应有的多重价值和功能并没有在我国刑事诉讼中得到充分的实现。而随着2013年1月1日新《刑事诉讼法》的正式实施，司法实践中也暴露出由于刑事庭前程序在立法上的不完善所引起的矛盾和问题。反思我国刑事庭前程序的现状，主要存在以下几方面的问题：

(一) 立法对刑事庭前程序的规定过于简单，缺乏可操作性

从1979年刑事诉讼法对庭前程序的3个条款的规定到2012年刑事诉讼法的两个条款，仅从条款的数量上来说，我国刑诉法向来未给庭前程序足够的重视和青睐。与世界其他法治国家对庭前程序详尽的立法规定相比，可以说，我国刑事诉讼法并不存在真正意义上的庭前程

序。法律规定的粗疏与欠缺，使连接公诉和正式庭审，具有重要诉讼地位的刑事庭前程序没有发挥出应有的作用和价值。立法对庭前程序规定的过于简单，在实践中存在着程序难题，其中突出的问题就是容易导致“高预期，软立法”。就庭前会议而言，刑诉法把回避、出庭证人名单、非法证据排除等与审判相关的问题都纳入了庭前会议讨论，可见，立法对庭前会议报以了较高的期望，可谓是“高预期”。然而，在庭前会议中，对于这些问题，审判人员只能“了解情况和听取意见”，立法并没有赋予其作出任何裁定或决定的权力，这就妨碍了设立庭前会议时的预期目的，可谓是“软立法”。[29]另外，庭前会议作为一个新的制度在立法中只是以某一条的某一款出现，从司法适用的角度来说，缺乏可操作性，容易导致实务部门做法的不一致，有损司法的权威。2013 年，原铁道部部长“刘志军案”开庭审理后引起巨大的反响，原因在于历时两年多的调查取证，拥有四百多卷卷宗的案件，三个半小时就结束了庭审。这样精简的庭审是不是走过场，是不是违反审判程序？根据后来的媒体报道，该案只用时半天的原因在于法院在庭审前召开了一天的庭前会议，在庭前会议中，法院召集了公诉人、被告人及其辩护人，就案件的管辖、回避和非法证据排除等问题向控辩双方了解了情况，听取了意见，还询问了控辩双方对证据材料的意见，这使正式庭审时的证据开示得以简化，大大缩短了庭审的时间。据刘志军的辩护律师称：“经过庭前会议，开庭时只剩下指控主要犯罪的证据和有不同意见的证据留在开庭时处理，而对于没有争议的证据在正式开庭时很快简化过去了。控辩双方的争点主要集中在对 4 900 万元受贿款的定性和其他从轻的情节”。[30]然而，在刘志军的辩护律师和该案的审判长忙着出来披露有关庭前会议的信息后，引起了各界更为激烈的讨论：庭前会议的召开是否需要对外公布；庭前会议除了解决程序问题外，能否处理实体问题；庭前会议达成合意的效力如何；如何让庭前会议变得更透明、更公开，确保其不成为“庭前审”；庭前会议到底能让正式审判精简到何种程度；庭前会议的启动除了审判人员可以召集外，公诉人、当事人、辩护人和诉讼代理人有无提出申请启动庭前会议的权利；证人能否旁听庭前会议等。这一系列质疑和讨论表明，从国外移植过来的庭前会议制度，在我国刑事司法理论和实践中仍然是一种新生事物，对待这样的新生舶来事物，依靠仅有的几条法律规定是远远不够的。

（二）刑事庭前程序不具有独立性

从世界各国的刑事庭前程序来看，不仅有着控辩审三方进行良性互动的诉讼结构，而且还具备纠纷解决所需的程序要求，这就使庭前程序在各国刑事诉讼中具有独立的诉讼目的和诉讼地位。然而，我国刑事庭前程序并没有实现真正的独立，原因主要在于：首先，庭前程序缺乏最基本的三方参与的诉讼结构。控辩审的三方组合是现代刑事诉讼特有的本质特征，其强调的是控辩双方在平等对抗的基础上，由中立的第三方运用国家所赋予的审判权对争议作出裁判。这样的“三方组合”不仅要求控辩双方拥有充分的机会、积极有效地参与到诉讼过程中去，对裁判结果的形成发挥有意义的影响和作用，而且要求裁判者在控辩双方平等武装和平等对抗的基础上，消极、中立地作出公平判断。但是，在我国的庭前程序中，更多的却是法官在庭前活动中的主动，以及被告人在庭前活动中的缺乏。比如，在对公诉案件进行审查时，法院只审查检察院提交的起诉书中是否有明确的指控犯罪的事实，而不论移送的案卷材料是否完整，也不论证据是否达到确实、充分的起诉标准，更加不需要听取被告人的意见。这种抛开被指控人，以书面形式秘密进行的公诉审查，使得庭前程序缺乏当事人的参与而丧失了独立的地位。而相比一些国家庭前程序中的公诉审查，不仅赋予当事人程序选择与参与的权利，而且通常以开庭或听证的形式进行，保证了程序的公正性。其次，庭前程序无论是在职能分工还是人员配置上都尚未脱离审判程序。一些国家的庭前程序具有独立的功能和价值,通过庭前程序的运行以期达到防止公诉权的滥用、知悉证据、程序分流和排除非法证据等目的。我国的庭前程序性质定位并不明确,庭前审查必然启动审判程序,庭前准备更侧重于事务性活动,庭前程序中的法官就是庭审法官,这些使得庭前程序更像是庭审程序的附属程序,而不是一个具有独立性地位的诉讼程序。第三,庭前程序不能作出实质性决定,不具有裁断纠纷的功能。世界上大多数国家的庭前程序都规定了对公诉审查以后,对于没有足够证据、不符合起诉条件的案件应当驳回指控,并释放被追诉人。但是,按照我国现行立法,人民法院对于人民检察院提起公诉的案件可以依法受理、可以裁定终止审理、可以退回人民检察院、可以通知检察院补送材料,但是没有规定驳回起诉的情况。也就是说,人民法院对于检察院起诉的案件没有不立案审理的权力。“我国这种有诉必审的审查方式实质上造成了庭前审查的虚无化,它排除了国家司法权对追诉权的程序性监督和制约,难以防止公诉机关的错诉、滥诉,而且也无法保障被追诉人的基本人身自由和权利。”[31]而在庭前程序的庭前会议中,审判人员只能对于审判有关的问题了解情况、听取意见,不能作出实质性决定和裁定。虽然最高人民法院的司法解释明确了“庭前会议情况应当制作笔录”,但这仅仅是对诉讼程序的一种书面记录,与庭审笔录的作用相似,并不具有裁决性质。总之,与一些国家的庭前程序可以确认控辩交易,并跳过庭审程序直接作出判决相比较,我国的庭前程序连对程序性事项的裁定都不能作出,所以,根本不具备纠纷解决的诉讼资源,完全从属于庭审程序。

(三)刑事庭前程序的功能简单欠缺

庭前程序之所以对整个刑事诉讼程序的运转有着非常重要的作用,是因为其具有丰富多样的功能。比如,庭前程序对公诉进行审查以排除不当起诉,具有防止公诉权的滥用、保障被告人人权的功能;对证据进行展示以追求案件真实，具有保证控辩平等，防止突袭裁判的功能；对非法证据予以排除以防止庭审的中断与拖延，具有提高诉讼效率，节约诉讼资源的功能；对所审查的案件分拣筛选，输送到不同的审理程序中，具有程序分流、减少积案的功能；对证据进行整理，争点进行明晰，具有确保集中审理和迅速审判之功能等，庭前程序的这些功能在前面已经进行过具体讨论，这里不再赘述。然而，我国的刑事庭前程序与一些国家相比，尚有不小的差距，主要表现为起诉审查功能和庭前准备功能虽有所体现，但十分有限且存在严重缺陷，其他功能如程序分流、案件整理、证据保全等均未得到体现，影响了庭前程序朝着合理化方向发展。

为了实现对公诉权行使的有效制约，防止不当起诉或者滥诉，保障被告人的权利，一些国家建立了不同形式的公诉审查机制，如英国的移交审判程序、美国治安法官的预审和大陪审团的审查起诉、法国的预审程序、德国的中间程序以及意大利的初步庭审程序等。我国虽然在检察机关提起公诉后设立了庭前审查程序，由人民法院对公诉进行审查，但是，由于我国对庭前审查定位上的偏差和立法上的不足，并不能将所有不符合公诉条件的案件截留在正式庭审程序之前。因此，我国虽然设立了对公诉的审查，但这种起诉审查功能并没有发挥出应有的作用。同样，2012年《刑事诉讼法》的修改增设了庭前会议，这本来对于一直以手续性、事务性活动为主的庭前准备来说是一个重大的突破。然而，与英国的“答辩和指导听审”程序、美国的庭前会议、日本的庭前准备程序不同的是，我国的庭前会议更强调法官的职权，而不注重控辩双方的程序参与，加上法官在庭前会议中并不能对与审判有关的问题作出实质性决定，因此，庭前会议对庭前准备所发挥的功能非常有限。除了上述功能没有充分发挥外，我国刑事庭前程序还缺乏其他一些应有的功能，主要包括：

1. 庭前程序欠缺对案件的提前处理和分流功能

在强调诉讼经济的当代司法潮流下，程序分流应当贯穿于刑事诉讼的整个过程，对不同的案件有所简、有所繁，从而实现对诉讼资源的优化配置，加快诉讼进程。庭前程序对案件进行分流，一方面是通过法院的公诉审查，对不符合起诉条件的案件裁定驳回起诉或撤销，另一方面是在被告人作出认罪答辩后，省略开庭审理程序，直接进行量刑，或者根据控辩双方控辩交易的结果直接作出判决。如前所述，根据我国对公诉审查后处理结果的规定，法院对于起诉的案件都应当受理，并没有起到分流程序的功能。而且，对于通过公诉审查后的案件，也没有根据不同的情况进行分类筛选，输送到不同的法院或者法庭，适用繁简不同的审理程序。虽然我国《刑事诉讼法》经过再次修改后，确立了“被告人承认自己所犯罪行，对指控的犯罪事实没有异议的”可以适用简易程序审判，[32]但是这一标准过高，许多案件难以达到这个要求。而且，对于认罪案件来说，既有轻微简单的，又有比较严重的，仅仅依靠简易程序并不能满足程序分流的要求。总之，作为案件通向正式审判闸门的我国刑事庭前程序，不仅没有对公诉审查终结后的案件进行过滤，也没有为通过审查后的案件选择适宜的处理程序，因此，分流案件的功能存在着严重的缺陷和不足。

2. 庭前程序欠缺对证据保全的功能

许多国家的庭前程序规定，在证据可能灭失、证人无法出庭的情况下，可以对证据予以事先固定或者保全，以确保案件事实真相的发现和审判的顺利进行。当事人主义模式下，对证据的保全通常由当事人提出申请，而在职权主义模式下，可以由法官依职权进行，也可以依当事人的申请。我国台湾地区的“刑事诉讼法”第219条对证据保全有着明确详细的规定，该条之四规定，“案件于第一审法院审判中，被告或辩护人认为证据有保全之必要者，得在第一次审判期日前，声请法院或受命法官为保全证据处分。遇有急迫情形时，亦得向受讯问人住居地或证物所在地之地方法院声请之。检察官或自诉人于起诉后，第一次审判期日前，认有保全证据之必要者，亦同”。[33]然而，我国庭前程序中并没有规定证据保全的具体程序。虽然2012年《刑事诉讼法》在“辩护与代理”一章规定了辩护律师可以申请人民检察院、人民法院收集、调取证据，但是这种申请取证制度并不是证据的保全，虽然两者表面上存在一定的相似性，但实质上却有着根本差异。[34]而《刑事诉讼法》第100条规定的刑事附带民事诉讼的财产保全措施，也不是对证据的保全。总之，我国刑诉法并没有设计刑事证据保全制度，更不用说庭前程序能体现出证据保全的功能。

3. 庭前程序欠缺对非法证据排除的功能

世界各国都把非法证据的排除作为刑事诉讼普遍认可的一项基本原则和制度，因为它反映了一个国家诉讼民主化和文明化的发展程度。一般来说，许多国家都在庭前程序中规定了非法证据的排除，因为通过庭前对证据能力的筛选，将有瑕疵的证据排除在庭审之外，能确保法官心证的形成不受污染和影响，从而保证案件的公平审判。正如我国台湾地区学者所说的：“在整个诉讼程序中，对于证据能力具备与否之判断，审判程序中之准备程序可谓最适当之阶段”。[35]虽然非法证据排除规则在西方国家早已建立并日趋完善，但在我国一直没有正式确立。直到2010年6月，我国“两高三部委”颁布了《关于办理刑事案件排除非法证据若干问题的规定》，才对有关非法证据排除的问题作了较为系统的规定。“2012年3月立法机关对《刑事诉讼法》完成了第二次修正，其中专门用五个条文就非法证据排除问题作了较全面的规定，标志着我国非法证据排除规则的正式确立。”[36]根据我国目前构建的非法证据排除规则，对非法证据的排除可以在侦查、审查起诉和审判阶段进行，但主要还是集中在庭审阶段。2012年《刑事诉讼法》将位于庭前程序中的庭前会议与非法证据的排除联系在了一起，规定审判人员可以就有关非法证据排除的问题“了解情况，听取意见”。但是，立法没有授予审判人员对非法证据可以作出实质性的排除裁定，[37]因此，庭前会议并未在庭前程序中建立起排除非法证据的平台。总之，非法证据排除规则虽然在我国已经确立，但是立法并没有让庭前程序发挥对证据排除的筛选功能。

4. 庭前程序欠缺对证据开示的功能

为了保证控辩双方的平等武装和发现案件的真相，许多国家在庭前程序设立相关的制度确保控辩双方对证据的知悉权。当事人主义诉讼模式实行的是证据开示制度，即控辩双方在开庭审判前按照一定的程序和方式相互披露各自掌握或控制的诉讼证据和有关资料。[38]大陆法系诉讼模式强调控方向辩方的单方展示，辩方在庭前主要是通过阅卷来知悉控诉证据，实行的是典型的阅卷制度。2012 年《刑事诉讼法》在恢复案卷移送，保留辩护人阅卷方式的同时，第 38 条至第 40 条对控辩双方查阅、摘抄、复制本案案卷材料、辩护人申请调取证据材料等与证据展示有关的事项作出了规定。但是，这些规定并不能说明我国《刑事诉讼法》中已经直接设立了证据开示制度，与英美法系国家的证据开示制度相比，我国并没有确立完整的证据开示程序，最多只是吸收了证据开示制度的合理因素。[39]有学者认为，新《刑诉法》中庭前会议程序的设立在很大程度上保障证据交换的有效进行，法院作为中立第三方可以对证据展示的有效性发挥极大的促进作用。[40]但是，庭前会议中既没有明确控辩双方的展示义务，也没有明确具体的展示时间和地点，更没有对违反证据展示义务进行制裁的规定。因此，庭前会议只能说给证据展示提供了一个空间，但并没有发挥出证据展示的功能。由于庭前缺乏证据开示，控辩双方对证据的知悉权就无法得到保证，证据突袭仍将无法得到杜绝。在英美法系国家，证据开示是庭前程序的一项重要内容，通常在庭前程序的审查起诉或者提出审前动议阶段进行。增强刑事诉讼民主性的一个重要途径就是强化控辩双方在诉讼中的对抗性，我国从1996年《刑事诉讼法》修改开始就坚持逐步吸收对抗制的合理因素，如果能在庭前程序中建立证据开示制度，这将更有利于实现控辩双方的平等对抗，减少伏袭裁判，确保案件事实真相的发现。

（四）刑事庭前程序未能排除法官预断

排除法官预断是现代刑事诉讼所倡导的“正当程序”的要求，美国学者利文撒尔（Leventhal）在提及正当程序应符合的六个标准时，其中第三项就是“偏见的克服”，包括两方面的内容，即裁判者对裁判结果无利害关系及裁判者没有先入之见。[41] 世界各国的刑事庭前程序中都有对法官预断排除思想的体现，防止法官的偏见成为庭前程序中的一项重要原则。因为只有在庭前贯彻法官预断的排除，才能使法官在庭审中不受先入为主的信息的影响，对案件事实保持中立的地位和立场，使庭审发挥实质作用，从而作出公正判决。为了排除法官庭前的预断，不同的国家对庭前程序进行了不同的设计。第二次世界大战后的日本在公诉方式上采用了起诉状一本主义，取消了对公诉的审查，检察机关提起公诉后直接进入审判程序，防止了法官预断的事先形成。而且，在第一次公审日前的准备活动中，日本立法仍旧很注重对法官预断的排除，以防法官恣意的偏见和先入为主。大部分国家采用审查法官和审判法官相分离来排除庭前法官的预断，比如英国、美国和法国等。而我国庭前程序既没有采用起诉状一本主义，相反恢复了案卷移送主义，也没有将庭前法官与庭审法官相分离，这使庭审法官在庭前就有机会接触到全部的案卷材料和证据。加上我国庭前程序并没有像其他国家那样采用听证或者开庭的形式，也没有赋予双方当事人足够的程序参与权，导致法官往往单方面进行审查或者接触案卷材料和证据，完全不能排除法官预断的形成。

综上所述，我国刑事庭前程序由于立法的简单粗糙和定位上的不明确，未能充分发挥其应有的功能，也不具有独立的诉讼地位和性质。虽然《刑事诉讼法》的再次修改对我国庭前程序来说有着积极的意义，但是与国外的庭前程序相比，仍有许多值得改进和借鉴的地方。因此，有必要在我国刑事诉讼改革不断深化的背景下，合理重构我国的刑事庭前程序。

注 释

[1] 陈光中、王洪祥：《关于修改刑事诉讼法的思考》，《政法论坛》1991 年第 5 期。

[2] 王尚新：《刑事诉讼法修改的若干问题》，《法学研究》1994 年第 5 期。

[3] 陈光中、严端：《中华人民共和国刑事诉讼法修改建议稿与论证》，中国方正出版社 1995 年版，第 290 页。

[4] 李心鉴：《刑事诉讼构造论》，中国政法大学出版社 1992 年版，第 238 页。

[5] 陈光中、严端：《中华人民共和国刑事诉讼法修改建议稿与论证》，中国方正出版社 1995 年版，第 290 页。

[6] 谢佑平：《“混合型”刑事诉讼模式评论——〈刑事诉讼法修改决定〉随想》，《法学》1996 年第 5 期。

[7] 由于 1996 年《刑事诉讼法》并未对“主要证据”的具体范围作出规定，法院和检察院之间对此发生过很大的争执，各自司法解释彼此矛盾，产生严重分歧，最高人民法院对“主要证据”范围作出的解释明显宽于最高人民检察院作出的解释。最后，为了解决这一争执，最高人民法院、最高人民检察院、公安部、国家安全部、司法部和全国人大常委会法制工作委员会六部委公布的《关于刑事诉讼法实施中若干问题的规定》第 36 条对“主要证据”作出了明确规定，采纳了检察机关对主要证据的解释，并规定，人民检察院针对具体案件移送起诉时，“主要证据”由人民检察院根据该规定确定，这实际上把对“主要证据”的判断权交给了检察机关。

[8] 仇晓敏：《刑事公诉方式：复印件移送主义、起诉状一本主义抑或全案移送主义》，《中国地质大学学报》(社会科学版)2007 年第 3 期。

[9] 据 1999 年最高人民法院工作报告，1998 年全国起诉刑事案件 48.2 万件，平均一件起诉案件需要复印 60 张证据材料，按每张最低成本 0.1 元，一台复印机寿命 10 万

张，价格3.8万元计算出来的。参见孙国强：《审查起诉中的证据运用》，《中国刑事法杂志》2000年第2期。

[10] 陈卫东主编：《2012刑事诉讼法修改条文理解与适用》，中国法制出版社2012年版，第251页。

[11] 甄贞、汪建成主编：《中国刑事诉讼第一审程序改革研究》，法律出版社2007年版，第206页。

[12] 葛治华、邓兴广：《法院审判流程管理模式：反思与进路》，《政治与法律》2006年第4期。

[13]《最高人民法院关于在部分地方人民法院开展法官助理试点工作的意见》，来源 http://www.court.gov.cn/fyjs/rsgz/201002/t20100224_1817.htm，2014-02-01。

[14] 闵春雷：《刑事庭前程序研究》，《中外法学》2007年第2期。

[15] 王春花、卢东晓：《建立刑事诉讼证据开示制度的探索与思考——山东省寿光市法院刑事证据开示试点工作经验》，《人民司法》2005年第5期。

[16] 王春花、卢东晓：《建立刑事诉讼证据开示制度的探索与思考——山东省寿光市法院刑事证据开示试点工作经验》，《人民司法》2005年第5期。

[17] 王雄飞、刘远强：《推行刑事庭前证据展示制度之探索——来自广州市海珠区人民检察院的调研报告》，《人民检察》2004年第12期。

[18]《证据庭前交换开庭无需展示　在海珠区检察院亮相》，http://www.southcn.com/news/gdnews/nanyuedadi/200302220092.htm，2014-02-01。

[19]《中国式的刑事庭前会议制度探索——关于山东省寿光市人民法院刑事庭前程序改革的调研报告》，《人民法院报》2003年2月24日。

[20] 张军、陈卫东主编：《刑事诉讼法新制度讲义》，人民法院出版社2012年版，第213页。

[21] 黄太云：《刑事诉讼法修改释义》，《人民检察》2012年第8期。

[22] 周欣：《论刑事庭前审查程序功能定位——兼评刑事诉讼法修正案（草案）第171、180条》，《中国人民公安大学学报》（社会科学版）2011年第6期。

[23] 陈瑞华：《评〈刑事诉讼法修正案（草案）〉对审判程序的改革方案》，《法学》2011年第11期。

[24] 黄太云：《刑事诉讼法修改释义》，《人民检察》2012年第8期。

[25] 江必新主编：《最高人民法院关于适用〈中华人民共和国刑事诉讼法〉的解释理解与适用》，中国法制出版社2013年版，第182页。

[26] 汪建成：《刑事审判程序的重大变革及其展开》，《法学家》2012年第3期。

[27] 高一飞、陈晓静：《庭前会议制度的实施难题与解决方案》，《四川理工学院学报》（社

会科学版)2013 年第 5 期。

[28] 陈卫东、杜磊:《庭前会议制度的规范建构与制度适用——兼评〈刑事诉讼法〉第 182 条第 2 款之规定》,《浙江社会科学》2012 年第 11 期。

[29] 龙宗智:《新刑事诉讼法实施:半年出判》,《清华法学》2013 年第 5 期。

[30] "刘志军辩护律师:'庭前会议'并非为刘志军案开先例",来源:http://www.zgzyw.com.cn/a/news/content/2013-07/02/content_757241.htm,访问日期:2014 年 2 月 5 日。

[31] 汪建成、杨雄:《比较法视野下的刑事庭前审查程序之改造》,《中国刑事法杂志》2002 年第 6 期。

[32]《中华人民共和国刑事诉讼法》第 208 条第 2 款第 2 项。

[33]《我国台湾地区最新刑事诉讼法(2003 年 2 月 6 日修正)》,http://www.procedurallaw.cn/gatf/xgfl/200807/t20080724_40615.html, 2014-02-11。

[34] 张泽涛:《我国刑诉法应增设证据保全制度》,《法学研究》2012 年第 3 期。

[35] 黄朝义:《修法后准备程序运作之剖析与展望》,《月旦法学杂志》2004 年第 113 期。

[36] 顾永忠:《我国司法体制下非法证据排除规则的本土化研究》,《政治与法律》2013 年第 2 期。

[37] 根据全国人大法工委的解释:"这里规定的非法证据排除,只是听取意见,具体如何排除要根据本法第五十四条、第五十六条、第五十八条的规定依法进行",非法证据的排除应当在法庭审理过程中作出。参见郎胜主编:《中华人民共和国刑事诉讼法释义》,法律出版社 2012 年版,第 395 页。

[38] 孙长永:《当事人主义刑事诉讼与证据开示》,《法律科学》2000 年第 4 期。

[39] 张军、陈卫东主编:《新刑事诉讼法实务见解》,人民法院出版社 2012 年版,第 206—207 页。

[40] 徐利英、王峰:《关于刑事证据开示制度的思考》,《中国刑事法杂志》2013 年第 9 期。

[41] Leventhal 认为正当程序的六个标准分别是:参与、一致性、偏见的克服、准确性、可矫正性、伦理性。参见劳东燕:《刑事一审程序的功能审视和结构反思——一种个案的视野》,《刑事法评论》第 13 卷,中国政法大学出版社 2003 年版,第 611 页。

第五章
我国刑事庭前程序的重构

研究刑事庭前程序的最终目的是为了探讨如何重构符合我国刑事诉讼需要的庭前程序。我国刑事庭前程序在刑事诉讼中并不是一个独立的诉讼程序，既没有体现庭前程序应有的基本法理，也没有完全发挥庭前程序多元化的功能，与发达国家的庭前程序比较显得相形见绌。随着我国刑事法制的不断进步和发展，借鉴其他国家设置刑事庭前程序的有益经验，结合我国的具体国情和刑事司法实践，对我国刑事庭前程序的重构提出自己的建议和立法设想，以期对我国刑事司法改革有所裨益。

第一节　我国刑事庭前程序重构的宏观思考

一、对改革刑事庭前程序相关理论的评述

针对刑事庭前程序存在的种种问题，我国学术界对庭前程序的改革进行了积极有益的探索，提出了不少有价值的建设性方案，归纳起来主要有以下几种：

(一) 改革庭前审查程序，建立独立的刑事预审程序

基于我国刑事诉讼庭前审查程序中存在的诸多缺陷，一些学者着

重于对刑事庭前审查程序进行改造，其中比较具有代表性的观点是构建中国的刑事预审程序。比如，汪建成教授在论文《比较法视野下的刑事庭前审查程序之改造》中提出改造我国庭前审查程序的初步设想是建立刑事预审程序，并对预审程序的运行模式、预审程序中的证据开示和预审程序的裁定及救济机制作了进一步的阐述。[1]又如，潘金贵教授在其博士论文《刑事预审程序研究》中，对刑事预审程序的相关问题进行深入研究后，提出我国刑事诉讼应当分为侦查、起诉、预审、审判和执行五个阶段，其中预审程序应当作为一个独立的诉讼程序。这一观点被徐静村教授所主持的项目《中国刑事诉讼法（第二修正案）学者拟制稿及立法理由》所采纳。在徐静村设计的刑事诉讼法中，专门设立了独立于起诉与审判之间的“预审”（第五编），分为“一般规定、证据开示、预审的进行”三章，针对的是人民检察院提起公诉的除适用简易程序以外的所有公诉案件，预审以开庭的方式不公开进行，强调设立专门的预审法官，并且在预审程序中进行控辩双方的证据开示。[2]

应当说，我国刑事庭前审查程序的简易设置导致审判程序的易发、缺乏对公诉的必要把关和制约等问题，已经引起学术界的重视。学者提出的在我国建立刑事预审程序的观点和立法设想，显然是对英美法系国家预审经验的借鉴。然而，我国与英美国家设立预审程序所处的司法背景有着较大的差异。在英美国家，刑事犯罪的绝对数量较高，对犯罪通常实行的是一元追究体制，法庭审判实行的又是陪审制，这些都需要耗费大量的诉讼成本和司法资源。为了保证诉讼效率，需要通过预审程序对案件发挥“过滤”功能，以防止不符合起诉条件的案件进入审判程序。但是，由于我国刑诉法规定了较为严格的起诉标准，即“犯罪嫌疑人的犯罪事实已经查清，证据确实、充分，依法应当追究刑事责任”，加上检察机关内部实行严格的质量考评机制，这就使得我国的检察机关不可能有过高的不当起诉率。[3]因此，我国刑事司法实践中虽然存在着滥用公诉权导致的不当公诉，但是尚不需要设立独立的预审程序来进行防范。而且，英美预审程序中虽然也包含了对证据的开示，但是不可否认的是，判断检察官提起的公诉是否符合起诉条件仍然是预审程序的主要目的。这样的预审程序目的单一，更有利于防范公诉权的滥用，但是多一道独立的诉讼程序必将投入更多的诉讼资源，这对于追求公正与效率的我国刑事诉讼改革来说是否适合？总之，从避免司法资源浪费，提高诉讼效率的角度看，在刑事诉讼中设立独立的预审程序，而不考虑庭前准备程序的相关内容，这不是我国刑事庭前程序改革的最佳选择。

(二) 在刑事庭前程序中设置公诉审查与庭前准备双重程序

在我国，首先将刑事庭前程序作为研究对象并著书的是韩红兴博士的《刑事公诉庭前程序研究》一书。该书对刑事公诉案件庭前程序的相关理论进行系统研究后，从刑事公诉审查程序和刑事公诉庭前准备程序这两个方面重构了我国的刑事庭前程序。在重构的刑事公诉审查程序中，不仅强调对提起公诉的案件进行审查以防止公诉权滥用的基本功能外，还在公诉审查期间设置庭前准备程序的部分功能，包括对证据的调取、鉴定和保全，对被告人人身保全措施的审查，对被告人认罪和控辩协议的审查，对非法证据的排除以及解决管辖权异议等。公诉审查程序设立刑事起诉审查庭，专门受理检察机关提起的公诉，审查法官实行专职化，与庭审法官彼此独立。[4] 在重构的刑事公诉庭前准备程序中，由负责审判的合议庭成员履行准备工作，在控辩双方的参加下进行。除了设立告知合议庭组成人员、确定审判日期、完善送达传唤程序、增设庭前会议程序等庭前准备工作外，在公诉审查程序中已经有所体现的证据保全、证据开示以及对被告人认罪答辩和控辩协商的审查等内容也出现在准备程序中。[5]

刑事庭前程序处于检察机关起诉后至正式庭审之前的这段诉讼期

间，从诉讼内容来看，主要包括公诉审查和庭前准备，上述对庭前程序的设计正是从这两个方面进行的。虽然没有将公诉审查程序像预审程序那样设立为刑事诉讼中的一个独立的诉讼阶段，但是仍旧强调通过对公诉的审查防止公诉权的滥用是庭前程序必不可少的内容。除了公诉审查这一基本功能外，在公诉审查程序中还完成部分庭前准备程序的功能，虽然这更有利于公诉审查功能的实现，但是，对庭前准备工作的重复设置无疑造成资源的浪费和程序的重复。总之，对公诉审查程序与庭前准备程序的双重程序设计，并没有把刑事庭前程序看作是一个研究的整体，容易造成庭前程序过于繁杂，有碍于诉讼效率的实现。

（三）刑事庭前程序是一审公诉案件普通程序中的一个独立程序

2011年，陈卫东教授率领他的研究团队再版《模范刑事诉讼法典》时，在“第一审程序”这一编中，最显著的一个变化就是在公诉案件普通程序中设立了“庭前程序”，与“审判程序”、“第一审裁判”相并列。[6]根据该法典的设计，确立了预审与程序审查相结合的双重公诉审查机制，赋予被告人及其辩护人申请预审的权利。被告人申请预审的，由专门成立的审查庭以合议庭的形式书面进行审查，必要时可以询问被告人和证人。被告人不申请预审的，由审查庭的一名法官仅就起诉书作程序审查。预审结束后，法院应当将案卷和证据退回检察机关，以避免庭审法官阅览卷宗而产生预断，并且也为证据开示做好准备。除了在庭前程序中建立公诉审查程序外，还增设了证据开示机制，对控辩双方的开示范围、违反开示义务的后果以及对开示争议的处理等作了相应的规定。模范法典还完善了庭前准备程序，设立了庭前会议，主要处理被告人是否作有罪陈述、整理案件与争点、明确证据调查的顺序、范围和方法等事项，并设计在庭前解决证据能力问题。[7]

《模范刑事诉讼法典》将庭前程序设立为一审公诉案件普通程序中的一个独立程序，改变了我国立法和司法对庭前程序的忽视，从诉讼地位上保证了庭前程序不再是一个附属于审判程序，且不具有独立价值和发挥独立功能的诉讼程序。应当说，模范法典中对庭前程序这样的设计借鉴了国外庭前程序的经验，对中国司法实践的发展来说具有一定的超前性，但却并没有被我国刑事诉讼法的再次修改所全盘采纳。新刑诉法吸收模范法典中对庭前会议的立法设计，推动了我国庭前准备程序的完善和发展，使得我国刑事审判程序不再从起诉直接过渡到审判，有利于庭审效率的提高。与前面两种庭前程序的改革方案相比较，模范法典对庭前程序的设计，既不是着重于对某个制度或功能的完善，也没有为了保证功能的全面实现而设置重复过繁的程序，而是将需要在庭前进行的诉讼活动进行了较为合理的安排，基本实现了庭前程序应有的功能。然而，处理庭前会议事项的法官并没有强调和庭审法官相分离，对被告人作有罪答辩的没有设计相应的审理程序，没有充分发挥律师在庭前程序中的作用等，使模范法典规定的刑事庭前程序仍然有着需要完善的地方。

二、 我国刑事庭前程序的性质和定位

由于刑事庭前程序处于提起公诉和正式庭审之间，对庭前程序的改革必将对前后程序乃至整个刑事诉讼程序造成一定的影响，因此，庭前程序的改革是一项系统工程。在具体构建我国刑事庭前程序前，我们首先应当考虑的是：庭前程序在我国诉讼程序中究竟应该设计成一个独立完整的程序，还是一个附属于庭审程序的附属性程序；庭前程序是否应具有独立的价值目标；庭前程序在刑事诉讼中应处于何种地位。这些问题的回答是对我国刑事庭前程序科学定位和进行一切庭前程序改革的基础。根据国外对庭前程序的立法经验来看，庭前程序具有独立性是大多数国家的普遍选择。我国刑事庭前程序由于不具备控辩审三方共同参加的诉讼构造，在缺乏外部程序的帮助下不能达到纠纷解

决所需的程序要求，因此，不具有独立性。这种不具有独立诉讼地位的刑事庭前程序，导致的后果是不能对纠纷作出实质性裁决，法官在庭前形成先入为主的预断，对公诉的过滤能力不足，程序分流得不到实现，直接影响诉讼效率和审判公正。因此，我国重构的刑事庭前程序首先应当是一个独立的诉讼程序，具有独立的、与庭审法官相分离的权力主体，有独立的运作模式和程序，既有防止公诉权滥用和为庭审做准备的工具性价值，又有排除法官预断、裁断纠纷、终结诉讼等自身独立存在的价值。刑事庭前程序的独立性使得其绝不依附于庭审程序，更不是公诉与庭审程序之间的一个可有可无的、过渡性阶段。

接下来的问题是，具有独立性的刑事庭前程序应当定位于刑事诉讼的哪个阶段，有学者认为，庭前程序应归属于审判阶段中，它是与第一审程序、第二审程序、死刑复核程序、审判监督程序相并立的独立的诉讼程序，应把诸如送达起诉书副本、确定审判日期及确定证据调查的顺序和方法等为庭审进行准备的活动排除在庭前程序之外。[8]对此，同意将庭前程序归属于审判阶段，而不是将其设立在起诉和审判之间，主要原因在于，按照 2012 年《刑事诉讼法》的规定，检察机关提起公诉后，就进入审判阶段，而庭前程序就是以提起公诉为启动标志，将庭前程序放置在审判阶段无需对现行刑事诉讼结构作出剧烈的变革，这样能更容易被刑事司法改革所接受。但是，不赞同将庭前程序设计成与一审、二审、死刑复核等程序相并列，因为按照其他法治国家对庭前程序的设置来看，并不是所有案件需要经过庭前程序，比如，德国根据犯罪的轻重，设计了不同的诉讼程序，对于特定轻罪或者案情简单、证据清楚适宜立即审理的案件都可以不经过庭前程序，只有适用普通审判程序的才在检察官起诉后进入庭前程序。同样，在我国，庭前程序也应当有着适用范围，主要针对的是除适用简易程序以外的一审公诉案件，二审案件、自诉案件、适用简易程序的案件都不适用本书所讨论的庭前程序范围。因此，如果将庭前程序与一审、二审、死刑复核等程序相并立，诉讼结构就会缺乏逻辑性和条理性。总之，作为第一审公诉案件普通程序的一部分，庭前程序具有独立的价值和功能，虽然衔接公诉与庭审，但又不依附于庭审程序，而是一个与庭审程序相并列的独立完整的诉讼程序。

三、 我国刑事庭前程序应选择的模式

在整个刑事诉讼程序中，庭前程序并非一个孤立的诉讼程序，它不仅受制于该国的刑事诉讼模式，而且还受到相配套的其他诉讼制度的影响。根据刑事诉讼模式的不同，庭前程序的模式主要分为三种：一是以英美法系为代表的当事人主义诉讼模式；二是以法德为代表的职权主义诉讼模式；三是以日本、意大利为代表的混合式诉讼模式。应当说，各个国家对庭前程序的设计基本是契合该国的刑事诉讼模式和刑事诉讼环境的。奉行当事人主义诉讼模式的美国，以自由主义为刑事诉讼的优位价值理念，在此基础上产生的美国模式的刑事庭前程序应当是与刑事诉讼模式相一致的。比如，为了确保法官在正式庭审中绝对的中立地位，自然在庭前要求法官不得接触卷宗材料，以防止法官预断的形成。又如，为了保证正式庭审时，控辩双方的平等对抗，确保庭审的集中性和实质化，在庭前程序中需要设置证据开示制度。同样，在奉行职权主义诉讼模式的德国，长期以来，其程序运作更注重发现实体真实，要求法官在庭审时对案件起着积极的引导作用，体现在庭前程序中，庭前法官和正式审判的法官可以是同一个法官，允许审判法官在庭前就接触卷宗和证据，对公诉进行的审查采取的也是实质性审查。

那么，重构我国刑事庭前程序究竟应当选择哪种模式呢，纯粹的当事人主义诉讼模式和职权主义诉讼模式并不适合我国。自从 1996 年《刑事诉讼法》初次修改以来，我国刑事诉讼一改超职权主义诉讼模式，开始逐步向当事人主义诉讼模式转型，纠问化色彩严重的诉讼构造有

了很大程度的改观，许多相关程序和制度的改革都打上了当事人主义诉讼模式的烙印。如果重新回到纯粹的职权主义诉讼模式，那么历经曲折吸收对抗制合理因素而确立的刑事诉讼改革成果必将毁于一旦，这无疑是一种历史的倒退。但是，如果完全移植当事人主义诉讼模式，这在我国也是不可行的。虽然当事人主义诉讼模式所体现出来的对诉讼民主价值的追求和对被追诉者人权的保障给世界诉讼格局造成了很大的影响，然而，“法学和民族志，一如航行术、园艺、政治和诗歌，都是具有地方性意义的技艺，因为它们的运作凭靠的乃是地方性知识”，[9]无论是在诉讼文化、思想观念、历史传统还是人员素质上，我国并不具备实行纯粹当事人主义诉讼模式的条件。随着职权主义诉讼模式与当事人主义诉讼模式在当代的吸收和融合，以日本和意大利为代表的混合式诉讼模式给我国刑事庭前程序的构建提供了另一条途径和思路，即借鉴不同诉讼模式下的诉讼制度，吸收当事人主义诉讼模式下控辩双方平等对抗、积极推进诉讼进程的经验，保留职权主义诉讼模式下追求案件事实真相的优点，而不是对某种诉讼模式不加选择地完全予以移植或者模仿。总之，在构建我国刑事庭前程序时，不应拘泥于诉讼模式的限制，而应当充分借鉴不同诉讼模式下庭前程序的合理因素，并结合我国的实际情况，以实现我国刑事诉讼程序的合理化与科学化。正如有学者指出的：“中国的刑事诉讼制度改良进路，必须依循一种‘适恰于中国’的程序理想图景，需要秉持一种‘主体性中国’的建构立场……需要对他域传来的理论及制度资源保持‘反思性’，摒弃西方中心主义的思维定式……立足中国，对中国当下的现实情状给予充分的关切、检视和反思”。[10]

四、我国刑事庭前程序应遵循的原则

为了体现刑事诉讼的精神，实现刑事诉讼的目的，刑事诉讼程序的设计需要遵循一定的原则。作为刑事诉讼重要组成部分的刑事庭前程序，也必然应在一定法律原则的引导下进行运作，这样才不至于偏离庭前程序的功能定位。并且，刑事庭前程序的原则是庭前程序具体规则、制度的基础和依据，能够反映庭前程序的目的和理念之要求，对于庭前程序的具体运行和最终结果有着重要的评价意义，还能指导和规范庭前程序的立法和司法活动。具体来说，重构我国刑事庭前程序不仅应当遵循程序正当的一般原则，而且还必须根据程序特定的价值和目的，融入一些特有的原则，这些原则相辅相成、缺一不可，共同保证刑事庭前程序多元化功能的实现。

（一）程序参与原则

所谓程序参与指程序所涉及利益的人或者他们的代表，能够参加诉讼，对与自己的人身、财产等权利相关的事项，有知悉权和发表意见的权利。[11]程序参与原则的初衷就是要求与案件结果有利害关系的所有人都能参与到诉讼程序中来，对案件陈述观点、发表意见，发挥自己的作用，行使自己的权利，并能对裁判结果产生影响。程序参与原则的设立尊重了当事人的主体地位，能够防止裁判者偏听偏信或者主观臆断，从而增加裁判的可接受性和司法的信服力，既充分体现程序的民主性，又保证裁判的公正性。程序参与原则应当贯穿于刑事诉讼的整个过程，庭前程序也不例外。作为刑事案件进入正式庭审前的最后一道程序，庭前程序既要对公诉案件进行审查"过滤"，又要为正式庭审做好准备，会对当事人的程序性利益和实体性利益产生重大影响。因此，为了不形成仅对诉讼一方权利保护的局面，庭前程序应当给予控辩双方参与和发表意见的机会，在当事人的积极参与下共同完成，从而避免法官依职权单方面接触控辩双方中的一方。我国目前刑事庭前程序的一个典型问题就是过分强调法官的作用，而没有考虑到当事人尤其是被追诉人的地位，使诉讼结构缺乏最基本的三方参与。虽然刑事庭前程序不能对当事人定罪量刑，但其直接影响着案件是否进入正式的开庭审理,非法证据能否在庭前予以排除,被追诉人的有罪答辩是否被认可,控辩双方对证据的知悉权是否能得到保证等,这些都关乎诉讼当事人的合法权益能否得到实现。因此,在重构刑事庭前程序时必须贯彻程序参与原则,让当事人积极参与到庭前程序的进程中来,给予其阐述意见和提出证据的机会,从而确保庭前程序的民主性和公正性。

（二）适度公开原则

"正义不但要伸张,而且必须眼见着被伸张",这并不是说,眼不见则不能接受,而是说,"没有公开则无所谓正义"。[12]现代刑事诉讼的民主化要求程序公开,即不仅是规范刑事程序的法律是公开的,而且刑事诉讼各个阶段的程序运行方式和处理结果,以及当事人及其他诉讼参与人的权利义务等都应当是公开的。程序公开的目的在于让当事人了解刑事司法领域中国家权力的运作状况,加强对司法监督的同时,为当事人提供充分主张权利的机会,从而维护诉讼的公正和提高人权的保障,确保刑事诉讼秩序价值的实现。程序公开原则被世界各国所认可的同时,还体现在有关国际刑事司法文件中,如联合国《世界人权宣言》第 10 条和联合国《公民权利和政治权利国际公约》第 14 条都强调了对任何人的审判都应当确保公正和公开。刑事程序公开从狭义上讲,最典型的是审判公开,广义的程序公开包括审前程序、审判程序和执行程序的公开。[13]因此,庭前程序作为刑事诉讼中一个独立的诉讼程序,同样应当贯彻程序公开原则。然而,我国现行的刑事庭前程序中对公诉的审查既不要求当事人的参与,更没有公开审查的环节、步骤和审查的方法,诉讼当事人完全不了解审查的全过程。而同样,庭前程序中庭前会议的召开也缺乏公开性,正如前文提及的"刘志军案",之所以在社会上引起如此激烈的反响,一个重要的原因就是如此重大的一个案件在庭前召开了为期一天的庭前会议并没有向社会公开,所以,导致公众对庭审的正当性和裁判的公正性表示质疑。正如我国司法实务界人士指出:“现行的庭前程序是一种封闭运作,缺乏必要的监督和保障”。[14]当然,在一些特殊情况下,考虑到对特殊利益保护的需要以及司法成本的节约,程序的公开原则要受到一定的限制,如联合国《公民权利和政治权利国际公约》第14条第1项就对刑事审判的公开进行规定了例外。就刑事庭前程序而言,程序的阶段性特征使得对庭前程序实行全面公开未必有很大的意义。而一些国家的刑事立法对庭前程序的公开程度都有所限制,比如,英国《1980年治安法院法》第8条就对任何法令明文规定不能公开的案件以及考虑到整个或部分预审程序公开开庭不符合司法目的的案件,规定其预审程序不能公开进行。另外,英国《刑事诉讼法》对新闻媒体报道庭前程序中的预备听审也作了严格的限制。因此,我国在重构刑事庭前程序时,一方面要遵循程序公开原则,以推进诉讼民主和维护司法公正,另一方面要根据具体情况对庭前程序公开的内容、对象以及案件范围进行具体限定,以保证庭前程序的公开进行更合目的性,更有利于诉讼效率的提高。

(三)预断排除原则

“所谓预断排除,指法官(审判者)在开庭审理之前以及审理之际不应当对案件有某种偏见或先入为主的诉讼原则。”[15]预断排除原则能够促使法官中立、控辩平等,对于实现庭审实质化和保障审判公正具有极其重要的意义。法官开庭审理案件,应当给予控辩双方平等的武装,让当事人双方通过平等对抗来发现案件的事实真相。如果法官在公开的法庭之外根据一方当事人的证据预先形成了预断,就不可能在庭审过程中平等地对待控辩双方的举证和质证,容易使庭审流于形式,影响到法官公正裁判的作出。当然,不可否认的是,尽管在庭前形成预断的法官在庭审后对案件作出的最终判决有可能是公正的,但是,作出这个公正判决的程序违反了正当程序的要求,有可能使公众对判决丧失信任感,甚至会威胁到司法的权威性。因此,无论是从实体公正的角度还是程序公正的角度看，在庭前排除预断应当是庭前程序所应有的一项原则。为了保障该原则的实现，一些国家在起诉方式上实行了严格的起诉状一本主义，要求审判法官在庭前仅仅能接触到的只有一纸起诉状，确保法官在庭前不能通过案卷材料形成心证；一些国家将庭审法官与预审法官相分离，并且禁止预审法官在正式开庭前与庭审法官就案件的有关情况进行交流，保证庭审法官通过开庭审理后独立进行裁判。然而，我国刑诉法再次修改后，并没有实行起诉状一本主义，相反恢复了案卷移送主义，加上庭前程序的法官就是由审判法官所担任的，可以说，庭前程序中完全没有贯彻预断排除原则。因此，为了防止法官在庭审时带着对当事人的偏见，确保案件最终裁判的公正与合理，预断排除是重构我国刑事庭前程序时必须遵循的一个原则。

（四）明晰争点原则

刑事庭前程序的一个重要功能就是保障审判的集中审理，为了实现这个功能，庭前程序应当遵循明晰争点的原则，在案件正式进入庭审前就查明控辩双方对案件产生争执的关键问题所在，从而为庭审的顺利进行做好准备。在刑事诉讼中，控辩双方基于各自利益的需要往往提供大量的证据材料和诉讼资料。如果在庭前对这些证据资料不进行筛选，对控辩双方争执的焦点不进行整理，到了庭审就要耗费过多的时间去核实证据的能力，去查明案件的关键所在，这就极易导致庭审的盲目与拖沓，不仅影响诉讼效率，浪费诉讼资源，而且还有碍于审判公正的实现。为了在庭前程序中实现明晰争点的原则，英美法系国家在庭前建立完善的证据开示制度，确保控辩双方在明确争点之前对案件的证据情况有了充分的了解。除了证据开示制度外，预备听审、审前动议、庭前会议等程序的设计也都体现了对明晰争点原则的实施。在大陆法系的德国，控辩双方在庭前准备过程中要明确讼争要点，庭审法官也要为开庭审理整理诉讼争点。庭前程序为控辩审三方提供了一个交换信息和明晰争点的空间，这个空间的存在不仅确保了庭前程序诉讼构造的正当性与合理性，而且有助于审判的集中性和连续性。我国现行的庭前程序中虽然有对庭前会议的规定，但是，对于案件的整理和争议的明晰只是简单提及，并没有深入展开。因此，在重构我国刑事庭前程序时，应当进一步贯彻明晰争议的原则，完善庭前程序整理案件、保障庭审集中进行的功能。

（五）诉讼经济原则

法律经济学家波斯纳曾说过，“正义的第二种含义——也许是最普通的含义——是效率”。[16]诉讼经济原则正是为了保证诉讼效率而在设置刑事诉讼程序时应当遵循的原则。以最少的诉讼资源和最小的司法成本消耗实现最大限度的公正是各国刑事司法长期以来所追求的目标。在案件数量与日俱增和司法资源稀缺有限的前提下，只有优化诉讼程序，合理配置诉讼权力，才能在满足审判公正的同时享受到诉讼效率的提高。对于刑事庭前程序而言，各国设立了不同运作机制，在保证庭前程序自身公正和效率的同时，促进整个刑事诉讼程序的公正和效率。我国在重构刑事庭前程序时，一方面应当把庭前程序作为一个承载平台，将证据开示、非法证据排除、争点整理和有罪答辩等具体程序或制度设置在这个载体中，通过这些制度发挥程序分流、明晰争议等功能，保证庭审有效进行的同时提高整个刑事诉讼程序的效率。另一方面，对于庭前程序自身来说，过于繁琐的程序设计，不仅会导致诉讼程序的拖沓，而且容易造成实务操作上的不便。因此，既要解决我国现行刑事庭前程序由于立法粗糙、条文简单所导致的功能不足，又要避免因为程序过于复杂繁琐而影响诉讼效益，在重构我国刑事庭前程序时，应当将庭前程序设置成功能多样而又相对集中，将庭前所需解决的诸项问题都包容到这个程序中处理，在程序设置上体现诉讼经济原则。

综上所述，重新设计我国的庭前程序，不能仅仅关注解决某一方面问题的需要，而是应当通盘考虑庭前程序在我国刑事诉讼中的定位和预期达到的目的，既要借鉴国外的先进做法和成功经验，又要考虑到当前我国司法的实际情况，并且应当遵循相应的改革原则，以防设计出来的庭前程序凭空想象或是经不起司法实践的检验。

第二节　我国刑事庭前程序重构的微观设想

一、刑事庭前程序的适用范围

从比较法的角度看，世界上各主要法治国家规定的刑事庭前程序并不适用于所有案件。刑事庭前程序从公诉机关提起公诉开始，为了提高公诉质量，防止公诉机关滥用公诉权，需要对提起公诉的案件进行审查，以确定是否有必要将该案交付审判。因此，进入刑事庭前程序的案件首先应当是需要进行公诉审查的案件，那些为了降低诉讼成本，提高诉讼效率或者是根据本国的实际情况而不需要进行公诉审查的案件，也就排除在刑事庭前程序的适用范围之外。在英国，除了特殊情况外，刑事庭前程序主要适用于绝大多数的可诉罪案件，确保这些可诉罪案件在移送刑事法院正式审判前都经过了治安法官的审查批准。在美国，只有重罪案件才需要经过公诉审查，除非被指控人放弃，因此，美国刑事庭前程序主要针对的是重罪案件。法国与英美国家有所不同，需要进行公诉审查的不仅仅是严重犯罪，对于一些轻罪可以有选择性地进行审查，还可以根据检察官的要求适用违警罪。按照我国 2012 年《刑事诉讼法》的规定，刑事案件分为公诉和自诉两大类。对于一审公诉案件来说，除了适用简易程序审判外，其他的都按照普通程序进行审理。适用简易程序的公诉案件通常由人民检察院在提起公诉时向人民法院提出建议，人民法院对这类公诉案件往往省略对公诉的审查，直接受理案件;而凡是按照普通程序进行审判的案件则都需要进行公诉审查。

对于重构我国刑事庭前程序时,如何确定其适用范围,有学者提出将案情复杂或者情节严重的刑事案件限定在公诉审查的范围内,对于案情较为简单或者情节较轻的犯罪案件,则赋予检察官以自由裁量权以决定是否公诉审查。[17]这种观点在很大程度上受到法国确定公诉审查范围的影响,对我国来说并不适合。许多国家强调对重罪案件进行公诉审查,一方面是由于诉讼经济原则要求不宜对公诉案件的庭前程序投入过多的诉讼成本和司法资源,另一方面考虑到重罪案件的被追诉人可能面临更重的刑罚,更需要在程序方面加强保护。我国刑诉法虽然没有按照犯罪的轻重来划分轻罪案件和重罪案件,但是,根据法律规定,适用简易程序的案件通常是事实清楚、证据充分,被告人承认自己所犯罪行且对适用简易程序没有异议的,这就没必要再在庭前设置一道对公诉进行审查的过滤机制。因此,适用简易程序审理的公诉案件不在庭前程序的适用范围内,即人民检察院提起公诉案件后,除建议人民法院适用简易程序的,都应当进入庭前程序。

二、 刑事庭前程序的权力主体

重构我国刑事庭前程序的一个重要问题是对庭前程序权力主体的选择,这涉及庭前程序能否有效运作以及法官预断能否排除。在英美法系国家的庭前程序中,无论是治安法官还是大陪审团都是司法民主的象征,在英美刑事司法实践中发挥着极其重要的作用,是英美法系司法传统的象征。在英美国家,治安法官除了可以对可诉罪进行移交审判外,还可以通过签发司法令状对重大的侦查行为进行司法审查,对轻罪或者未成年人犯罪或者简易罪进行审判等。退出英国刑事诉讼舞台的大陪审团,由于存在着种种弊端,在美国刑事诉讼中所产生的消极效应超过了积极效应。我国长期以来受职权主义诉讼模式的影响，缺乏英美法系的历史背景和诉讼传统，因此，不管是英国式的非专业治安法官还是美国式的专业治安法官对我国并不适合，大陪审团在我国更是缺乏生长的土壤。在大陆法系国家，德国刑事庭前程序中的法官与庭审法官并不分离，这种不能排除法官预断的立法设计备受德国学界和司法界的批评，自然不应为我国刑事庭前程序所采用。法国和意大利庭前程序中主要权力主体是预审法官，虽然各自拥有的诉讼职能的范围有所不同，但是相比较而言，预审法官的积极价值能为我国设立庭前程序的权力主体提供经验借鉴，比如，预审法官属于专业法官，具有法官身份，与庭审法官具有同等地位；预审法官与庭审法官相分离；预审法官除了拥有对公诉审查的权力外，还具有其他一些诉讼权力。

长期以来，在我国刑事诉讼中，检察机关提起公诉后就进入审判阶段，法院对公诉案件的审查以及对开庭前所作的准备并不是一个独立的程序，自然主持这一阶段的法官没有必要与庭审法官相分离。然而，随着我国刑事司法审判方式的改革逐步向抗辩式审判模式的发展，强调以庭审为中心和庭审实质化的理念日渐增强，如何防止法官在庭前形成先入为主的预断决定了我国庭审方式的司法改革能否走得更远。从以往的经验来看，立法在解决庭前预断问题的路径一直局限在对提起公诉时移送案卷范围的纠集，往往把案卷移送范围的大小与产生庭前预断的多少紧密联系在一起。从 1979 年《刑事诉讼法》规定的全案移送到 1996 年《刑事诉讼法》的起诉复印件主义，再到 2012 年《刑事诉讼法》对全案移送的恢复，很多人担心，即使法官对全案移送的案卷材料仅仅作形式审查，这也不可避免地给法官预断的产生提供了条件和可能。因此，庭前预断的排除仅从案卷移送的范围寻找解决路径是不可行的，“无论采用何种案卷移送方式，庭前预断都不可能彻底排除，且案卷移送方式的类型在具体案件中对庭前预断的作用力并没有绝对的大小之分”。[18]那么，如何解决法官庭前的预断问题？最有效的途径就是在我国建立类似于预审法官的庭前法官，将庭前法官与庭审法官相分离，专门负责和主持庭前程序。有学者并不赞同庭前法官与庭审法官的截然分离，理由主要有：一是现有法官的素质使得法官不在庭前了解案件就无法主持和驾驭好庭审，因此，为了充分发挥庭审功效，有效引导庭审活动，没有必要将庭前法官与庭审法官分离；二是司法资源紧张，案多人少的现实依旧是司法实践中的一大难题，如果将庭前法官与庭审法官分离必将增加司法工作的压力；三是庭前程序所涉及的主要是一些程序性问题，不对案件的实体进行裁判，即使庭前对案件有所了解也不会对正式庭审造成太大的影响和干扰。但是，从长远来看，只有将庭前法官独立出来才能使得法官的分工更加精细化、专业化，不仅有利于法官素质的提高，而且可以保证庭前法官和庭审法官各自都有更多的时间与精力去行使法律赋予的诉讼权力，也为法官体系的改革提供了契机。而且，随着庭前程序的不断完善，在庭前程序中需要解决的事项和涉及的内容，必将越来越多牵涉到案件的实体裁判，即便说不会对法官形成预断，但是程序缺乏正当性，必将有损公众对司法权威的信任。总之，重构我国刑事庭前程序时，应当配备专门的庭前法官主持庭前程序，也就是说，庭前程序的权力主体应当与庭审法官相分离。

按照我国现在的人民法院内部组织结构，并没有专门的庭前法官。那么，如果设立庭前法官的话，庭前法官应当具备哪些条件，拥有哪些诉讼权力，归属于法院的哪个业务机构？我国刑事司法改革中推出的“大立案”、“小立案”以及“法官助理制度”等为庭前程序权力主体的选择与确定提供了有益的经验。理论界也提出了不少设想：比如，以最高法院的改革为样板，在全国各级法院设立立案二庭，更名为刑事起诉审查庭，起诉审查庭的法官称之为起诉审查法官，与庭审法官互相独立，实行法官专职化；[19]有人将对公诉的审查分为程序性审查与实质性审查，设立刑事立案庭对公诉进行程序性审查，在完成程序性审查后，由刑事立案庭提请院长或者庭长指定一名法官以庭前法官的身份对公诉进行实质性审查，并负责开庭前的其他诉讼事务，该庭前法官不能参加正式庭审。[20]借鉴国外预审法官的立法经验，我国设立的庭前法官所拥有的诉讼权力不仅包括对公诉的审查，而且还可以包括审查证据的可采性和被告人的有罪答辩，主持证据开示和庭前会议，整理案件事实和法律问题的争议焦点等，甚至可以赋予其对强制措施进行司法审查，正好解决我国的刑事强制措施缺乏监督制约的现状。[21]正因为庭前法官在庭前程序中拥有相当大的职权，也就意味着其承担着重大的责任，必须由具备较高法律素养和专业知识的人员担任。因此，司法实践中探索实施的法官助理和其他不具备法官资格的人都不适合成为庭前法官，只有那些通过国家司法考试后具备法官资格的人才能担任庭前法官一职。另外，根据我国目前的案件管理流程，公诉案件起诉到法院后就由立案庭负责受理，一些地方还采取了“大立案庭”的做法，但是，无论是立案庭还是大立案庭，一个共同的特点就是功能简单，主要进行的是对公诉的审查以及开庭前的一些事务性准备工作，这样的一个平台就无法满足庭前法官履行其拥有的所有诉讼职能。因此，可以对立案庭进行改革，取消立案庭的同时，在各级人民法院设立预审准备庭，并且针对民事、刑事和行政案件进行分工。[22]就刑事案件而言，在预审准备庭内部分设刑事预审准备庭，配备专门的庭前法官，负责处理有关刑事庭前程序的事项，实现庭前法官与庭审法官的角色分离。

三、 刑事庭前程序中的公诉审查

为了防止公诉权的滥用，保障被追诉人的人权，大部分国家在庭前程序中设置了对公诉进行审查。我国刑事诉讼中的庭前审查，并不能称为严格意义上的公诉审查，因为这种程序性审查既没有发挥排除不当起诉的功能，也没有体现出被指控人对程序的选择权。对此，学者就如何改革我国的公诉审查提出了许多方案，以下三种观点比较具有代表性：第一种观点认为，我国应当借鉴日本起诉状一本主义的经验，取消公诉审查制度，在我国刑事诉讼结构中确立起诉状一本主义，并建立诉因制度和证据开示制度，以防止伏击审判和法官预断，保障庭审的抗辩性；[23]第二种观点认为，2012 年《刑事诉讼法》保留庭前审查的主要目的是为了避免法官在审判前对案件一无所知而不能更好地控制庭审，而不是为了制约公诉权。因此，我国检察机关进行的审查起诉可以替代公诉审查，检察机关可以自行决定公诉权，不需要由法院的司法权对检察官的起诉权进行审查；[24]第三种观点认为，我国应当设立独立的预审程序，由专门的预审法官对公诉进行审查，以决定公诉机关是否有合理理由将被告人交付法院审判。[25]这三种观点是从不同的角度对我国的庭前审查进行改革。就第一种观点而言，受日本刑事诉讼法的影响比较大，以期通过对公诉方式的改革来替代公诉审查的设立。但是，在我国刑诉法的再次修改又恢复了全案移送主义后，要重新选择起诉状一本主义似乎显得有点遥远。因此，寄希望于通过变革公诉方式来改革公诉审查并不是一种完美的途径。更何况，日本之所以没有设立公诉审查制度，在世界刑事诉讼领域独树一帜，是与其独特的修法历史背景密不可分的，而这样的制度设计导致的审判程序的易发、庭审的拖延以及诉讼资源的耗费等弊端，也同样一直困扰着日本刑事司法。对于第二种观点，其着眼点在于保障公诉权的有效行使，而不是对公诉权滥用的防范，而且在一定程度上，混淆了审查起诉和公诉审查两者的关系。一般来说，审查起诉和公诉审查是前后衔接的，虽然都能保证公诉权的正当化，但是毫无疑问，对于防止公诉权的滥用来说，由独立的第三方对公诉进行审查，比起仅仅依靠检察机关的自身约束和内部制约更有效。正如我国台湾地区学者林钰雄所指出的："刑事诉讼法上之所以要有起诉法定主义，正是为了防止检察官无足够理由欲提前公诉之情形，而监督起诉，其实便是要以另一个机关（法院）来监督检察官是否贯彻起诉法定主义，避免其成为具文。”[26]因此，本书并不赞同用起诉审查来代替公诉审查，这两个制度应当在不同的程序里发挥各自应有的作用。第三种观点不仅强调要对公诉进行审查，更是提出要设立一个专门的、独立的预审程序来进行审查。伴随着刑事诉讼民主和文明的发展，基于审判谨慎性的要求，法院对检察机关提起的公诉在庭前进行审查已经被大多数国家认可和遵循。因此，在重构我国庭前程序时，虽然对具体制度的改造和设计会有所不同，但是，对公诉的审查应当成为庭前程序的必经阶段。

（一）对公诉审查的启动与放弃

由于审判权是消极、被动和中立的，所以，对公诉审查的启动只能由检察机关依职权进行，法院不能主动开启公诉审查。人民检察院提起公诉，应当将起诉书和案卷材料、证据一起移送人民法院，人民法院的刑事预审准备庭受理案件后，就拉开了刑事庭前程序的帷幕。人民法院收到起诉书后何时向被告人送达，这直接涉及被告人的权利。日本《刑事诉讼法》第 271 条规定：“法院，在收到提起的公诉时，应当不迟延地将起诉书副本送达被告人。”我国现行刑诉法规定在确定合议庭组成人员后，至迟在开庭十日以前将起诉书副本送达被告人及其辩护人。这样的期限设置缺乏一定的科学性，不仅剥夺了被告人参与公诉审查的权利，而且容易导致被告人没有充分的时间去进行庭前准备。预审准备庭收到起诉书、案卷材料及证据后，应当立即指定主持本案刑事庭前程序的庭前法官，并在三日以内将起诉书副本送达被告人及其辩护人。庭前程序中对公诉进行审查，是为了避免不必要和不当的起诉，以此保护被指控人不受任意追诉。因此，公诉审查在一定程度上是被指控人的一项诉讼权利，既然是权利就可以放弃。而且，被指控人心中最清楚检察机关提起的公诉是否正当，有无滥行起诉，如果其放弃对公诉的审查，一定是权衡后深思熟虑的结果，并不会损害自身的权益，反而有助于案件的迅速进行，提高诉讼效率。因此，庭前法官送达起诉书副本时，在通知被告人或辩护人查阅案卷材料及证据的同时，应当告知阅卷完毕后，如果对公诉的提起有异议的，有权申请实质性审查，由法院来确定是否需要开启庭审。另外，根据我国的实际情况，被告人主动放弃对公诉进行实质性审查的，应当以该被告人委托辩护律师为前提，以保证被告人正确放弃公诉审查。

（二）公诉审查的审查形式

通常来说，对公诉进行审查有两种审查形式：一种是仅仅对起诉书及其他材料的程序性事项进行审查，不涉及有关实体问题，即所谓的程序性审查；另一种是除了对程序性事项进行审查外，还包括对证据和事实的审查，即所谓的实质性审查。从实现公诉审查的目的来看，要避免将被告人错误交付审判，防止公诉权的滥用，实质性审查比程序性审查更有效。长期以来，我国刑诉法的修改对公诉审查的改革一直纠缠于以何种形式进行，并且把法官先入为主、庭审流于形式等弊端归结为全案移送和实质性审查所造成的。因此，刑诉法的再次修改虽然恢复了全案移送，但是对公诉案件的庭前审查仍然坚持了程序性审查。这样的程序设计不仅没有使庭前审查充分发挥审查过滤机制的效用，而且在改革路径方面犯了目标性错误，因为全案移送后进行实质性审查与法官预断的产生以及“先定后审”等问题并没有直接的必然联系。从国外的立法来看，对公诉案件进行审查都会在相当程度内涉及实体问题。总之，为了能更好地审查公诉案件是否具备法律规定的开庭审判条件，防止公诉权的滥用，保障被告人的人权，在建立庭前法官和庭审法官相分离的基础上，我国应当赋予庭前法官以实体审查的权力，而不是对公诉仅仅进行程序性审查。具体来说，我国应当根据不同的情况对公诉审查采取不同的审查形式。对于被告人放弃实质性审查的公诉案件，庭前法官仅仅对公诉进行程序性审查，主要包括是否有明确的指控犯罪事实、起诉书书写是否规范、起诉书是否符合法律规定的其他形式要件等。对于被告人申请实质性审查的公诉案件，庭前法官应当对公诉进行实质性审查，除了包括程序性审查内容外，还应当包括对案件有无管辖权、指控的罪名是否准确、证据的合法性与关联性、是否有刑事附带民事诉讼等内容的审查。值得注意的是，庭前法官在公诉审查过程中，即使发现检察机关出示的证据有问题，也不能主动要求检察机关补充侦查或者自行进行调查取证，只能保持中立的地位作出相应的审查裁定。

（三）公诉审查的方式与期限

从有关国家的立法来看，公诉审查的方式主要有三种：一种是书面审查，主要由法官书面阅卷，而不进行开庭和质证辩论，优点在于有利于诉讼效率的提高，但容易导致公诉审查的形式化。德国实行的就是典型的书面审查，在中间程序中，“法院是基于卷宗中的书面信息作出决定的”。[27]第二种是言词审查，即以开庭的方式，由控辩双方在法庭上进行质证和辩论，好处在于为控辩双方提供了充分参与程序的权利和机会，有利于更好地实现公诉审查目的，但明显的缺陷是诉讼成本增加，诉讼周期延长。美国治安法官进行的预审就是典型的言辞预审，在制度设计上具有明显的对抗性，但是由于被指控人并无义务在预审阶段提供任何证据，因此，预审的作用能否充分发挥并不确定。第三种是书面与言词相结合的审查，即既进行书面审查又采取言词审查方式，意大利是这种审查方式的典型。根据意大利刑诉法的规定，法院在收到检察官移送的卷宗后，先进行初步阅卷审查，然后再进行开庭，由预审法官主持，控辩双方应当到场。这种审查方式一方面与公诉机关向法院全案移送证据材料有关，另一方面也体现了对诉讼对抗性的追求。

这三种公诉审查的方式各有利弊，是对不同诉讼模式的反映。选择我国的公诉审查方式，既要考虑诉讼效率和司法成本的需要，又要确保控辩双方在公诉审查中的程序参与。因此，在设计我国庭前程序中的公诉审查制度时，应当根据不同的情况采取不同的审查方式。对于被告人放弃申请实质性审查的，刑事预审准备庭指派一名庭前法官，以书面的方式对公诉进行程序性审查，并应当在三日以内审查完毕。放弃实质性审查的被告人应当委托辩护律师。为了更好地防止公诉权被滥用，对于被告人申请实质性审查的，不再采用法官进行书面审查的单方形式，而是由一名庭前法官以开庭听证的方式展开三方交流对话。开庭听证由庭前法官主持，在听证过程中具有一定的主导作用，控辩双方都应当到庭参加。听证首先由人民检察院对指控的犯罪事实进行陈述，然后由犯罪嫌疑人及其辩护人对证据和有关法律问题发表意见，庭前法官应当自辩护方阅卷期满之日起十日以内作出裁定。

（四）公诉审查中的证明标准

公诉审查的根本目的就是由法院来判断检察机关提起的公诉是否达到起诉条件，是否应当将被指控人交付审判。因此，如何把握案件是否达到起诉标准是与公诉审查相关的另一个重要问题。按照我国2012年《刑事诉讼法》第172条的规定，人民检察院认为“犯罪嫌疑人的犯罪事实已经查清，证据确实、充分，依法应当追究刑事责任的”，就可以决定提起公诉，而根据第195条的规定，法院最终作出有罪判决的标准是“案件事实清楚，证据确实、充分，依据法律认定被告人有罪的”。因此，从效力层次来看，审查起诉的证明标准和有罪定案的证明标准是同一的。法律之所以这样规定，一个重要的原因是我国刑诉法并没有实质意义上的公诉审查，法院对于检察机关提起公诉的案件都应当立案受理，不具有驳回起诉的权力。因此，为了防止公诉权的滥用，有必要将提起公诉的证明标准设定得比较高，由检察机关“自我约束”来保证公诉权的正当行使。然而，这种同一的证明标准受到不少学者的质疑，一些学者认为：在诉讼的不同阶段，不同证明责任的承担主体针对不同的证明对象所要达到的证明标准是不相同的，我国应当建立一个具有层次性的、合理的刑事诉讼证明标准体系。就审查起诉与定案的证明标准而言，它们之间应当具有层次性。[28]从各国立法来看，一般都在不同诉讼阶段建立了相对应的证明标准，起诉标准通常都低于定罪标准，如在英美国家，判决标准要达到“排除合理怀疑”，而起诉标准则一般只须有“合理根据”。而我国现在规定的提起公诉的证明标准与判决定案的标准基本相同，反倒是法院对公诉审查的标准低于提起公诉的标准，这种次序颠倒、缺乏逻辑性的证明标准使得庭审大门非常容易被打开，公诉审查流于形式。因此，在重构我国刑事庭前程序时，对公诉进行实质性审查的证明标准应当重新设定。在庭前法官有权依法驳回不当起诉对公诉质量进行审查把关的前提下，可以适当降低提起公诉的标准，不必再要求提起公诉的证明标准和判决标准是同一的。有学者提出审查起诉阶段的证明标准应当是一种优势标准，即检察机关衡量后，认为起诉获得有罪判决的可能性要超过无罪的可能性。[29]我赞同这种观点，在确定公诉审查的证明标准之前，首先应当降低检察机关审查起诉的标准，即检察机关审查起诉时，只要起诉获得有罪判决的可能性要超过无罪的可能性，就要提起公诉。而庭前法官在对公诉进行实质性审查时，应当采取“有合理根据”的标准，只要有证据证明发生了犯罪事实，并且指控的犯罪事实是由被告人实施的，且证明犯罪行为的证据是明显的即可作出交付审判的裁定。很显然，这种在庭前对公诉案件的双重审查能够极大限度地防止公诉权的滥用和不当公诉的提起。

（五）审查后的结果

公诉审查结束后，各国通常规定法官应当作出相应的裁定，即驳回起诉或者交付审判。然而，长期以来，在我国刑事诉讼理论中，提起公诉是人民检察院特有的权力，人民法院并没有任何权力干涉。因此，对于检察机关提起的公诉案件，人民法院可以依法受理，可以退回人民检察院，可以通知人民检察院补送材料，可以裁定终止审理，但就是没有驳回起诉的权力。人民法院的审判权，不仅包括对实体问题的裁判，也包括对程序性事项的裁判，通过对公诉的审查来遏制不当起诉就是程序性裁判的体现。因此，法院对检察机关提起公诉的请求进行审查后，对于符合审判条件的应当作出交付审判的裁定，对于不符合审判条件的当然有权驳回起诉。具体来说，庭前法官经过公诉审查后，可以按照不同情况分别作出不予受理、不予追诉、交付审判以及驳回起诉的裁定。我国庭前法官对公诉进行审查后，具有下列情形之一的，应当裁定不予受理：曾被驳回起诉或者裁定准许撤诉的案件，没有新的事实、证据，重新起诉的；已经提起公诉或者自诉的案件，在同一法院重复起诉的；起诉程序违反法律规定的。对于不属于本院管辖或者被告人不在案的，应当退回人民检察院。庭前法官对公诉进行审查后，符合 2012 年《刑事诉讼法》第 15 条第(2)项至第(6)项规定情形之一的，应当裁定不予追诉。被告人放弃申请实质性审查的，庭前法官在对公诉进行程序性审查后，除了具有不予受理和不予追诉的情形外，应当作出准予交付审判的裁定。被告人申请实质性审查的，庭前法官经过审查后，如果认为有合理根据证明被告人实施了指控的犯罪，应当作出准予交付审判的裁定。刑事预审准备庭应当制作准予交付审判裁定书，送达人民检察院、被告人及其辩护人。交付审判裁定书应当写明负责审判的法庭，有关强制措施的决定，案件是否公开审理，应当到庭的当事人和其他诉讼参与人名单等。庭前法官对公诉进行审查后，如果认为没有合理根据证明被告人实施了指控的犯罪，应当裁定驳回起诉，并附具理由。有两名以上被告人共同犯罪的，庭前法官可以对其中部分被告人实施的指控犯罪裁定驳回起诉。庭前法官审查后，认为起诉形式有瑕疵的，应当通知人民检察院在三日内补正；逾期未补正的，裁定驳回起诉。另外，对于证据不足，难以达到起诉要求的，是否允许检察机关补正，我国台湾地区的做法是可以通知检察机关补正的。一般来说，许多国家并没有在公诉审查后允许法院通知检察机关对起诉材料进行补正，有些国家虽然允许补正，也仅仅针对的是起诉的形式要件。因此，通知检察机关对不足的证据进行补正，不仅违反法院的中立性，而且违反无罪推定原则，只能将检察机关的补正限定在起诉的形式瑕疵上。但是，对于被驳回起诉的案件，检察机关在有了新的事实或者发现新的证据后可以再行起诉。

（六）对公诉审查的救济

虽然庭前程序中的公诉审查是基于对被指控人权利的保护而设立的，但是，各国立法通常都赋予控方对有关裁定不服寻求救济的权利，以体现对控诉权行使的尊重。检察机关对庭前法官作出的驳回起诉的裁定不服的，可以自收到裁定书之日起五日以内向上一级法院提出上诉，如果上一级法院维持原来的裁定，检察机关就不能对同一个事实再行起诉，除非有新的事实或者证据。值得注意的是，大多数国家并没有赋予被告人对交付审判的裁定有权寻求救济，既不得审查撤销，也不得提前上诉。原因主要在于被告人在接下来的庭审程序中仍然享有充分表达意见的机会，并不会对被告人的权利造成任何不利影响，而且，从提高诉讼效率的角度看，不应当在庭前投入太多的诉讼时间和司法资源。因此，借鉴其他国家的立法规定，被告人对于交付审判的裁定不服的不得上诉。

四、刑事庭前程序中的证据开示

根据《美国法律词典》的解释，证据开示指的是“在处理案件过程中一方将有关证据向另一方的显示”。[30]作为现代刑事诉讼中的一项重要制度，证据开示对于防止控辩双方证据突袭，查明案件事实真相，保障审判公正以及提高诉讼效率都具有极其重要的意义。无论是实行当事人主义诉讼模式的英美国家，还是采用混合式诉讼模式的日本和意大利，都在刑事立法和司法上规定了不同形式的、较为完备的证据开示制度。一直以来，我国刑诉法学界从证据开示的基本理论到具体操作程序，对证据开示制度进行了较为深入的研究。在我国刑事司法实践中，一些实务部门对证据开示制度也展开了有益的探索和积极的尝试。2012 年《刑事诉讼法》虽然积极吸收了证据开示的合理因素，但是并没有建立起真正的证据开示制度，这不仅难以保障庭审运作的对抗性，而且不利于促进控辩平等。正如有学者所说的：“对于中国的刑事审判制度而言，如果没有完备的证据开示制度，对抗式诉讼程序永远只能存在于书本而不是司法实践中”。[31]因此，在我国刑事诉讼中应当建立证据开示制度，并且证据开示主要应在庭前程序中进行，具体设计如下：

（一）证据开示的时间和地点

从各国对证据开示制度的规定来看，证据开示主要发生在审前和庭审中这两个时间段，而其中审前证据开示又可以分为诉前开示和庭前开示。诉前证据开示是在公诉机关提起公诉以前，控辩双方各自开示所掌握的证据，而庭前证据开示是指案件起诉后，正式开庭审理前控辩双方所进行的证据开示。[32]证据开示是一种诉讼活动，因此，可以分散在起诉前、起诉后到正式开庭前以及正式开庭审理后等不同的诉讼阶段进行。比如，根据英国 1996 年《刑事程序与侦查法》第 7.A.1.2 条，在被告人认定无罪或判有罪之前，或者在控方决定终止诉讼之前，控方负有开示不使用资料的持续性义务。但是，为了更好地实现证据开示制度的自身目的，促使控辩双方在了解对方证据后进行控辩协商，许多国家将证据开示集中在庭前程序中进行。比如，日本《刑事诉讼规则》第 178 条之六规定，检察官在提起公诉后，第一次公审期日前，应当尽快向被告人或辩护人提供阅览证据文书或者证物的机会；辩护人有应当向检察官提供阅览机会的证据文书或证物时，也应当尽快呈示。[33]而在对抗式审判国家，证据开示实际上的主要做法是法官预审的同时实行证据开示，也就是说在法官预审程序中同时解决证据开示，将法官预审和证据开示结合在一起，进行有效的技术性配置，从而达到事半功倍的效果。[34]"正式和集中的证据开示程序宜安排在侦查基本完成后和庭审之前，尤其是公诉提起后的适当时期内。"[35]因此，我国在构建完整的证据开示制度时，应当将庭前程序作为证据开示的主要操作平台，证据开示应当集中在检察机关提起公诉后，人民法院正式开庭前进行，当然，对某些方面的证据进行阶段性的开示也是必要和应当的。

就庭前程序中的证据开示而言，应当是一个持续开示的过程。"证据开示程序属庭前程序，这一程序主要安排在起诉前后。"[36]例如，在美国刑事诉讼中，庭前程序中的证据开示主要发生在预审和审前动议程序中，并且审前动议阶段是证据开示的主要阶段，控辩双方都应当向对方开示在庭前所获得的证据，否则对方就可以通过申请动议，请求法庭裁定对方开示。因此，我国庭前程序中的证据开示可以分为两个阶段进行：一个阶段是将证据开示与公诉审查结合运作，另一个阶段是在庭前会议中进行证据开示。对于庭前会议中的证据开示，本书后面将作进一步论述，这里就不再赘述。对于公诉审查中进行的证据开示，我们可以借鉴美国的做法，强调控方的开示义务，而不要求辩方在这一阶段对控方进行开示。由于我国的公诉方式采取的是全案移送，人民检察院在起诉时，就应当把全案材料和应当开示的证据连同起诉书一起移送到人民法院，这就为向辩方开示证据提供了条件。因此，在公诉审查时进行证据开示，主要是通过赋予辩方庭前阅卷的权利而实现的。

负责公诉审查的刑事预审准备庭收到人民检察院移送的起诉书和证据材料后，在送达起诉书副本的同时，就应当通知被告人或者辩护人自收到起诉书副本之日起五日内到预审准备庭查阅案卷材料及证据，并且告知阅卷完毕后，有权申请实质性审查。如果被告人被羁押而没有委托辩护人的，庭前法官应当为其指定辩护人，由辩护人进行阅卷。

关于证据开示的地点，通常分为在法院和在检察院两种情况。在法院进行证据开示，往往是在庭前程序或者庭审程序中完成的，或者是由法院对不履行开示义务的一方强制责令开示的。而在检察院进行开示，一般是因为控辩双方需要在庭外相互自行开示。对于我国证据开示地点的确定，有些学者赞同将证据开示放在人民检察院进行，理由主要是可以避免法官庭前接触证据而形成先入为主的预断。[37] 按照本文设计的庭前程序，庭前法官与庭审法官的分离，使得我们在选择庭前证据开示地点时，不再需要顾虑主持证据开示的庭前法官是否会形成预断。因此，除了侦查和审查起诉过程中的部分分散性证据开示外，庭前程序中进行的集中性证据开示，地点放在法院更为合适，并且可以由庭前法官主持进行。

（二）控方的开示义务

在证据开示中，控方将有关证据向辩方开示，是各国的通例。比如，在英国刑事诉讼中，控方进行初次开示，应当将其掌握的、准备在法庭上使用的所有证据材料，包括物证和证词等都向辩方开示，并且那些在庭审中不打算使用的证据材料也应当展示给辩方。在辩方进行证据开示后，控方有义务将新的证据材料向辩方作第二次开示。根据日本《刑事诉讼法》第 299 条的规定，证据开示的范围主要包括诉讼双方准备在庭审时调查的证人、证据文件和证据物。对于没有确定在法庭上请求调查的其余证据材料是否需要开示，日本理论界和实务界的认识并不一致。虽然不同国家对控方具体开示的证据范围有所差异，但是一般都要求其开示的范围要比辩方宽泛，理由主要在于作为控方的检察机关，拥有充分收集证据的能力和条件，其不仅是对犯罪行使控诉权的刑事追诉者，而且还负有公正司法、客观追诉的义务，因此，有利和不利于被指控人的证据都应当全面收集。根据我国的实际情况，人民检察院在刑事诉讼中承担着控制犯罪和保障人权的双重职能，而且作为国家控诉机关，拥有强大的取证手段和力量为后盾，比起辩方来说，收集证据的能力更为强大。因此，我国应当规定控方负有全面开示证据的责任，既包括拟在法庭上使用的证据，也包括不准备在法庭上使用的，但是对辩方有利的证据。当然，控方还负有继续开示的责任，在庭前或者庭审期间，控方如果发现新的应当开示的证据的，应当及时向辩方开示。

当然，控方的全面开示也是有例外的。大多数国家规定，对于可能危害国家安全或者证人人身安全的证据材料，控方有权不予开示，这是因为“国家安全利益与公民诉讼利益发生冲突时，应当优先考虑保障国家安全利益”。[38]因此，我国设立证据开示制度时，在确立人民检察院全面开示义务的同时，也应当考虑到全面开示的例外。如果人民检察院认为相关的证据开示可能会泄露国家秘密、对国家安全造成损害的，可以申请人民法院裁定不予开示，并附具理由。另外，国外的立法还会考虑到对证人身份保密的问题，以确保证人的安全。比如，根据德国《刑事诉讼法》的规定，如果检察官公开证人、鉴定人的身份和住址有可能会使他们遭受危险的，可以不公开证人的住所，只告知证人的公务身份或者以前的身份。[39]国外的做法值得我国借鉴，为了加强对证人和被害人的保护，对于可能对证人或者被害人造成人身危害的证据，人民法院可以裁定不向辩方开示，或者不允许辩方阅卷，只告诉其要旨。

（三）辩方的开示义务

在刑事证据开示的发展史上，最早实行的是控方的单向开示，即控方向辩方开示，而辩方不需要对控方开示证据。随着证据开示制度的不断发展，单向开示的缺陷亦愈来愈明显，辩方对控方开示证据的依赖大大降低了控方开示的积极性，不适应当事人主义的诉讼结构。之后，在控方的极力推行下，控方的单向开示逐步发展成为双向开示，即辩方也负有向控方开示的义务和责任。如今，控辩双方之间的双向开示已经成为各国刑事证据开示的一个规律。随着我国刑事司法改革进程的加快，辩方的取证能力与以前相比有了极大的提高，为了符合控辩平等的诉讼原则，我们没必要再去尝试从单向开示到双向开示的过程，可以直接建立双向开示的证据制度，不仅要求控方向辩方开示证据，而且辩方也要向控方进行开示。但是，与控方的诉讼角色相比较，辩方的取证权相对弱小，因此，控辩双方这种双向开示应当是不对等、不平衡的。与控方全面的开示范围相比较，辩方的开示范围相对来说更有限。根据国外证据开示的相关规定，辩方需要开示的材料主要包括两类：一类是对积极抗辩的开示，辩方开示证据的情形通常是辩方因为特别理由作无罪辩护的。比如，美国《联邦刑事诉讼规则》第 12 条规定，对于被告人不在犯罪现场的辩护、作精神病辩护或者专家关于被告人精神状况的证词以及以公共权利为由进行辩护，应当向控方开示相关的证据，而不能简单地予以否认。之所以要让辩方对这些特殊辩护的证据进行开示，一方面是由于在这些特殊情况下辩方负有一定的举证责任，证据通常也被辩方所掌握，所以，应当由辩方开示相关证据；另一方面是因为，这些作无罪辩护的特别理由一旦成立，足以推翻控方的指控，如果辩方不及时将掌握的相关证据向控方开示，将会导致控方无谓地提起公诉，造成诉讼资源不必要的浪费。另一类是辩方准备在庭审时为辩护而使用的证据，不打算在庭审时使用的证据就不需要展示。这是因为，辩方在刑事诉讼中的地位决定了其不需要承担查明案件事实真相的客观义务。总之，辩方只需承担有限度的证据开示义务，但是如何确定这个限度，我国学者提出了许多不同的观点。有学者认为，就辩方而言，基本要求是：凡是辩方准备在法庭上使用的证据都需事前向控方开示。[40]还有学者提出，辩方在控方开示证据后，应当开示控方尚未掌握的下列证据，主要包括犯罪人不在现场、未达到刑事责任年龄、缺乏刑事责任能力、不符合指控犯罪的犯罪构成、能够推翻推定事实的、具有法定从轻、减轻或免除处罚情节的证据。[41]在庭前程序中，被告人或者辩护人到刑事预审准备庭查阅控方提交的证据材料后，就应当向控方开示其准备在法庭上用作抗辩理由的证据；辩方如果准备作不在犯罪现场、精神不正常、缺乏刑事责任能力、正当防卫、紧急避险等辩护的，在庭前也应当向人民检察院开示相关证据。同样，证据开示是一个持续的过程，在庭前或者庭审期间，辩方如果发现新的应当开示的证据的，应当及时向控方开示。

（四）对违反证据开示义务的制裁

为了保证证据开示顺利、有效地进行，庭前法官必须在庭前的证据开示中进行监督和制约。一方面，庭前法官对于控辩双方就证据开示的相关问题产生争议的，应当作出裁定。比如，一方申请要求另一方开示其应当开示的证据，而对方不予开示，庭前法官可以作出裁定强制其开示。对于庭前法官作出的有关证据开示争议的裁定，不得上诉。另一方面，庭前法官应当对证据开示中出现的违法行为进行司法审查。纵观各国的证据开示制度，对于控辩双方没有承担相应开示义务的，都规定了违反证据开示的制裁措施。总的来说，对证据开示的制裁可以分为两种：一种是程序性制裁，比如驳回指控或公诉、延期诉讼、中止程序、再次传唤证人、排除证据等；另一种是经济制裁，比如让有过错的一方承担诉讼费用或者补偿对方相应的费用。从制裁的性质来说，前一种制裁相对更为严厉。当然，对于未按要求开示证据的，也并不是一律予以禁止使用，通常会根据违反规定的具体情形而采取不同层次的制裁方式。一般来说，只有对于应当开示而故意不开示的证据，意图在庭上搞证据突袭的，法庭才会禁止再行出示或者直接宣布证据无效。因此，在构建我国庭前证据开示制度时，也应当注重对违反证据开示义务的制裁，并且根据违反的严重程度，区别不同情形作出不同的处理。虽然证据开示是控辩双方的双向开示，但是比较而言，控方承担着主要的开示义务，控辩双方之间是一种并不对等的开示。因此，制裁违反证据开示义务也应当体现这种不平衡，控方应当承担更为严重的后果。对此，具体可以规定，控方违反证据开示义务的，庭前法官可以视情形的严重程度分别作出开示相关证据或者排除相关证据的裁定。辩方违反证据开示义务的，可以不承担证据被排除的后果，但是庭前法官在裁定其开示相关证据的同时，应当令其承担一定的经济责任以示惩戒，比如给予罚款或者支付增加的诉讼成本等。一方违反开示义务导致需要重新开示的，另一方有权要求对新开示的证据给予足够的准备时间。

五、 刑事庭前程序中的认罪答辩

当前，各国普遍面临的一个问题就是刑事案件的大量增加和诉讼资源的明显匮乏，对此，许多国家根据犯罪罪行的轻重、被告人是否认罪、案件事实是否清楚以及案件类型等标准来对案件在不同诉讼阶段进行分流，以减少司法机关的办案压力。其中，依据被告人认罪来分流刑事诉讼程序是最主要的一种途径。在美国，大约 90%以上的刑事案件是通过控辩协议完成的，而控辩协议的前提就是被告人承认有罪。在英国，大部分刑事案件都是因为被告人作有罪答辩而结案的，这个比例在刑事法院约有 70%，在治安法院大约有 80%。[42] 在我国，根据有关调查估计，大约有 90%的刑事案件中被告人或者犯罪嫌疑人作了有罪供述。[43] 由此可见，被告人认罪已经成为刑事司法中的一种普遍现象，而认罪答辩程序也成为各国刑事诉讼中的一项重要内容。从诉讼阶段来说，侦查和起诉阶段也可能因为犯罪嫌疑人的认罪而导致提前终结诉讼程序，但是庭前程序中被告人进行认罪更具有普遍性。这是因为控方提起公诉后，经过控辩双方的证据开示，被告人对控方的证据有了更为全面的了解后，促使其进一步去衡量和判断是否需要进行认罪来获取一定的“好处”。英国 1995 年在庭前程序中引入答辩和指导听审程序，在该程序中，被告人如果答辩有罪，法官就应当直接考虑量刑问题。美国庭前程序中的传讯程序也被称作罪状认否程序，被告人必须在公开法庭对指控进行答辩。出于对当事人处分权的尊重，英美法系的罪状认否程序一般对案件的性质和轻重没有限制，轻罪和重罪都可以适用。被告人认罪的案件省略了庭审程序，直接进入量刑程序，只有那些被告人不认罪的、需要进行激烈对抗的案件才使用正式的普通庭审程序。大陆法系刑事诉讼中也有对认罪案件的规定，但是与英美法系国家相比，则更注重对实体公正的追求，不仅对案件性质有较为严格的限制，而且对于被告人认罪的案件往往需要进行实体性审查，而诉讼程序的简化也只是在审判程序上有所体现。[44]

在我国，虽然刑事司法实践中被告人认罪的比例相当高，但是刑事立法对这部分大量存在的认罪案件并没有设置多元化的诉讼程序，以满足程序有效分流的要求。从 1998 年最高人民法院《关于执行〈中华人民共和国刑事诉讼法〉若干问题的解释》将公诉案件适用简易程序的范围限定为被告人认罪的案件开始，到 2003 年 3 月，最高人民法院、最高人民检察院和司法部联合出台的两个司法解释规定对被告人认罪的一审程序可以采用普通程序简易审，[45]对被告人认罪案件主要通过简易程序和普通程序简易审这两种程序得以分流，虽然在一定程度上缓解了司法压力，但是这些规定主要都是集中在对审理程序的简化。2012 年，《刑事诉讼法》的再修改将被告人认罪纳入简易程序的适用条件，实际上是将 1996 年《刑事诉讼法》确立的简易程序和 2003 年司法解释确立的普通程序简易审予以合并，确立了一种新型的简易程序。但是，现行《刑诉法》对被告人认罪的认定依旧没有给予基本的程序保障，对被告人认罪案件仍然需要开庭审理，只是采用比普通庭审程序相对简化的庭审方式而已。也就是说，我国并没有对被告人认罪案件设置不同阶段和不同程序的分流机制。其中，最明显的一点就是，在我国刑事庭前程序中，没有设置有罪答辩制度，也没有罪状认否程序。由于缺乏完整的问罪程序，使得进入庭前程序后，经过公诉审查的所有公诉案件都不加区分地一律进入正式庭审，这就导致庭前程序难以承担起分流程序和提高诉讼效率的重任。在庭前程序中对案件进行分流，关键是设置专门的认罪答辩程序，由庭前法官对被告人是否认罪进行询问并进行审查确认，在案件交付正式庭审之前，将被告人认罪的案件从普通庭审中分流出去。因此，庭前程序中的认罪答辩起着对案件进入正式庭审前进行最后分流的“总闸门”作用，它引导着案件在经过公诉审查后的程序走向，决定了整个刑事审判程序的秩序。为了完善刑事诉讼程序，提高刑事诉讼效率，保障被告人的诉讼主体地位，有必要借鉴其他国家的有罪答辩制度，在重构我国刑事庭前程序中设立认罪答辩制度，具体设计如下：

人民检察院向人民法院提起公诉后，案件经过公诉审查以及证据开示等诉讼活动后，就要进入认罪答辩程序。认罪答辩程序应当是刑事庭前程序中的一个独立和必经的程序，由庭前法官主持，控辩双方参加。认罪答辩程序开始后，首先由公诉人简要陈述指控事实和理由，接着，由庭前法官告知被告人应当拥有的各项权利以及做出有罪答辩后的法律后果，最后由被告人对人民检察院的每项指控作出答辩，被告人可以选择作出有罪答辩、无罪答辩以及不辩护也不承认的答辩。被告人作出有罪答辩的，庭前法官应当审查被告人认罪的自愿性和明智性，确认被告人是否在清楚理解指控性质、认罪后果的基础上自愿作出的认罪。此外，与英美法系不同的是，我国向来奉行实体真实主义，不能仅仅根据被告人的认罪答辩就作出有罪判决，还应当对案件的事实和证据进行审查，以便确认被告人的认罪答辩是否具有事实基础。庭前法官进行审查后，确认被告人认罪有效的，就应当将这部分认罪案件分流出去，不再进入普通的庭审程序，而直接进入量刑程序，控辩双方也只需要对量刑程序做准备，这就大大加快了诉讼进程，节约了司法资源，提高了诉讼效率。对于被告人不认罪的或者对认罪答辩保持沉默的，继续庭前程序，对正式开庭审理做好庭前准备工作。

六、 刑事庭前程序中的庭前会议

庭前会议最初来源于英美法，《基本法律词典》对其的解释为“一个由法院主持召开的，在诉讼或者刑事起诉开始以后，庭审开始之前，双方律师确定案件争点、进行证据开示以及采取其他措施以确保庭审的顺利进行，并尽可能解决争议问题的会议”。[46]庭前会议的设立初衷在于确保案件的集中审理、庭审的顺利进行以及程序的必要分流，以促进审判公正，提高诉讼效率。我国 2012 年《刑事诉讼法》的一大创设就是增加了庭前会议制度。然而，在对庭前会议的诞生给予肯定的同时，我们应当看到，与域外发达成熟的庭前会议相比，我国设立的庭前会议制度仅仅是个萌芽，存在着功能有限和机制粗陋两大局限，并没有发挥其应有的价值，尚有很大的发展空间与可能。[47]如何实现庭前会议制度在我国庭前程序中的立法目的，必须对其进行重新定位，对程序运作进行更为合理的设计，并在实务中不断探索和完善。

（一）庭前会议的制度定位

1. 庭前会议是一种庭前准备程序

庭前会议是庭前程序中的一项重要内容，它既不同于公诉审查，也不同于开庭审理。公诉审查虽然和庭前会议同属于庭前程序中的内容，但是，公诉审查是为了决定是否需要将案件交付审判，根本目的在于防止公诉权的滥用和避免不当起诉，而庭前会议是在案件交付审判后为庭审所做的准备，其定位是庭前的准备程序。因此，公诉审查与庭前会议是两个完全不相同的诉讼程序，不能将两者相互混淆。同样，庭前会议与开庭审理也是并不相同的概念，前者只能涉及程序性事项，不能涉足应当由庭审解决的实体性问题，而后者的主要任务就在于解决对被指控人定罪量刑的实体性问题。

2. 庭前会议本质是一个程序平台

作为提高庭审效率、确保庭审实质化的重要制度举措，庭前会议不仅应当具有独立的程序价值，而且还应当具备作出相关裁定或者决定的确定效力。然而，就庭前会议本身而言，并不能创设和削减权力，其效力来源于诸如非法证据排除、申请调取证据、处理回避申请、解决证据开示争议、对罪状认否的审查等其他刑事诉讼制度或程序。也就是说，庭前会议为扫清庭审障碍，确保开庭顺利提供了一个集中处理问题的平台。有人对此作了贴切的比喻："庭前会议就好比电脑的操作系统，其他制度就好比具体的应用软件，此时的庭前会议就成为了这些具体制度的程序平台。"[48]在这个平台上，控辩审三方可以对一些准备性问题提出异议、进行协商，从而使庭前会议具有基本诉讼结构，并产生相应的法律效果。因此，庭前会议的功能应当是多元性的，内容应该是多样化的，它承载着一些具有独立"品格"的制度，装置着不同的程序机制。在庭前会议这个平台上，我们应当充分挖掘平台的潜能，将庭前所要解决的程序性事项"一揽子"予以解决，以实现其应有的价值。

(二) 庭前会议的程序设计

1. 庭前会议的启动

我国2012年《刑事诉讼法》规定，在开庭以前审判人员可以召集有关人员召开庭前会议。这里的"召集"二字，并没有明确是依据公诉人、当事人和辩护人、诉讼代理人的申请后由审判人员召集，还是审判人员自主决定后召集开庭前会议。这是一个关乎庭前会议如何启动的问题。根据美国《联邦刑事诉讼规则》第17.1条对“庭审前会议”的规定：“法庭根据当事人申请或自行裁量，可以命令召开一次或数次会议……”，庭前会议可以依据当事人的申请或者由法官依职权启动。这是因为庭前会议的召开关系控辩双方的切身利益，赋予当事人双方对诉讼程序启动的选择权，不仅是正当程序的必然要求，更是对当事人程序性主体地位的尊重。另一方面，庭前会议作为一种庭前准备程序，不仅需要控辩双方对庭审做准备，作为裁判者的法院也要为庭审的顺利集中进行做准备，尤其是对于那些重大复杂、证据材料繁多，而控辩双方都没有申请召开庭前会议的案件。因此，如果仅仅依靠法院启动庭前会议的召开，则有可能损害控辩双方的诉讼地位和权利，但如果全权由当事人启动庭前会议，又有可能导致权利被滥用。对此，比较合适的途径是可以赋予当事人、辩护人和诉讼代理人对庭前会议召开的申请权，赋予人民检察院对庭前会议召开的建议权，人民法院对此进行审查后享有对庭前会议召开的最终决定权。具体来说，庭前预审准备庭在庭前程序阶段应当负有相应的告知义务，在送达起诉书副本的时候就要告知被告人及其辩护人可以申请召开庭前会议的情况，比如可以对管辖、回避、证据的合法性与关联性提出异议，可以申请法庭调取证据、进行证据开示、申请证据保全等。人民法院应当充分尊重控辩双方召开庭前会议的建议权和申请权，在经过审查需要作出拒绝召开庭前会议的决定时，应当以书面方式说明相应理由。在控辩双方都没有申请庭前会议召开的情况下，人民法院可以根据案件的具体情况依据职权作出召开庭前会议的决定。

2. 庭前会议的主持者与参加者

根据我国《刑事诉讼法》的规定，庭前会议的主持者是审判人员。

从最高人民法院的司法解释以及我国的刑事司法实践中看,“审判人员”指的就是合议庭成员,可以是合议庭的部分成员,也可以是合议庭的全部成员,但是有一点是明确的,那就是并没有强调庭前会议的主持法官需要和正式庭审的法官相分离。对此表示支持的主要是实务界人士,他们认为刑诉法对于庭前程序的修改,目的之一就是确保审判人员能在庭前更多地了解到案件的情况,如果由其他人主持庭前会议,到了正式庭审时候,庭审法官还要重新熟悉案情,这就不能更好地驾驭庭审,达不到提高诉讼效率和保证庭审质量的目的。[49]庭前会议由谁来主持,其背后蕴藏着的理论是庭前预断的排除以及审判者的中立。现代刑事诉讼要求,法官在正式庭审之前不应该对案件形成先入为主的预断,否则,极易造成庭审流于形式,损害审判公正与司法权威。在庭前会议中,通常既要解决申请回避、管辖权异议等程序性事项,又要进行非法证据的排除、证据开示、整理案件的争点、申请调查取证等与实体问题有关的事项,如果主持庭前会议的法官与庭审法官是同一个人的话,庭前预断几乎是不可能避免的。我国2012年《刑事诉讼法》恢复了全案移送主义,并且加强了庭前准备工作,但是却没有考虑庭审法官参加庭前程序会形成庭前预断的问题,这就大大削减了其他制度的改革效力。庭前会议的主持者必须和庭审法官相分离。在本书构建的庭前程序中,设立了刑事预审准备庭以及庭前法官,让庭前法官主持庭前会议,就可以避免庭前会议由合议庭成员主持进行所带来的弊端和尴尬,也能使程序设计更为合理。

根据我国《刑事诉讼法》的规定,参加庭前会议的人员主要包括公诉人、当事人和辩护人、诉讼代理人。至于被告人能否参加庭前会议,最高人民法院的司法解释规定,根据案件情况,可以通知被告人参加。由此可见,立法倾向于认为被告人不是必须参加庭前会议的。根据国外发达国家刑事诉讼的通例,庭前会议不仅仅是对信息的简单沟通和交流，更应该对需要解决的事项进行辩论，以体现庭前会议的三方诉讼构造，切实保护控辩双方的利益，确保庭前法官裁决的客观与公正。如果允许控辩一方不参加庭前会议，就有可能使庭前会议成为“秘密会议”，背离程序公正。因此，控辩双方不仅都有权参加庭前会议，而且应当同时参加，通过双方的辩论对抗，更好地实现庭前会议的基本价值。值得注意的是，美国《联邦刑事诉讼规则》中还规定，被告人没有律师代表的案件不能召开庭前会议。因此，被告人在庭前会议中有权获得辩护律师的帮助，如果没有聘请辩护律师的，庭前法官应当为其指派律师提供帮助。被告人不愿意参加庭前会议的，应向庭前法官提交委托辩护律师参加的授权函，全权委托辩护律师代为出席庭前会议。

3. 庭前会议的解决事项

正如前文所说的，庭前会议是一个程序平台，这个平台上能容纳哪些制度和程序，直接决定了庭前会议在庭前程序中能发挥多大的制度性功能。庭前会议所要解决的问题既不能过于广泛，以防庭审被架空，又不能过于局限，否则应有的价值和作用得不到发挥。我国《刑事诉讼法》规定庭前会议的内容主要是回避、出庭证人名单以及非法证据排除等与审判相关的问题。立法对“与审判相关的问题”这样兜底性的规定，对于司法实践来说是个难题。因为基本所有的刑事诉讼活动都可以说与审判相关，但不可能都拿到庭前会议中进行解决。有学者提出，庭前会议解决的主要问题可以概括为对程序性问题的汇总解决，如证据开示、证据保全和非法证据的排除等，以及对部分实体问题的整理明晰，如争点及证据的整理、指控罪名的变更和刑事和解意向的达成等。[50]确定庭前会议的解决事项，一方面应当充分利用庭前会议提供的空间，那些有利于庭审顺利进行且有必要在庭前解决的问题都可以作为庭前会议的内容；另一方面又不能逾越庭前会议是庭前准备程序的本质，将庭审中需要解决的事项提前到庭前会议中进行。基于这样的考虑，借鉴其他国家或地区的立法经验，我国庭前会议的处理对象可以包括以下几方面：

（1）管辖权异议问题。管辖权异议不涉及对案件的实体裁判，而又在司法实践中存在的，因此，在庭前会议中可以对管辖权提出异议。

（2）回避问题。庭前会议中，可以对有关人员申请回避，这可以避免庭审过程因程序性事项而中断，有利于庭审的集中和迅速。

（3）证据开示问题。庭前会议与证据开示是两个不同的概念，前者的目的在于为庭审做好准备，提高诉讼效率，后者强调的是防止突袭裁判。如前文所述，证据开示最合适的时机就是在庭前，控辩双方对证据开示产生争议的，庭前会议对此提供了解决的平台。因此，控辩双方认为对方应该开示的证据没有开示的，可以申请召开庭前会议，要求对方开示。控方应当开示的证据既包括拟在法庭上使用的，也包括不准备在法庭上使用的，但是对辩护方有利的证据。辩方开示的证据主要是拟在庭审中作为辩护理由的证据，如果拟作不在犯罪现场、精神不正常、缺乏刑事责任能力、正当防卫、紧急避险等辩护的，应当向控方开示相关证据。在庭前会议召开过程中，控辩双方发现新的证据或者对证据开示产生争议的，也可以申请庭前法官作出裁定。

（4）辩方申请调取证据问题。根据2012年《刑事诉讼法》第39条、第41条的相关规定，辩护人有申请调取证据的权利，而同样，庭前会议为辩方申请调取证据提供了程序空间。在庭前会议中解决是否申请调取公安机关、人民检察院在侦查、审查起诉期间收集到的，但未提交的能证明被告人无罪或者罪轻的证据材料，是否请求人民法院调取有关证据，比在庭审中提出申请后造成庭审的中断和拖延来说，更能保障庭审的集中和顺利。

（5）证人、鉴定人的出庭问题。在司法实践中，申请证人或者鉴定人出庭是导致庭审中断的一个重要原因。因此，在庭前会议中解决证人、鉴定人和有专门知识的人的出庭问题实属非常必要,这些人员是否有出庭的必要,由庭前法官决定。

(6) 证据保全问题。刑事证据保全是许多国家和地区刑事诉讼立法中的一项必不可少的基本制度,它不仅有利于查明案件事实,而且能够弥补辩方取证手段的不足,避免与案件有关的证据灭失或者毁损。我国刑诉法赋予辩方申请调取证据的权利并不同于证据保全制度。证据保全不仅应当具有控辩审三方诉讼构造,而且申请证据保全的行为是一种程序性请求,因此,作为一项专门的制度,证据保全应当符合正当程序的理念和要求。从证据保全的特点来看,当证据在庭前存在可能灭失或者以后难以取得的情况下,可以申请法院采取适当的措施预先进行调查并加以固定。庭前会议恰好为证据保全的实施提供了合适的平台。在庭前会议中,提出证据保全申请的一方应当提交申请书,说明事先进行保全的理由。庭前法官认为有进行证据保全必要的,可以裁定进行保全,并将保全的时间、地点通知公诉人、被告人和辩护人,控辩双方有权参加证据保全活动,必要时可以对证人进行询问。

(7) 非法证据排除问题。对证据能力的判断应当是庭前会议的重要内容,在庭前将通过非法手段和方法获得的证据排除在庭审之外,可以避免对庭审法官的认知和判断造成污染,有利于审判公正,而且还可以防止因出现证据调查而导致的庭审中断,有利于诉讼资源的节约,提高诉讼效率。在庭前会议中,当事人、辩护人及诉讼代理人可以对非法证据的排除提出申请,庭前法官要对申请非法排除证据的理由及时进行核实,对于应当排除的证据,依法予以排除。被排除的证据不得在庭审中使用。

(8) 变更指控罪名的问题。我国台湾地区“刑事诉讼法”在准备程序中有项规定是“起诉效力所及之范围与有无应变更检察官所引应适用法条之情形”。法官审理案件的范围受制于控方的起诉,在庭审过程中，如果控方变更起诉罪名，或者追加、撤回起诉的，辩方辩护权的刑事就会受到严重影响和制约，为了给予辩方必要的时间来准备辩护，庭审就有可能造成中断。因此，在庭前会议中解决变更指控罪名的问题，不仅有利于保障辩护权的有效实现，而且能促进庭审的集中进行。

(9) 庭审方式选择问题。在庭前会议中，庭前法官应当听取庭前会议参与人是否允许公开审理案件的意见。当事人申请不公开审理的，庭前法官应当进行审查，符合法律规定不公开审理条件的，应当作出不公开审理决定。

(10) 确定审判期日及案件延期审理问题。在国外，法院对审判期日的确定并不是一家之言，需要征询控辩双方的意见，或者与之协商后确定，以便当事人能充分参与庭前活动。在我国司法实践中，开庭日期是由人民法院根据法院的工作日程来安排的，控辩双方往往因为开庭日期发生分歧而导致庭审的拖延。因此，确定案件的审判期日以及决定是否需要延期审理是有关程序性事项，不涉及对案件实体问题的判断，在庭前予以解决不会造成诉讼资源的浪费，所以应当纳入庭前会议的内容之中。

(11) 争点及证据整理问题。根据其他国家的立法规定，对案件的争点及证据进行整理，明晰争议要点是庭前会议的一个重要内容。通过庭前会议，庭前法官对于控辩双方均没有争议的事实可以予以确定，到庭审中不再作重点调查，对于双方都认可的证据，根据传闻证据规则，庭审中不再予以核实。这样就可以使法庭有更多的精力集中于对有争议的事实和证据进行审理，加快诉讼进程。

(12) 附带民事诉讼的调解问题。在刑事诉讼中，被害人或者其法定代理人、近亲属可以提起附带民事诉讼。附带民事诉讼问题的解决会影响被告人刑事责任的确定，如果通过调解活动，被告人与被害人就附带民事诉讼部分能提前得以明确，可以大大减少庭审的时间，为庭审的顺利进行奠定良好的基础。

(13) 刑事和解的问题。我国 2012 年《刑事诉讼法》第 277 条规定被告人与被害人自愿和解的,可以达成和解协议,法院可以对被告人依法从宽处罚。刑事和解有利于及时化解社会矛盾,如果能在庭前促使当事人和解的,庭前法官可以制作相应的法律文书终结诉讼。因此,庭前会议的平台上也应该承载刑事和解制度。

4. 庭前会议的效力

作为庭前程序中的一项重要制度,庭前会议应当具有一定的法律效力,产生相应的法律效果,否则就失去了存在的意义。英国的"答辩和指导听审程序"曾经就经历过这样的尴尬:庭审法官随意推翻或者否决在答辩和指导听审程序中已经作出决定的事项,导致律师失去参加听审程序的动力,直接影响了听审程序价值的实现。直到 1996 年《刑事诉讼与侦查法》对听审程序进行改革,加强听审程序的约束力后,情况才有所扭转。[51]我国 2012 年《刑事诉讼法》规定:审判人员在庭前会议中对与审判相关的问题只能"了解情况,听取意见"。根据这样的法律用语,立法并没有赋予审判人员在庭前会议中对相关事项作出实质性处理的权力,这就在很大程度上束缚了法官的手脚,很容易导致庭前会议流于形式,削弱控辩双方参加庭前会议的积极性,使庭前会议不能发挥应有的功能。因此,确定庭前会议的效力是决定庭前会议是否具有实质性意义的一个重要因素。庭前会议的效力可以从两个方面加以确认:一个是对于那些应当在庭前会议提出并加以解决的事项,在庭前会议没有提出的,能否允许在庭审时提出;另一个是庭前会议上庭前法官作出的决定以及控辩双方已经达成的共识,对于庭审程序是否具有约束力。第一个方面涉及程序的时效性问题。追溯庭前会议设立的目的就在于为庭审扫清障碍,做好准备,如果应当在庭前会议解决的事项没有解决,仍然被拖延到庭审中去,庭前会议就失去了存在的价值。

因此，控辩双方应当在庭前会议中及时提出申请或者异议，除非有合理正当的理由，否则不允许再在庭审中被提出。至于第二个方面，关乎庭前会议的结论是否具有约束性的问题，是庭前会议效力最重要的一个方面。从我国庭前程序发展的长远角度看，庭前法官应当尽可能地在庭前会议处理完各种程序性问题，明晰案件的争点及整理繁杂的证据，以保障庭审程序的顺利进行。因此，应当赋予庭前法官在庭前会议中对回避、管辖权异议、非法证据的排除等事项作出有关裁断的权力，以维护庭前会议的制度定位，彰显司法的权威。同时，对于控辩双方在庭前会议上就证据及其他事项达成的合意，经双方签字盖章后，对双方都具有一定的约束力，无正当理由不得变更。

第三节　我国刑事庭前程序重构的配套机制

物质世界是以系统存在的，整个世界就是由各个部分有机组成并形成具有特定功能的系统。一国的刑事诉讼同样也是一个系统，对其中某一部分的改革，如果缺乏其他要素的配套，系统的功能就难以得到发挥。因此，我国刑事庭前程序的重构，不仅仅是通过自身的改革就可以实现，还需要其他程序环节的配合和相关配套措施的完善，甚至要依赖于中国整个法治系统的不断进步。

一、 建立现代法官制度

为了排除法官预断，保证审判公正，刑事庭前程序确立了庭前法官与庭审法官的分离。庭前法官能否在庭前程序中发挥应有的作用，与庭前法官是否能实现个人独立，是否拥有专业化的素养有着直接的关系。长期来我国法官的职业化程度较低，法官队伍达不到精英化，从而法官的独立地位更是无法得到实现。法官队伍存在的种种问题不仅容易导致司法腐败，更是司法不公的重要原因之一。因此，完善我国的法官制度，推动法官制度的现代化，对于树立司法权威、实现审判公正来说起着非常重要的作用。总结法治国家的先进经验，现代法官制度应当具备职业化、独立化和精英化这三个特点。所谓职业化，就是作为审判人员的法官应当具备从事这项职业的基本从业资格，在精通法律知识的基础上能熟练运用法律知识作出公正裁决。法官的精英化是在职业化的基础上，对法官的个人素质和专业素质提出了更高的要求，即国家选拔出真正德才兼备的法律精英来为司法服务。对于刑事庭前程序的构建来说，最需要强调的是法官的独立性。因为一旦庭前法官在庭前程序中缺乏独立地位，庭前法官与庭审法官之间的分离就难以真正实现，这一切就有可能导致庭前法官的诉讼职能无法有效发挥，庭前程序也就不能正常有效地运行。“法官的独立和公正是诉讼法的基础。”[52]一直以来，在司法独立方面，我国更多地强调法院的整体独立，而不是法官的个人独立。我国法官独立性较差的原因，一方面是由于我国法院内部存在着严重的行政化倾向，另一方面是因为法官自身的独立能力和专业化程度相对较低。因此，为了确保法官独立的实现，我国应当建立良好的司法环境，在法院独立行使审判权的前提下，实现法院内部体制的非行政化，将法院内部的行政职能与司法职能分开，保证法官在履行审判职能时，不仅独立于上级法院的法官，而且独立于同一个法院的同事。法官的独立性是构建现代法官制度的关键，在我国实现绝非是一朝一夕的事情。据报道，上海和广东等地 2014 年已进行法官和检察官单独序列管理的试点，法官、检察官不再按照公务员序列管理，而是实行单独的法官、检察官序列。[53]相信随着法官制度的不断完善，在庭前程序中设立专门的庭前法官，由庭前法官独立主持庭前程序，按照自己独立的意志处理庭前的相关事项，这些必将得以实现。

二、 完善被告人认罪机制

在庭前程序中设置认罪答辩制度，有利于在开庭审理前分流程序，提高整个诉讼程序的效率。但是，要充分发挥这项制度在庭前程序中的功能，有必要进一步完善认罪机制，在促使被告人作出自愿认罪的前提下，保障认罪程序的最低限度公正。首先，应当赋予被告人不得强迫自证其罪的权利，让被告人对认罪和不认罪享有自由的选择权，才能确保被告人认罪的自愿性。根据《公民权利和政治权利国际公约》第14.3.7条的规定：任何人都享有不被强迫自证其罪或者强迫承认有罪的权利，该权利已经成为国际刑事司法准则之一。在享有不得强迫自证其罪权利的前提下，被告人对控方的指控进行认罪或不认罪属于其自由意志范围，是对相关事实和证据进行权衡利弊之后作出的明智选择，不应受到外界任何不当的压力。如果被告人不认罪，不论该案件事实有多么清楚，证据有多么充分，都必须使用正式的庭审程序审理。其次，在保证被告人认罪自愿性的同时，刑事诉讼法还应当采取必要的措施提高被告人认罪的积极性，鼓励被告人认罪。对被告人而言，之所以会进行认罪，最大的吸引力来源于能够通过自愿认罪而获得量刑上的优惠。如果法律上没有明确规定认罪后获得量刑减免的幅度，完全由法官自由裁量的话，被告人就无法合理预计认罪后能得到怎样的好处，认罪的积极性自然就会大打折扣。许多国家在立法上或者司法实践中对认罪后能够获得的量刑优惠作了较为明确的规定，比如，依据意大利《刑事诉讼法》的规定，对于自愿认罪的被告人应当依法减刑三分之一；在英国，英格兰和威尔士的执业律师通常认为被告人有罪答辩后应当得到减刑三分之一的奖励。另一方面，对于控方而言，检察官应当享有量刑建议权，能够根据犯罪情节和性质、被告人犯罪后的认罪态度等向法官提出缓刑或者减刑等建议。只有当检察官享有了刑罚建议权，才有可能与被告人进行控辩协商，促使被告人自愿认罪。如果检察官在被告人认罪后不能给予可能判处的刑罚一个明确的答复，或者无法对法官最后的判决产生有效的影响，就无法促使被告人积极认罪。因此，只有赋予检察官量刑建议权，并且法官最终能按照检察官的建议进行量刑，才能达到鼓励被告人认罪的最终目的，同时又能起到维护法律威信的作用。最后，在鼓励被告人积极认罪和赋予检察官量刑建议权的基础上，建立控辩协商机制。美国的控辩协议就是典型的控辩协商机制，被告人在律师的帮助下，对案件事实以及可能的判决进行评估后，与检察官磋商并达成协议，承认犯罪事实或者承认相对较轻的犯罪指控，以换取法官减轻量刑的目的。控辩协议是英美法系国家对被告人认罪后达成的一种案件处理方式，我国有一些学者认为该制度是拿公平和正义进行交易，从而对控辩交易持怀疑甚至是反对的态度。但是，控辩交易仍然在世界各地得以盛行并广为传播，除了其能够促进诉讼效率的提高外，一个很重要的原因在于其蕴藏着诉讼民主和控辩平等协商的现代刑事诉讼理念。我国应当借鉴辩诉交易的合理内核，建立具有中国特色的辩诉协商机制，为被告人认罪的顺利实施提供重要保障。

三、 加强被告人的律师帮助权

在刑事诉讼中，获得律师的有效帮助是被告人享有的一项基本权利，几乎被所有国家所认可。就刑事庭前程序而言，程序对抗性的加强和程序专业化的提高，使缺乏专门法律知识的被告人很难在复杂、专业的庭前程序中发挥其诉讼主体的地位和作用。比如，在证据开示中，哪些证据需要向控方开示，什么时候开示，如果不开示将会有怎样的法律后果，被告人对于控方不开示证据的行为可以采取怎样的救济措施等，这些都需要具有法律专业知识的人才能驾驭。因此，国外运作证据开示程序都要求必须有辩护律师的参与，以保护被告人的合法权利。又如，在庭前程序中，被告人的认罪答辩也是一个相当复杂的法律问题，涉及被告人是否犯罪，所犯何种罪名，认罪后能否获得减刑等一些只有具备法律专业知识的人才能处理的问题，单凭被告人自身的知识，很难对认罪作出正确理解和明智的选择。再如，在庭前程序中召开庭前会议，涉及对案件证据和争点的整理，对非法证据的排除，对证据申请调取和保全等与被告人诉讼权利有密切联系的问题，如果缺少律师的帮助，被告人就有可能对相关法律问题缺乏应有的理解和判断。对此，美国《联邦刑事诉讼规则》规定，被告人没有律师代表的案件不适用庭前会议。因此，刑事庭前程序的完备与合理离不开辩护律师的参与和帮助。在我国的司法实践中，律师参与刑事案件的比例并不高，完全不能满足庭前程序中被告人需要获得的律师帮助。对此，我国应当从以下几个方面加强被告人的律师帮助权，确保庭前程序的有效运行。首先，应当转变诉讼理念，立法上要扩充辩护律师的权利，确保控辩双方能展开平等对抗，发挥辩护应有的效果。其次，建立完备的刑事法律援助体系，一方面政府要加大财政投入，设立公设辩护人制度，确保法律援助所需的资金；另一方面要完善刑事法律援助制度的内容，扩大指定辩护的适用对象和范围。第三，建立刑事辩护准入机制，提高刑事辩护人在资格上的要求，强调刑事辩护应当由律师担任，建立合理的辩护收费制度，有效保障刑事辩护律师的辩护动力，提高刑事辩护质量。

四、 强化检察机关对刑事庭前程序的法律监督

检察机关作为我国的法律监督机关，在刑事诉讼中既要承担追诉犯罪依法履行公诉的诉讼职能，又要对刑事诉讼实行法律监督的职能。检察机关行使法律监督贯穿于整个刑事诉讼过程，当然也应包括对刑事庭前程序的监督。检察机关在刑事庭前程序中不能仅仅作为程序的参与者，更应当履行对程序的法律监督职责，以此保障庭前程序的公平

性和公正性，从而进一步拓宽检察机关法律监督的空间和范围。法官在刑事庭前程序中拥有较大的自由裁量权，要防止其行使司法裁量权时的反复无常，就应当由检察机关对其相关活动进行法律监督。比如，检察机关可以对法官在庭前程序中是否依法保障了被告人及其他诉讼参与人的诉讼权利，是否有伪造、篡改、隐匿证据等情形，是否履行了相关的告知义务和职责，是否有收受、索取当事人及其近亲属或者辩护人、诉讼代理人的财务或者其他利益等违法行为进行法律监督。检察机关在庭前程序中如果发现人民法院有诉讼违法行为的，应当及时指出，提出相应的纠正意见。检察机关也应当积极探索在适用庭前程序过程中遇到的挑战和困难，进一步促进法律监督职责的履行，从而进一步促进刑事诉讼实体公正和程序公正的实现。

"路漫漫其修远兮"，庭前程序的重构和完善并不是在一朝一夕间就能完成的。相信随着我国刑事司法的不断改革，随着保障人权和程序正义理念的不断加强，随着法治环境的不断优化，刑事庭前程序必将在整个刑事诉讼中发挥越来越重要的作用。最后，以笔者拟制的一份"刑事庭前程序规程"来为本书画上一个句号，以期对我国刑事庭前程序的改革尽一份绵薄之力。

注 释

[1] 汪建成、杨雄：《比较法视野下的刑事庭前审查程序之改造》，《中国刑事法杂志》2002 年第 6 期。

[2] 徐静村等：《中国刑事诉讼法(第二修正案)学者拟制稿及立法理由》，法律出版社 2005 年版，第 213—221 页。

[3] 在一定程度上，检察机关的不当起诉率可以从人民法院的无罪判决率得到反映。我们可以从 2002 年开始，逐年下降的无罪判决率看出，在我国，检察机关提起公诉的成功率是相当高的。依据《中国法律年鉴》的数据，2005 年时，实际无罪判决率

数据是0.256%，到2008年时，无罪判决共计1 373人，无罪判决率为0.14%。参见《无罪判决率趋低的背面》，http://www.mzyfz.com/cms/minzhuyufazhishibao/fanfu/html/1248/2012-10-29/content-552683.html，2014-02-17。

[4] 韩红兴：《刑事公诉庭前程序研究》，法律出版社出版2011年版，第191—200页。

[5] 韩红兴：《刑事公诉庭前程序研究》，法律出版社出版2011年版，第265—271页。

[6]《模范刑事诉讼法典》的第一版对"公诉案件一审程序"章进行了大幅度的调整，细化了一审程序的各项子程序，包括公诉审查程序、证据开示程序、审前准备程序等内容，虽然这些内容都属于刑事庭前程序阶段，但第一版"模范法典"并没有使用"庭前程序"的概念。

[7] 陈卫东主编：《模范刑事诉讼法典》(第二版)，中国人民出版社2011年版，第368—383页。

[8] 闵春雷：《刑事庭前程序研究》，《中外法学》2007年第2期。

[9] [美]克利福德·吉尔兹：《地方性知识：事实与法律的比较透视》，邓正来译，载梁治平编：《法律的文化解释》，三联书店1998年版，第73页。

[10] 林喜芬：《中国刑事程序的法治化转型》，上海交通大学出版社2011年版，第27页。

[11] 宋英辉主编：《刑事诉讼原理》(第2版)，法律出版社2007年版，第102页。

[12] [美]伯尔曼：《法律与宗教》，宋治评译，三联书店1990年版，第48页。

[13] 宋英辉主编：《刑事诉讼原理》，法律出版社2003年版，第129页。

[14] 王耀世：《公诉实务如何应对"中国式庭前会议"制度》，《中国检察官》2012年第12期。

[15] 莫丹谊：《试析日本刑事诉讼中的预断排除原则》，《现代法学》1996年第4期。

[16] [美]理查德·A.波斯纳：《法律的经济分析》，蒋兆康译，中国大百科全书出版社1997年版，第31页。

[17] 汪建成、杨雄：《比较法视野下的刑事庭前审查程序之改造》，《中国刑事法杂志》2002年第6期。

[18] 申文宽：《案卷移送、庭前预断与公正审判的关系》，《广西政法管理干部学院学报》2012年第6期。

[19] 韩红兴：《刑事公诉庭前程序研究》，法律出版社2011年版，第193页。

[20] 朱广宇：《刑事庭前程序研究》，2006年安徽大学硕士学位论文，第31—33页。

[21] 关于庭前法官可以拥有对强制措施进行司法审查的权力，因不在本书论题讨论范围内，本书不作进一步阐述和论证，仅仅讨论与庭前程序有关的职能。

[22] 2001年5月，海南省高级人民法院制定《民事诉讼庭前准备程序规程(试行)》，规定在民事庭前准备程序中，设立"预审法官"和"预审合议庭"，这也说明了在民事

诉讼程序中也有对设立民事庭前法官的需要。

[23] 参见陈卫东、郝银钟:《我国公诉方式的结构性缺陷及矫正》,《法学研究》2000 年第 4 期;李奋飞:《从"复印件主义"走向"起诉状一本主义"》,《国家检察官学院学报》2003 年第 2 期。

[24] 吴宏耀:《我国刑事公诉制度的定位与改革——以公诉权与审判权的关系为切入点》,《法商研究》2004 年第 5 期。

[25] 参见潘金贵:《刑事预审程序研究》,法律出版社 2008 年版;汪建成、杨雄:《比较法视野下的刑事庭前审查程序之改造》,《中国刑事法杂志》2002 年第 6 期。

[26] 林钰雄:《检察官论》,台湾学林文化事业有限公司 2000 年版,第 163 页。

[27] [德]托马斯·魏根特:《德国刑事诉讼程序》,岳礼玲、温小洁译,中国政法大学出版社 2004 年版,第 131 页。

[28] 有关证明标准层次性问题参见:汪海燕、范培根:《论刑事证明标准层次性——从证明责任角度的思考》,《政法论坛》2001 年第 5 期;王圣扬:《刑事证明标准层次性伦略》,《政治与法律》2003 年第 5 期;李学宽、张小玲:《关于刑事证明标准层次性问题的探讨》,载何家弘主编:《证据学论坛》第 2 卷,中国检察出版社 2001 年版。

[29] 陈海锋:《刑事审查起诉程序正当性完善研究》,华东政法大学 2013 年博士学位论文,第 278 页。

[30] [美]彼得·G.伦斯特洛姆:《美国法律词典》,贺卫方等译,中国政法大学出版社 1998 年版,第 156 页。

[31] 陈瑞华:《刑事诉讼的前沿问题》,中国人民大学出版社 2000 年版,第 539 页。

[32] 马鹏飞:《刑事证据开示制度研究》,中国政法大学 2009 年博士学位论文,第 4 页。

[33]《日本刑事诉讼法》,宋英辉译,中国政法大学出版社 2000 年版,第 169 页。

[34] 马贵翔:《刑事证据开示的程序设计》,《政治与法律》2008 年第 5 期。

[35] 龙宗智:《刑事诉讼中的证据开示制度研究(下)》,《政法论坛》1998 年第 2 期。

[36] 龙宗智:《刑事庭审制度研究》,中国政法大学出版社 2001 年版,第 185 页。

[37] 持这种观点的主要有:陈卫东主编:《模范刑事诉讼法典》(第二版),中国人民大学出版社 2011 年版,第 378 页;陈光中主编:《中华人民共和国刑事证据法专家拟制稿》,中国法制出版社 2004 年版,第 445 页。

[38] 徐静村等:《中国刑事诉讼法(第二修正案)学者拟制稿及立法理由》,法律出版社 2005 年版,第 215 页。

[39] 何家弘、张卫平主编:《外国证据法选译》,人民法院出版社 2000 年版,第 443 页。

[40] 龙宗智:《刑事诉讼中的证据开示制度研究》(下),《政法论坛》1998 年第 2 期。

[41] 汪建成:《我国刑事诉讼中证据开示的范围》,《法制日报》1999 年 12 月 12 日。

[42] See Mireille Delmas-Marty and J. R. Spencer: *European Criminal Procedures*, Cambridge University Press, 2002, p.595.

[43] 左卫民:《中国刑事诉讼运行机制实证研究》,法律出版社 2007 年版,第 41 页。

[44] 孙瑜:《认罪案件审判程序研究》,对外经济贸易大学出版社 2012 年版,第 3 页。

[45] 这两个司法解释指的是:《关于适用普通程序审理"被告人认罪案件"的若干意见(试行)》和《关于适用简易程序审理公诉案件的若干意见》。

[46] Amy Hackney Blackwell, *Essential Law Dictionary*, Naperville: Sphinx Publishing, Sourcebooks, Inc., 2008, p.385.

[47] 施鹏鹏、陈真楠:《刑事庭前会议制度之检讨》,《江苏社会科学》2014 年第 1 期。

[48] 贾志强:《刑事庭前会议制度研究》,吉林大学 2013 年硕士学位论文,第 6 页。

[49] 笔者收集查阅的资料中,支持庭审法官主持庭前会议的观点主要来自于实务界,参见江必新主编:《最高人民法院关于适用〈中华人民共和国刑事诉讼法〉的解释理解与适用》,中国法制出版社 2013 年版,第 188 页;王路真:《庭前会议制度的实践运作情况和改革前瞻》,《法律适用》2013 年第 6 期。

[50] 闵春雷、贾志强:《刑事庭前会议制度探析》,《中国刑事法杂志》2013 年第 3 期。

[51] [英]约翰·斯普莱克:《英国刑事诉讼程序》,徐美君、杨立涛译,中国人民大学出版社 2006 年版,第 334 页。

[52] [德]H.科殷:《法哲学》,林容远译,华夏出版社 2002 年版,第 125 页。

[53]《粤沪今年试点法官检察官单独序列》,http://epaper.oeeee.com/H/html/2014-03/12/content_2034419.htm, 2014-03-13。

附录：刑事庭前程序规程（建议稿）

第一条 【目的】

为了保障诉讼公正，提高诉讼效率，确保庭审的集中审理，特制定本规程，以推进刑事庭前程序改革。

第二条 【刑事庭前程序的适用范围】

除适用简易程序审判的案件外，人民检察院提起公诉后，人民法院正式开庭审理前，应当经过庭前程序。

第三条 【刑事庭前程序的权力主体】

人民法院设立刑事预审准备庭，配备专门的庭前法官负责庭前程序。

庭前法官与庭审法官相分离，不得参与其进行庭前程序的案件的庭审工作，也不得向庭审法官及其他人员透露其在庭前程序中获知的有关案件信息。

第四条 【公诉的受理】

人民检察院提起公诉后，由人民法院的刑事预审准备庭受理。

第五条 【送达起诉书】

刑事预审准备庭收到起诉书、案卷材料及证据后，应当立即指定主持本案刑事庭前程序的庭前法官，并在三日以内将起诉书副本送达被告人。

第六条 【通知辩方阅卷】

庭前法官送达起诉书副本的同时，应当通知被告人或者辩护人自收到起诉书副本之日起五日内到预审准备庭查阅案卷材料及证据，并且告知阅卷完毕后，如果对公诉的提起有异议的，有权申请实质性审查。

被告人或者辩护人逾期未进行阅卷的，视为放弃对公诉申请实质性审查。

第七条 【对公诉的程序性审查】

被告人放弃申请实质性审查的，庭前法官以书面的方式对公诉进行程序性审查，并应当在三日以内审查完毕。

放弃实质性审查的被告人应当委托辩护人。

第八条 【对公诉的实质性审查】

被告人申请实质性审查的，庭前法官以开庭听证的方式进行。开庭听证由庭前法官主持，首先由人民检察院对指控的犯罪事实进行陈述，然后由犯罪嫌疑人及其辩护人对证据和有关法律问题发表意见，庭前法官应当自辩护方阅卷期满之日起十日以内作出裁定。

第九条 【公诉审查结果之裁定不予受理】

庭前法官对公诉进行审查后，具有下列情形之一的，庭前法官应当裁定不予受理：

（一）曾被驳回起诉或者裁定准许撤诉的案件，没有新的事实、证据，重新起诉的；

（二）已经提起公诉或者自诉的案件，在同一法院重复起诉的；

（三）起诉程序违反法律规定的。

对于不属于本院管辖或者被告人不在案的，应当退回人民检察院。

第十条 【公诉审查结果之裁定不予追诉】

庭前法官对公诉进行审查后，具有下列情形之一的，庭前法官应当裁定不予追诉：

（一）犯罪已过追诉时效期限的；

（二）经特赦令免除刑罚的；

（三）依照刑法规定告诉才处理的犯罪，没有告诉或者撤回告诉的；

（四）被告人死亡的；

（五）犯罪后法律已经废止刑罚的；

（六）其他法律规定不予追究刑事责任的。

第十一条 【公诉审查结果之裁定交付审判】

庭前法官在对公诉进行审查后，除了具有本规程第九条和第十条的情形外，如果认为有合理根据证明被告人实施了指控的犯罪，应当作出准予交付审判的裁定。

刑事预审准备庭应当制作准予交付审判裁定书，送达人民检察院、被告人及其辩护人。

第十二条 【公诉审查结果之裁定驳回起诉】

庭前法官对公诉进行审查后，如果认为没有合理根据证明被告人实施了指控的犯罪，应当裁定驳回起诉，并附具理由。

有两名以上被告人共同犯罪的，庭前法官可以对其中部分被告人实施的指控犯罪裁定驳回起诉。

驳回起诉裁定做出后，除非有新的事实或发现新的证据，否则不得对同一案件再行起诉。

第十三条 【公诉审查之救济】

人民检察院对驳回起诉的裁定不服的，可以自收到裁定书之日起五日以内向上一级人民法院提出上诉。

被告人对于交付审判的裁定不服的，不得上诉。

第十四条 【证据开示的时间和地点】

庭前程序中的证据开示，由人民检察院和被告人或者其辩护人在法院进行，法律另有规定的除外。

第十五条 【人民检察院的开示义务】

人民检察院在提起公诉时，应当将其掌握的全部证据移送到人民法院，既包括拟在法庭上使用的证据，也包括不准备在法庭上使用的，但是对辩护人有利的证据。

人民检察院认为相关的证据开示可能会泄露国家秘密、对国家安全造成损害的，可以申请人民法院裁定不予开示，并附具理由。对于可能对证人或者被害人造成人身危害的证据，人民法院可以裁定不向辩护人开示，或者不允许辩护人阅卷，只告诉其要旨。

第十六条 【辩方的开示义务】

被告人或者辩护人到刑事预审准备庭查阅控方提交的证据材料后，就应当向控方开示其拟在法庭上用作抗辩理由的证据。

辩护人如果拟作不在犯罪现场、精神不正常、缺乏刑事责任能力、正当防卫、紧急避险等辩护的，应当向人民检察院开示相关证据。

辩护人应当在阅卷期限届满后五日以内向控方开示上述证据。

第十七条 【持续开示的义务】

在庭前或者庭审期间，控辩双方中的任何一方发现新的应当开示的证据的，均应当及时向对方开示。

第十八条 【对开示争议的处理】

控辩双方就庭前证据开示的相关问题产生争议的，应当提交申请书，申请庭前法官作出裁定。

对于庭前法官作出的有关证据开示争议的裁定，不得上诉。

第十九条 【对不履行开示义务的制裁】

公诉人违反证据开示义务的，庭前法官可以视情形的严重程度分别作出开示相关证据或者排除相关证据的裁定。

辩护人违反证据开示义务的，庭前法官在裁定其开示相关证据的同时,应当令其承担一定的经济处罚。

第二十条 【认罪答辩】

庭前的认罪答辩由庭前法官主持,公诉人、被告人及辩护人应当参加。

认罪答辩程序开始后,首先由公诉人陈述指控事实和理由,接着由庭前法官告知被告人应当拥有的各项权利以及认罪答辩后的法律后果,最后由被告人对每项指控作出答辩。被告人可以作有罪答辩、无罪答辩以及不辩护也不承认的答辩。

庭前法官应当对被告人有罪答辩的真实性、自愿性和明智性进行审查,并确认被告人的认罪答辩是否具有事实基础,以书面形式裁定被告人有罪答辩的有效性。

第二十一条 【庭前会议的启动】

当事人、辩护人、诉讼代理人有权申请召开庭前会议,人民检察院有权向人民法院建议召开庭前会议,刑事预审准备庭进行审查后作出是否召开的书面决定。刑事预审准备庭认为不需要召开庭前会议的,应当说明相应理由。

控辩双方没有申请召开庭前会议的,刑事预审准备庭根据案件的情况,可以依据职权作出召开庭前会议的决定。

庭前法官决定召开庭前会议的,至迟应当在会议召开前三日以内将会议的时间、地点及参加人员通知公诉人、当事人和辩护人、诉讼代理人。

第二十二条 【庭前会议的主持者与参加者】

庭前会议由庭前法官主持,公诉人、被告人及其辩护人应当同时到场参加。被告人没有辩护人的,庭前法官应当为其指派律师提供帮助。被告人不愿意参加庭前会议的,应向庭前法官提交委托辩护律师参加的授权函,全权委托辩护律师代为出席庭前会议。

第二十三条 【庭前会议的处理事项】

庭前会议中，公诉人、被告人及其辩护人可以就下列事项相互辩论，其他人员可以发表意见：

（一）对案件管辖有异议的；

（二）申请关人员回避的；

（三）申请证据开示或者对证据开示有争议的；

（四）辩方申请调取有关证据的；

（五）申请证人、鉴定人、有专门知识的人出庭，或者对这些人员的出庭名单有异议的；

（六）申请证据保全的；

（七）对非法证据的排除；

（八）变更指控罪名；

（九）对庭审方式进行选择；

（十）确定审判期日及申请延期审理的；

（十一）争点及证据的整理；

（十二）对附带民事诉讼进行调解的；

（十三）进行刑事和解；

（十四）其他需要在庭前会议中解决的问题。

庭前会议应当制作笔录并签名。

第二十四条 【庭前会议的效力】

庭前法官对庭前会议中的相关事项可以进行实质性调查，并有权作出裁定。控辩双方在庭前会议中对争点、证据等达成的合意，对双方均有约束力，无正当理由不得变更。

第二十五条 【庭前程序与庭审程序的衔接】

如庭前法官认为案件已经准备充分，可以开庭审理时，应当向刑事预审准备庭庭长提交包括庭前程序概况、庭前程序中作出的裁定或决定、控辩双方争议的焦点以及整理的证据等内容的庭前报告，由庭长确定合议庭的组成人员。

第二十六条 【庭前程序的其他事项】

刑事预审准备庭在正式开庭审理前，还应当进行下列工作：

（一）被告人没有委托辩护人，应当告知其有权委托辩护人或者在法律规定的情况下，指定承担法律援助义务的律师为其提供辩护；

（二）提前三日将开庭的时间、地点通知人民检察院；

（三）传唤当事人，通知辩护人、诉讼代理人、证人、鉴定人和翻译人员，传票和通知书至迟在开庭三日以前送达；

（四）公开审判的案件，应当在开庭三日以前先期公布案由、被告人姓名、开庭时间和地点。

上述活动情形应当写入笔录，由庭前法官和书记员签名。

参考文献

一、中文著作

1. 谢佑平:《刑事司法程序的一般理论》,复旦大学出版社 2003 年版。

2. 谢佑平:《刑事程序法哲学》,中国检察出版社 2010 年版。

3. 宋英辉:《刑事庭审制度研究》,中国政法大学出版社 2001 年版。

4. 龙宗智:《刑事庭审制度研究》,中国政法大学出版社 2001 年版。

5. 宋英辉、吴宏耀:《刑事审判前程序研究》,中国政法大学出版社 2002 年版。

6. 陈卫东、谢佑平:《证据法学》,中国政法大学出版社 2001 年版。

7. 陈卫东:《程序正义之路》,法律出版社 2005 年版。

8. 陈卫东:《2012 刑事诉讼法修改条文理解与适用》,中国法制出版社 2012 年版。

9. 陈卫东:《刑事审前程序研究》,中国人民大学出版社 2004 年版。

10. 马贵翔:《刑事证据规则研究》,复旦大学出版社 2009 年版。

11. 马贵翔:《刑事诉讼结构的效率改造》,中国人民公安大学出版社 2004 年版。

12. 陈浩然:《证据学原理》,华东理工大学出版社 2002 年版。

13. 江必新:《最高人民法院关于适用〈中华人民共和国刑事诉讼法的解释〉理解与适用》,中国法制出版社 2013 年版。

14. 韩红兴:《刑事公诉庭前程序研究》,法律出版社 2011 年版。

15. 张建伟:《司法竞技主义——英美诉讼传统与中国庭审方式》,北京大学出版社 2005 年版。

16. 潘金贵:《刑事预审程序研究》,法律出版社 2008 年版。

17. 孙长永:《探索正当程序——比较刑事诉讼法专论》,中国法制出版社 2005 年版。

18. 陈瑞华:《比较刑事诉讼法》,中国人民大学出版社 2010 年版。

19. 宋世杰:《外国刑事诉讼法比较研究》,中国法制出版社 2006 年版。

20. 程味秋:《外国刑事诉讼法概论》,中国政法大学出版社 1994 年版。

21. 张军、陈卫东:《新刑事诉讼法案例解读》,人民法院出版社 2012 年版。

22. 张军、陈卫东:《刑事诉讼法新制度讲义》,人民法院出版社 2012 年版。

23. 林喜芬:《中国刑事程序的法治化转型》,上海交通大学出版社 2011 年版。

24. 陈瑞华:《刑事诉讼的前沿问题》,中国人民大学出版社 2000 年版。

25. 李心鉴:《刑事诉讼构造论》,中国政法大学出版社 1997 年版。

26. 林钰雄:《刑事诉讼法》,中国人民大学出版社 2005 年版。

27. 刘计划:《刑事公诉案件第一审程序》,中国人民公安大学出版社 2012 年版。

28. 卞建林:《刑事诉讼法学》,科学出版社 2008 年版。

29. 谢小剑:《公诉权制约制度研究》,法律出版社 2009 年版。

30. 曹文安:《预审制度研究》,中国检察出版社 2006 年版。

31. 孙瑜:《认罪案件审判程序研究》,对外经济贸易大学出版社 2012 年版。

32. 汪建成、甄贞:《外国刑事诉讼第一审程序比较研究》,法律出版社 2007 年版。

33. 甄贞、汪建成:《中国刑事诉讼第一审程序改革研究》,法律出版社 2007 年版。

34. 徐静村:《中国刑事诉讼法(第二修正案)学者拟制稿及立法理由》,法律出版社 2005 年版。

35. 柯葛壮:《刑事诉讼法比较研究》,法律出版社 2012 年版。

36. 陈卫东:《模范刑事诉讼法典》(第二版),中国人民大学出版社 2011 年版。

37. 李世光、刘大群、凌岩:《国际刑事法院罗马规约评释》,北京大学出版社 2006 年版。

38. 宋英辉、孙长永、朴宗根:《外国刑事诉讼法》,北京大学出版社 2011 年版。

39. 张军、陈卫东:《域外刑事诉讼专题概览》,人民法院出版社 2012 年版。

40. 王兆鹏:《美国刑事诉讼法》,北京大学出版社 2005 年版。

41. 季卫东:《法律程序的意义》,中国法制出版社 2012 年版。

42. 蔡墩铭:《刑事诉讼法论》,五南图书出版社公司 1993 年版。

43. 林钰雄:《检察官论》,学林文化事业有限公司 2000 年版。

44. 陈光中:《中华人民共和国刑事诉讼法再修改专家建议稿与论证》,中国法治出版社 2006 年版。

45. 陈卫东:《被告人认罪案件简化审理程序》,中国检察出版社 2004 年版。

46. 陈瑞华:《刑事审判原理论》,北京大学出版社 1997 年版。

47. 孙长永:《刑事诉讼证据与程序》,中国检察出版社 2003 年版。

48. 左卫民:《中国刑事诉讼运行机制实证研究》,法律出版社 2007 年版。

49. 李建明:《刑事司法改革研究》,中国检察出版社 2003 年版。

50. 季卫东:《法治秩序的建构》,中国政法大学出版社 1999 年版。

51. 左卫民:《刑事程序问题研究》,中国政法大学出版社 1999 年版。

52. 李文健:《刑事诉讼效率论》,中国政法大学出版社 1999 年版。

53. 宋英杰:《刑事审判制度研究》,中国法制出版社 2004 年版。

二、中文译著

1.《日本刑事诉讼法》,宋英辉译,中国政法大学出版社 2000 年版。

2.《德国刑事诉讼法典》,李昌珂译,中国政法大学出版社 1995 年版。

3.《美国联邦刑事诉讼规则和证据规则》,卞建林译,中国政法大学出版社 1996 年版。

4.《法国刑事诉讼法典》,余叔通、谢朝华译,中国政法大学出版社 1997 年版。

5.《意大利刑事诉讼法典》,黄风译,中国政法大学出版社 1998 年版。

6. [英]麦高伟、杰弗里·威尔逊:《英国刑事司法程序》,刘立霞等译,法律出版社 2002 年版。

7. [英]约翰·斯普莱克:《英国刑事诉讼程序》,徐美君、杨立涛译,中国人民大学出版社 2006 年版。

8. [英]哈特:《法律的概念》,张文显等译,中国大百科全书出版社 1996 年版。

9. [英]詹妮・麦克埃文:《现代证据法与对抗式程序》,蔡巍译,法律出版社 2004 年版。

10. [美]约翰・罗尔斯:《正义论》,何怀宏、何包钢、廖申白译,中国社会科学出版社 1988 年版。

11. [美]罗纳尔多・V・戴尔卡门:《国刑事诉讼——法律和实践》,张鸿巍等译,武汉大学出版社 2006 年版。

12. [美]爱伦・豪切斯泰勒・斯黛丽、南希・弗兰克:《美国刑事法院诉讼程序》,陈卫东、徐美君译,中国人民大学出版社 2002 年版。

13. [美]约书亚・德雷斯勒、艾伦・C.迈克尔斯:《美国刑事诉讼法精解》第 2 卷,魏晓娜译,北京大学出版社 2009 年版。

14. [美]理查德・A.波斯纳:《正义/司法的经济学》,苏力译,中国政法大学出版社 2002 年版。

15. [美]伟恩・R・拉费弗,等:《刑事诉讼法》下册,卞建林、沙丽金等译,中国政法大学出版社 2003 年版。

16. [法]贝尔纳・布洛克:《法国刑事诉讼法》,罗结珍译,中国政法大学出版社 2009 年版。

17. [法]皮埃尔・尚邦:《法国诉讼制度的理论与实践——刑事预审法庭和检察官》,陈春龙、王海燕译,中国检察出版社 1991 年版。

18. [德]托马斯・魏根特:《德国刑事诉讼程序》,岳礼玲、温小洁译,中国政法大学出版社 2004 年版。

19. [德]克劳思・罗科信:《刑事诉讼法》,吴丽琪译,法律出版社 2003 年版。

20. [德]贡塔・托依布纳:《法律:一个自创生系统》,张骐译,北京大学出版社 2004 年版。

21. [日]松尾浩也:《日本刑事诉讼法》,丁相顺译,中国人民大学出版社 2005 年版。

22. [日]田口守一:《刑事诉讼法》,张凌、于秀峰译,中国政法大学出版社 2010

年版。

23. [日]谷口安平:《程序的正义与诉讼》,刘荣军、王亚新译,中国政法大学出版社 1996 年版。

24. [意]贝卡里亚:《论犯罪和刑罚》,黄风译,中国大百科全书出版社 1993 年版。

三、中文论文

1. 马鹏飞:《刑事证据开示制度研究》,中国政法大学 2009 年博士学位论文。

2. 刘静:《我国刑事证据开示制度初探——对寿光模式和海检模式的考察和实证分析》,中国人民大学 2005 年硕士学位论文。

3. 贾志强:《刑事庭前会议制度研究》,吉林大学 2013 年硕士学位论文。

4. 季卫东:《程序比较论》,《比较法研究》1993 年第 1 期。

5. 孙笑侠:《法律程序剖析》,《法律科学》1993 年第 6 期。

6. 陈卫东、刘计划、程雷:《变革中创新的意大利刑事司法制度——中国人民大学诉讼制度与司法改革研究中心赴欧洲考察报告之三》,《人民检察》2004 年第 12 期。

7. 陈卫东、杜磊:《庭前会议制度的规范建构与制度适用——兼评刑事诉讼法第 182 条第 2 款之规定》,《浙江社会科学》2012 年第 11 期。

8. 陈卫东、韩红兴:《初论我国刑事诉讼中设立中间程序的合理性》,《当代法学》2004 年第 7 期。

9. 陈卫东、李奋飞:《刑事庭前审查程序改革研究》,《诉讼法学研究》2003 年第 4 期。

10. 卞建林、褚宁:《刑事诉讼法修改背景下一审程序的完善》,《法律适用》2002 年第 6 期。

11. 龙宗智:《论我国刑事庭审方式》,《中国法学》1998 年第 4 期。

12. 龙宗智:《刑事庭前审查程序研究》,《法学研究》1999 年第 3 期。

13. 宋英辉:《建构我国刑事诉讼合理构造的理念与原则》,《政法论坛》2004 年第 3 期。

14. 孙长永:《审判中心主义及其对刑事程序的影响》,《现代法学》1999 年第 4 期。

15. 孙长永:《刑事证据开示制度的价值新探》,《人民检察》2009 年第 8 期。

16. 汪建成:《论刑事诉讼程序》,《法学评论》2000 年第 2 期。

17. 汪建成、杨雄:《比较法视野下的刑事庭前审查程序之改造》,《中国刑事法杂志》2012 年第 9 期。

18. 汪建成:《刑事审判程序的重大变革及其展开》,《法学家》2012 年第 3 期。

19. 左卫民、刘全胜:《法官庭前活动的比较研究》,《政法论坛》1994 年第 6 期。

20. 宋英辉、陈永生:《刑事案件庭前审查及准备程序研究》,《政法论坛》2002 年第 4 期。

21. 陈瑞华:《案卷移送制度的演变与反思》,《政法论坛》2012 年第 9 期。

22. 陈瑞华:《在公正与效率之间——英国刑事诉讼制度的最新发展》,《中外法学》1998 年第 6 期。

23. 陈瑞华:《评刑事诉讼法修正案(草案)对审判程序的改革方案》,《法学》2011 年第 11 期。

24. 陈永生:《论直接言词原则与公诉案卷的移送及庭前审查》,《法律科学》2001 年第 3 期。

25. 闵春雷:《刑事庭前程序研究》,《中外法学》2007 年第 2 期。

26. 闵春雷、贾志强:《刑事庭前会议制度探析》,《中国刑事法杂志》2013 年第 3 期。

27. 甄贞:《论刑事诉讼庭前审查程序的改革》,《法学家》2001 年第 2 期。

28. 姚莉、卞建林:《公诉审查制度研究》,《政法论坛》1998 年第 3 期。

29. 高一飞、陈晓静:《庭前会议制度的实施难题与解决方案》,《四川理工学院学报》(社会科学版)2013 年第 10 期。

30. 施鹏鹏:《法国庭前认罪答辩程序评析》,《现代法学》2008 年第 9 期。

31. 施鹏鹏、陈真楠:《刑事庭前会议制度之检讨》,《江苏社会科学》2014 年第 1 期。

32. 谢安平:《论刑事庭前审查程序的价值——兼论我国庭前审查程序的完

善》,《河北法学》2007 年第 9 期。

33. 胡云腾、喻海松:《刑事一审普通程序修改解读》,《法律适用》2012 年第 9 期。

34. 刘亚娜、贾国发:《论台湾法对大陆刑事审判制度及相关理论创新的启示——以 2003 年台湾地区刑诉法的修改为背景》,《东北师大学报》(哲学社会科学版)2009 年第 2 期。

35. 虞平:《从辩诉交易看如何建立我国特色的认罪程序》,《法学》2008 年第 7 期。

36. 李哲:《辩诉交易相关制度之借鉴》,《国家检察官学院学报》2008 年第 10 期。

37. 韩红兴:《论我国新刑事诉讼法下的公诉方式变革》,《中国刑事法杂志》2013 年第 4 期。

38. 黄朝义:《修法后准备程序运作之剖析与展望》,《月旦法学杂志》2004 年第 10 期。

39. 陈学权:《论刑事庭前审查程序》,《法治论丛》2003 年第 3 期。

40. 阮丹生:《关于建立我国刑事预审制度的设想》,《法学评论》2003 年第 4 期。

41. 王圣扬:《刑事庭前程序中的权力(利)配置研究》,《法治研究》2011 年第 2 期。

42. 李健:《刑事诉讼庭前证据开示制度的价值分析与构建路径》,《河北法学》2012 年第 8 期。

43. 王永明:《我国刑事庭前程序的再改革》,《广西社会科学》2005 年第 4 期。

44. 唐磊:《效率与效益:刑事庭前准备程序的法理分析》,《四川大学学报》(哲学社会科学版)2003 年第 4 期。

45. 吴宏耀:《我国刑事公诉制度的定位与改革——以公诉权与审判权的关系为》,《法商研究》2004 年第 7 期。

46. 高贞:《关于加强和完善刑事法律援助制度的几点思考》,《中国司法》2011 年第 6 期。

47. 李健:《刑事诉讼庭前证据开示制度的价值分析与构建路径》,《河北法学》2012 年第 8 期。

48. 仇晓敏:《刑事公诉方式:复印件移送主义、起诉状一本主义抑或全案移送主义》,《中国地质大学》(社会科学版)2007 年第 3 期。

49. 申文宽:《案卷移送、庭前预断与公正审判的关系》,《广西政法管理干部学院学报》2012 年第 11 期。

50. 罗国良、刘静坤:《强化庭前公诉审查职能确保审判公正》,《法律适用》2013 年第 6 期。

51. 张鹏飞、李峰:《庭前会议的效力及具体操作》,《法律适用》2013 年第 6 期。

52. 王艳:《对复印件主义公诉方式的反思》,《国家检察官学院学报》2002 年第 6 期。

53. 蒋石平、甘力文:《英美刑事庭前准备程序比较研究》,《华南理工大学学报》(社会科学版)2008 年第 4 期。

54. 汪敏、任志中:《刑事审判前准备程序改革研究》,《法学杂志》2003 年第 2 期。

55. 徐利英、王峰:《关于刑事证据开示制度的思考》,《中国刑事法杂志》2013 年第 9 期。

56. 李凯、杜建国:《庭前证据开示制度利弊谈》,《法学评论》2001 年第 1 期。

57. 丛华:《论我国刑事庭前审查程序的独立建构》,《北京人民警察学院学报》2012 年第 3 期。

58. 王雄飞、刘远强:《刑事庭前证据展示制度之探索——来自广州市珠海区人民检察院的调研报告》,《人民检察》2004 年第 12 期。

59. 冀祥德:《提高我国刑事辩护质量的另一条路径》,《法学杂志》2008 年第 4 期。

60. 徐美君:《刑事诉讼普通程序简化审实证研究》,《现代法学》2007 年第 2 期。

61. 谭世贵:《试论法官的独立司法人格》,《海南大学学报》(人文社会科学版)2003 年第 4 期。

62. 宋英辉、魏晓娜:《证据开示制度的法理与构建》,《中国刑事法杂志》2001年第4期。

63. 韩红兴:《起诉状主义下庭前程序若干问题研究》,《社会科学》2011年第5期。

四、外文文献

1. *Black's Law Dictionary*, 7th. Ed. West Group, St.Paul, Minn. 1999.

2. Daniel Richman, *Pretrial Procedure in England and Wales*. Criminal Law Forum. Dordrecht: Feb 1995. Vol.6, Iss. 2, pp.353—367.

3. Russell L. Weaver, *Principles of Criminal Procedure*. 4th Ed. West, a Thomson Business, 2012.

4. Mireille Delmas-Marty, J. R. Spencer. *European Criminal Procedures*. Cambridge University Press, 2002.

5. J Scott Harr & Karen M Hess, *Constitutional Law and the Criminal Justice System*. 2nd Ed. Wadworth, 2001.

6. Jennifer F.Reinganum, *Plea Bargaining and Prosecutorial Discretion*. The American Economic Review, Vol.78, No.4. (1988)

7. Kamisar, *Advanced Criminal Procedure*. St.Paul, Minn, West Pub, 1994.

8. Charles A.Pulaski, *Criminal Pretrial and Trial Procedure*. The Michle Company. 1982.

9. John Langbein, *The Origins of Adversary Criminal Trial*. Oxford University Press, 2003.

10. Andrew Ashworth & Mike Redmayne, *The Criminal Process*, Oxford University Press, 2005.

11. Nicholas g.herman, *Plea Bargaining*, Lexis Law Publishing, 1997.

12. Marvin. Zalman & Larry J.Siegel, *Criminal Procedure Constitution and Society*, West Publishing Company, 1991.

13. Cliff Roberson & Harvey Wallace & Gilbert B.Stuckey, *Procedures in the*

Justice System, Prentice Hall, Inc. 1998.

14. Gary Slapper & David Kelly, *the English Legal System*. 7th Ed. Gavendish Publishing Limited, 2004.

15. Norman G. Poythress & Randy K. Otto & Kirk Heilbrun, *Pretrial Evaluations for Criminal Courts: Contemporary Models of Service Delivery*, Journal of Mental Health Administration. Fall 1991. Vol.18.

16. Roger J. Traynor, *Ground Lost and Found in Criminal Discovery*, 39 N.Y.U.L. Rev 228, 249, 1964.

后　记

又是一年新春佳节。还记得两年前的春节，当我在键盘下敲完论文最后一个字时，抬头看向窗外，夜深人静的那刻，万籁俱寂，天地间仿佛唯独我一人在享受着深夜的宁静和美好。思绪飘到五年前，从社会再次回到学校，三十而立后又重新开始学习生涯，让我倍感幸运的同时也常诚惶诚恐。复旦的三年似乎一眨眼就过去了，如果说这三年最让我值得去怀念的，莫过于博士论文的写作。这篇论文仿佛就是我的第二个孩子，十月怀胎，瓜熟蒂落，其中的艰辛和愉悦只有经历过才有深刻体会。尽管论文中还存在诸多不足，但我已竭尽全力阐述自己的想法，无论如何，我将继续努力追寻学术和人生的完美。

首先要特别感谢我的导师谢佑平教授，是他给了我到复旦求学深造的机会，让我得以实现多年来的梦想。谢老师渊博的学术知识、严谨的治学态度、独到的专业见解和随性的人格魅力带给我很深的影响。三年中，谢老师不仅没有嫌弃我才疏学浅，在学术上不断给我悉心指导，而且总是念及我孩子比较小，需要更多的照顾，给我生活上提供了莫大的帮助和便利，这一切我将永存心底！

衷心感谢马贵翔老师，从论文的选题到具体思路，马老师提出了很多建设性意见，对我论文的顺利完成给予了无私的指导和帮助。非常感谢章武生教授和陈浩然教授，在开题和预答辩时给我论文提出的宝贵建议，让我的论文结构变得更为合理，思路变得更加清晰！感谢法学院其他老师平日对我的教诲、引导和帮助，你们的辛勤付出让我受益匪浅，终生难忘。

还要感谢我读博期间的同门和同窗，感谢上海商学院文法学院的领导和各位老师，你们的关心和支持是我毕生的财富。

感谢父母多年来对我的养育，无论我做什么样的决定，他们总是在我身后默默地支持我，为了能让我安心学习，不仅包揽了家里所有的家务，而且还辛苦地照料着我的女儿！感谢我的先生，在我本应更好为人妻、为人母的时候，任由我辞去工作，一人挑起家庭生活的担子，他的包容与爱护是我永远的感动！感谢我的宝贝女儿，每当写作疲惫、灵感枯竭的时候，看到她那张天真无邪的笑脸，所有的辛苦烟消云散！亲情，是我人生路上永远的牵挂与动力！

最后，衷心感谢上海市委宣传部博士文库对本论文的出版资助。

谨以此书献给我生命中那段读博的美好时光。

汤景桢

2016 年 2 月 8 日

图书在版编目(CIP)数据

刑事庭前程序研究/汤景桢著.—上海:上海人民出版社,2016
ISBN 978-7-208-13834-6

Ⅰ.①刑… Ⅱ.①汤… Ⅲ.①刑事诉讼-审判-研究-中国 Ⅳ.①D925.218.24

中国版本图书馆CIP数据核字(2016)第121187号

责任编辑 汪 娜

刑事庭前程序研究
汤景桢 著
世 纪 出 版 集 团
上海人民出版社出版
(200001 上海福建中路193号 www.ewen.co)
世纪出版集团发行中心发行 常熟市新骅印刷有限公司印刷
开本635×965 1/16 印张15.75 插页4 字数193,000
2016年6月第1版 2016年6月第1次印刷
ISBN 978-7-208-13834-6/D·2871
定价 48.00元

马克思主义研究　哲学社会科学研究　第二十八辑　(2016年8月)

马克思正义思想研究　赵海洋 著
语言与实践:维特根斯坦对"哲学病"的诊治　陈常燊 著
20 世纪德国企业代表会体制演变研究　孟钟捷 著
舆论监督与司法公正　陈建云 著
语篇知识建构与对外汉语写作教学研究　周红 著
《玄应音义》文献与语言文字研究　耿铭 著

博士文库　第十八辑　(2016年8月)

新中国成立以来中国共产党宣传思想工作转变研究　李宗建 著
辩证逻辑:资本批判的利器　刘珍英 著
制度化养老、家庭功能与代际反哺危机——以上海市为例　刘燕 著
刑事庭前程序研究　汤景桢 著
中国外汇衍生品市场研究——基于微观动机、经济效应及政府监管的视角　斯文 著
产权、政府与企业的经营边界　黄俊 著
中国 GDP 中劳动报酬份额下降研究　杨昕 著
民主与福利——社会结构与公民身份制度变迁的路径　陈兆旺 著
近代中国商标法制的变迁——从寄生到自主的蜕变　汪娜 著
现代汉语认识判断语气的体系研究　叶琼 著
王诜《烟江叠嶂图》研究　张荣国 著
几与时——论王船山对传统道学范式的反思与转化　陈焱 著
民国时期上海舞台研究　贤骥清 著
动员与效率:计划体制下的上海工业　林超超 著
城市力量——中国城市化的政治学考察　宋道雷 著